百胜营销法

[美]格雷格·克里德（Greg Creed）
[美]肯·明奇（Ken Muench） 著

于楠 译

中信出版集团 | 北京

图书在版编目（CIP）数据

百胜营销法 /（美）格雷格·克里德，（美）肯·明奇著；于楠译 . -- 北京：中信出版社，2022.7
书名原文：R.E.D. Marketing: The Three Ingredients of Leading Brands
ISBN 978-7-5217-4410-1

Ⅰ.①百… Ⅱ.①格…②肯…③于… Ⅲ.①饮食业－企业管理－营销管理－经验－美国 Ⅳ.① F719.3

中国版本图书馆 CIP 数据核字（2022）第 090641 号

R.E.D. Marketing: The Three Ingredients of Leading Brands © 2021 by Greg Creed and Ken Muench
Published by arrangement with HarperCollins Leadership, a division of HarperCollins Focus LLC.
Simplified Chinese translation copyright © 2022 by CITIC Press Corporation
ALL RIGHTS RESERVED
本书仅限中国大陆地区发行销售

百胜营销法
著者：　[美] 格雷格·克里德　[美] 肯·明奇
译者：　于楠
出版发行：中信出版集团股份有限公司
（北京市朝阳区惠新东街甲 4 号富盛大厦 2 座　邮编　100029）
承印者：　宝蕾元仁浩（天津）印刷有限公司

开本：787mm×1092mm　1/16　　印张：19.5　　字数：220 千字
版次：2022 年 7 月第 1 版　　印次：2022 年 7 月第 1 次印刷
京权图字：01-2022-2556　　书号：ISBN 978-7-5217-4410-1
定价：69.00 元

版权所有·侵权必究
如有印刷、装订问题，本公司负责调换。
服务热线：400-600-8099
投稿邮箱：author@citicpub.com

本书所获赞誉

挑衅而实用。

肯·兰格尼（Ken Langone）
家得宝公司联合创始人
Invemed 公司创始人兼董事长

任何想要在当今竞争激烈的市场上建立品牌、销售产品或发展业务的人，阅读这本书就像上了一门营销大师课。我在把 Bad Martha Brewery 打造成新英格兰地区的精酿啤酒强企时"借用"了 R.E.D. 原则，而且这些原则很有效！

乔纳森·布卢姆（Jonathan Blum）
Bad Martha Brewery 创始人兼首席执行官
百胜餐饮集团前首席公共事务和全球营养官

我知道格雷格·克里德是一个真正具有前瞻性、创新性和非常成功的营销人员。很高兴看到他和肯愿意通过这本书与世界分享他们的知识和见解。

马克·比泽尔（Marc Bitzer）
惠而浦公司董事长兼首席执行官

作为肯德基品牌的全球首席执行官，我面临的挑战是如何在全球 150 个国家建立一个标志性的品牌：其中一些国家的肯德基刚刚开业；一些国家的肯德基有历史财务问题，这些问题明显表现为运营和资产投资不力；而许多国家的肯德基品牌作为市场领导者，以世界一流的餐厅和卓越的客户服务而自豪。R.E.D. 以及格雷格和肯的聪明才智让我们能够以清晰、简明、易懂的方式，在我们每个经营的国家直观地展示和运营肯德基品牌。最令人印象深刻的是，R.E.D. 有能力解决问题市场中的消费者问题，然后找到一条每个人——而不仅仅是营销人员——都能理解的通往成功策略的途径。如果你想构思一个全球战略，并让了解客户的当地团队有效地执行，那么这是你迫切需要阅读的一本书。

罗杰·伊顿（Roger Eaton）

肯德基前全球首席执行官

格雷格运用了他在塔可钟时的高超营销技巧，成就了百胜餐饮集团品牌。他的经验和见解使这本书成为任何想要提高营销技能的人的绝佳读物。

戴维·诺瓦克（David Novak）

百胜餐饮集团联合创始人、原董事长兼首席执行官

我想不出还有谁比格雷格更适合与人合著一本关于营销基础的书了。他不仅分享了自己的智慧和几十年的行业经验，还分析了 R.E.D. 系统的精髓，这样即使是最年轻的营销人员也会拥有一张蓝图，以开启自己的职业生涯和旅程。R.E.D. 系统不是理论，不是一堆图表，而是经过验证的方法。多年来，百胜餐饮集团即使在经济环境最糟糕的时候，销售也取得了新的突破。任何在这个行业寻求职业发展的人都应该把这本书从头到尾读一遍，这是为了他

们自己和他们的未来。

马西莫·菲拉格慕（Massimo Ferragamo）

菲拉格慕美国公司董事长

我很高兴和格雷格·克里德做生意，也很了解他。我可以告诉你，他是我见过的最有创造力、最具创新精神、最以客户为中心的商业领袖之一。如果你想学习一种常识性的、没有废话的、有效的营销和商业领导方法，这本书就是为你准备的。在担任百胜首席执行官时，格雷格证明了 R.E.D. 营销方法如何转化为巨大的商业成功。看看百胜在他的领导下取得了怎样的成绩！

戴夫·麦乐伦（Dave MacLennan）

嘉吉公司董事长兼首席执行官

我是在 2001 年认识格雷格的，当时他加入塔可钟，担任首席营销官。尽管那时离 R.E.D. 营销体系诞生还有 10 年，但其中的某些元素在当时就已经很明显了。格雷格的思想领导力和营销专业知识为塔可钟在过去 10 年的成功奠定了基础，并将在未来几年继续为塔可钟业务发展服务。作为塔可钟 30 多年的特许经营商，我见过不少高管，格雷格是少有的能给自己从事的工作留下不可磨灭印记的人。

李·J. 恩格勒（Lee J. Engler）

Border Foods 首席执行官

经常有人问我，有什么营销书可以推荐给这个领域的新手和那些试图长期站在品牌建设和产品营销前沿的资深营销人员和广告商。从现在开始，我会推荐你这本书，它综合了最新的营销科学知识，形成了一个务实的框架，每个营销人员都可以应用。这本书对任何想要与时俱进的营销人员来说都值得一读。

迈克尔·法斯纳特（Michael Fassnacht）

芝加哥市首席营销官

这本书框架简单，故事引人入胜，将帮助营销领域的每个人了解什么是真正能推动品牌可持续增长和商业成功的因素。

约翰·肯尼博士（John Kenny, PhD）

Intouch 集团战略规划主管

这本书将我在与格雷格和肯一起工作的 10 年中学到的东西提炼成一本快速阅读的书，可以推动每个市场营销人员的职业生涯。

杰夫·詹金斯（Jeff Jenkins）

卡特公司全球营销执行副总裁

在这个信息庞杂的时代，格雷格和肯一直提醒我们，消费者想要也需要直截了当、清晰简单的沟通。百胜集团始终如一地为肯德基、塔可钟和必胜客打造出色的营销活动，冲破混乱的市场，与全球读者的思想、心灵和味蕾联系在一起。请阅读这本书，它是你成功的蓝图，让你的品牌"活得更精彩"！这是一本非常棒的书！

特里·J. 兰格伦（Terry J. Lundgren）

TL 顾问公司和 LLC 公司创始人兼首席执行官

这本书值得放入所有品牌建设者和商业领袖的必读书目！它绘制了一幅简单而有力的蓝图，书中充满了迷人的故事和教训。格雷格是一个公认的领导者，他的成功和相关建议都是世界级的，可以立即应用到实践中。

黛安·迪茨（Diane Dietz）

Rodan and Fields 首席执行官兼总裁

这本书提供的方法是有效的！在过去的 10 年里，我见证了它在全世界 150 个国家的 5 万多家餐馆中的成功。现在，格雷格和肯写了这本书，将营销理论通过易实施的策略转化为现实。

罗伯特·D. 沃尔特（Robert D. Walter）

卡地纳健康集团创始人、前主席和首席执行官，

百胜餐饮集团前董事和主席

格雷格在将塔可钟的促销活动和广告从昙花一现转变为强大的连续赢家方面发挥了重要作用，他迅速建立了销售渠道，但更重要的是逐渐建立了品牌。他为加盟商、顾客和股东提高了塔可钟和百胜餐饮的价值。作为一个将全部投入企业的老板，我享受到了塔可钟和对撞机实验室之间这种强大的合作关系所带来的好处。作为一个塔可钟的粉丝，我很高兴知道我最喜欢的品牌是

炫酷的、重要的、受人喜爱的、有价值的和令人钦佩的。

唐·加雷布（Don Ghareeb）

Tacala 名誉主席

格雷格和肯是受人尊敬的品牌设计师和高层领导。在这本书中，他们明确了一个可操作的框架，帮助人们建立和优化品牌。经历了在世界各地建立品牌的成功与失败之后……多么希望我早年有他们智慧的指引！读过这本书之后，营销人员、运营商或高管都将成为更好的品牌管理者。

凯特·科尔（Kat Cole）

FOCUS Brands 首席运营官兼总裁

我和格雷格是通过在惠而浦公司董事会的合作相识的。他是一个真正的营销高手，这本书为如何成功地掌握他的高超技艺提供了深刻的见解。我强烈推荐。

山姆·艾伦（Sam Allen）

迪尔公司前董事长兼首席执行官

这本书展示了格雷格作为天才营销人员和首席执行官的哲学、战略和战术，这些推动百胜餐饮实现了令人难以置信的增长。在当今日益复杂（往往相互矛盾）的营销学术研究和理论中，这本书是一件非常实用的救生衣。最好的商业作家，就像最好的营销人员一样，有一种诀窍，能让复杂的想法简单化，从而激励读者并促使他们采取行动。这本书引人入胜，且非常实用，值得任何对建立或重建营销和品牌战略感兴趣的人一读。

坦尼娅·多米尔（Tanya Domier）

Advantage Solutions 首席执行官

格雷格和肯对市场营销的看法犹如敲响了愉快、坦率又直言不讳的警钟，让市场营销人员慢下来，确保品牌建设的生命线与他们的 R.E.D. 框架的相关性、便利性和独特性挂钩。从长远来看，相关性胜过独特性，便利性就是新的快速增长点，而独特性甚至胜过卓越。格雷格是当今永恒法则的先驱和创立者，这条法则就是：品牌是建立在经验而不是承诺之上。因为很不幸，承诺并不牢靠。我仍然模糊地记得格雷格在商场上的情景，我当时在汉堡王也有类似经历。

拉斯·克莱因（Russ Klein）

美国市场营销协会首席执行官

目 录

前言 / 在不断变化的市场环境下，用营销带动持续增长 / III

引言 / 让销售业绩提升超 60% 的 R.E.D. 营销系统 / XI

第一章 / R.E.D. 要素：相关性、便利性、独特性 / 001
第二章 / 掀起波浪，而不是关注鹅卵石 / 011
第三章 / 如何用 R.E.D. 引发营销海啸 / 023

—— 第一篇 ——
R.E.D. 系统的相关性

第四章 / 想要扩大消费群体，就先讲好故事 / 049
第五章 / 文化相关性：好品牌让用户有归属感 / 061
第六章 / 功能相关性：从日常场景提取价值点 / 097
第七章 / 社会相关性：用热点话题促进高效转化 / 133

第二篇
R.E.D. 系统的便利性

第八章／两步降低用户购买门槛／153
第九章／增长潜力来自轻度用户／177

第三篇
R.E.D. 系统的独特性

第十章／独特性比差异化更重要／193
第十一章／建立消费者的记忆结构／199
第十二章／学会做吸睛的磁铁式营销／213
第十三章／让头脑风暴聚焦成清晰定位／235

第四篇
R.E.D. 系统的综合运用

第十四章／搭建坐标轴，评估品牌价值／247
第十五章／始终用 R.E.D. 视角解决营销关键问题／253

延伸阅读／265

注释／271

致谢／279

前　言
在不断变化的市场环境下，用营销带动持续增长

这些年来，很多人建议我写本书，但都被我拒绝了。我是如此反对写书，以至犯了一个经典错误，即不止一次地在公开场合承诺我永远不会写书。我的家人、朋友和同事都知道我是世界上书写能力最差的人，这倒也无伤大雅。尽管我很好胜，但我这辈子从来没有赢过一局拼字游戏。

好了，言归正传，我们说回《百胜营销法》吧，我想首先解释一下我为什么决定写这本书。一些朋友建议我写一个在澳大利亚布里斯班出生和长大的男孩的经历，他在 2015 年 1 月被任命为百胜餐饮集团首席执行官，最终成为一家《财富》世界 200 强公司的管理者。还是算了，市面上已经有太多这样的书了。相反，创作一本有关工作的书的想法慢慢对我产生了吸引力，这样一来，我就不用对自己的个人经历进行过多反思了。

我改变主意的第二个原因是，可以与我的好朋友兼同事肯·明奇共同撰写这本书。肯是我在 40 多年商业生涯中遇到的最具消费者

行为洞察力的聪明人之一，我们都很幸运，能在百胜这样的公司工作。它不仅规模庞大，在 150 个国家拥有超过 50000 家餐厅（包括肯德基、塔可钟、必胜客和哈比特汉堡），而且企业文化独特、有创意。在一个通常追求稳定、氛围保守的企业世界中，百胜将勇气、信念和冒险放在首位。人才培养和企业文化是百胜持续发展的根本。百胜支持员工抓住机遇，鼓励他们大胆思考，认可并奖励有勇气、有梦想的团队，从而吸引了众多优秀人才。百胜也接受新奇的事物，允许我们以不同寻常的方式追求成果，它的作用无穷无尽。

我的最后一个理由，也是我写这本书的唯一条件，就是如果我们赚了钱，这本书的利润将全部回馈给百胜集团基金会，为肯德基、必胜客、塔可钟和哈比特汉堡的一线团队成员提供奖学金。肯和我不会拿一分钱。新冠肺炎疫情期间，这些一线员工每天都顶着惊人的压力为顾客服务，如果我们能帮助他们中的一些人实现梦想，将是朝着认可他们的努力迈出的一小步。

肯和我第一次见面是在 2007 年，当时我在塔可钟负责运营，肯在我们的广告公司博达大桥（FCB）负责策划。运营塔可钟的一大好处是，我虽然是总裁，但同时也是首席概念官，所以我偶尔会插手这个品牌的营销。2011 年的一天，肯解释说，在消费者的心目中，食物已经从"养料"变成了一种体验，这种转变在一定程度上是受 Instagram（照片墙）等社交媒体的推动。在那一刻我意识到，在 21 世纪初食物还被当作"养料"时，"选择不止有汉堡"还是个完美的口号，但是当食物变成一种体验时，这个口号就不合时宜了。

这对塔可钟来说绝对是一次颠覆性的转变，与我们之前的营销方式相比，简直是180度的转弯。

有一段时间，我们把"Live a Little Más"（活得更精彩一点）当作我们新的口号。当时的营销副总裁杰夫·福克斯雄心勃勃地辩称，如果你无法把标语写在棒球帽的正面，那就说明它太长了。于是我们把标语改为"Live Más"（活得精彩），到目前为止，这仍然是我们的口号。我们因此获得了一个全新的、强大的宣传口号，博达大桥公司也非常努力地想把它变成现实，但经历了一番痛苦挣扎之后，我们还是把广告策划转交给了一家实力雄厚、真正理解塔可钟品牌的广告公司Deutsch LA。令人遗憾的是，把广告业务从博达大桥转移出去就意味着失去肯、格雷格·祖里克和杰夫等优秀创意人才。于是，百胜想到了一个折中办法，鼓励和支持他们成立自己的营销咨询公司——对撞机实验室（Collider Lab），承诺塔可钟会给他们提供足够的业务，直到他们找到新客户。他们很快就做到了。随着对撞机实验室的发展，R.E.D.系统理论也逐渐成熟。正如你将读到的，R.E.D.包含了**相关性**的三个要素：文化相关性、功能相关性和社会相关性；其次是**便利性**：容易受关注和容易获得；最后，也是最关键的一点，是**独特性**。只有把这些要素叠加，营销才会真正奏效。

2020年1月，我正式从百胜餐饮集团CEO（首席执行官）的位置上退休。运营一家创新、勇敢、愿意信任其创意团队的公司，绝对是一件刺激的事情：百胜鼓励它的CMO（首席营销官）大干一场，大胆尝试。这甚至体现在我们的内部口号中：智慧、心灵和勇气。智慧指的就是 R.E.D.，心灵指的是我们的员工，而勇气是当你相信前两者时才会产生的。对于离开，我的心情很复杂，但我知道，我将有机会总结我所学到的一切，并在这本书中分享这些智慧。

原本一切都在按计划进行，一场全球疫情不期而至，宛如世界末日来临。当然，这是一种夸张的说法，你正在读这本书就说明，生活、欢笑和事业都在继续。不过，我们都知道，世界比我们想象的更难以预测，也更不稳定。在我们这个领域——快餐行业，我们不得不适应这样一种情况：顾客不能进入门店（至少暂时不能）。为此，大家不得不努力弄清楚肯德基、必胜客、塔可钟和哈比特汉堡在这个新范式中应该如何发挥作用。

除了这些挑战，在深夜的 Zoom 会议、Teams 会议和无尽的 Slack 线程中[①]又浮现出一些深层次问题，这些问题充满了不确定性、焦虑和困惑。从上海到悉尼，从迪拜到达拉斯，从路易斯维尔到欧文，我们的营销团队在经历过短暂的抱怨之后，明白了如何处理这个问题。尽管我们并没有立即得到答案，但我们拥有一个优秀团队，团队里都是我有幸共事过的最优秀的人。从达拉斯的总部到圣安娜的对撞机实验室，再到世界各地的区域办事处，我一直对百胜团队的天赋、雄心、勇气和品格感到惊讶。如果我在离开前没来得及和你们握手并说声"谢谢"，就把本书当作我对你们的能力和所有辛勤

---

① Zoom、Teams 和 Slack 都是英语国家常用的企业办公视频通信软件。——编者注

工作的由衷感谢吧。当然，我们不仅拥有优秀的员工，我们还有一个框架和战略来解决如何以一种有条不紊、理性、统一、协作的方式来理解和满足客户需求。换句话说，我们有 R.E.D.。

新冠肺炎疫情有如一次对 R.E.D. 的压力测试，它证明了一个框架的潜在优势，使你能够在几十种不同的语言和文化中过滤、聚焦和标准化命名。这很关键。我的一个基本信念是，R.E.D. 使你能够在不同的环境和情况下（对分散的全球业务很重要）或在这些环境和情况发生变化时（例如新冠病毒）有效地运作。在困难时期，R.E.D. 使我们能够创建一个共同的方法，让我们更加专注，更迅速地做出反应。通过创建一套共享的价值观和原则，然后使用这个框架来思考商业和营销挑战，R.E.D. 使我们能够在 2020 年充满压力、不确定性和疯狂的大背景下，以难以置信的高水平运作。

轻握球拍，放手一搏

我相信，对营销的热情和能力可以是与生俱来的，也可以是后天习得的。至于我，两者兼而有之。对克里德家族来说，营销是一项家族事业。我真正爱戴、真心崇拜的父亲，在我幼年时，担任三花牛奶公司（Carnation）的销售代表。最终，他们公司被雀巢公司接管，而我的父亲步步高升，在经历了 35 年的辉煌职业生涯后，作为这家公司澳大利亚的供应链和物流主管退休了。他出差回家时，我们总会坐在布里斯班郊区的老式黑白电视机前玩游戏，猜猜每个广告宣传的是什么产品。我的父亲是典型的澳大利亚人，他轻松、幽默、随意，但也很好胜，立志要在世界上留下自己的印记。有其父必有其子。我们一边玩，一边大喊"百事可乐"或"高露洁牙膏"。我既感受到了对父亲的爱和我们父子间的亲情，也意识到了一个有效的广告是如何让产品在一个人的脑海中留下印记的，即使广告本身的细节已经消失，它依旧像胶水一样粘在那里。最后，妈妈会叫我们去吃饭，游戏也就结束了。事后我想，比起其他事情，这种识别品牌的经历以及在父子游戏中的胜利，是鼓励我成为一名营销人员的原因。

就像我和父亲一起看电视时学到的那样，与众不同和容易被关注是制作一个伟大广告的必要条件。然而，另一个关键因素是让你的产品与文化相关。20世纪70年代中期，在澳大利亚，我亲身体会到了文化相关性的力量。

我开始在联合利华从事营销工作时被委以重任，重振一个名为"Softly"的澳大利亚洗衣粉品牌。无论是好是坏，现代的澳大利亚面貌已经改变，澳大利亚人的生计建立在十几亿只美利奴羊的背上，这些羊最早是在18世纪从西班牙引进的。羊毛是理解澳大利亚的核心。每个澳大利亚人都知道如何将羊毛编织成线，包括我在内。生活中，我曾一度是编织能手。Softly是专门为羊毛配制的洗涤剂，它很温和，所以不会像传统洗涤剂那样把羊毛脂从纱线上剥离出来。多年来，公司一直拥有洗涤剂市场80%的市场份额，后来有一天，深受澳大利亚人喜爱的玛莎·加德纳，一位在自己的节目中传授家务技巧的电台主持人，分享了她自制清洁剂的秘方。我们的竞争对手模仿了它，几个月后，我们在洗涤剂市场的份额就下降到了 50%。突然间，这个可敬的品牌开始为生存而战了。那么，我们做了什么？我意识到，这里有一个机会。客户在冬季平均使用两盒洗涤剂，所以我必须给他们一个非常非常好的理由去购买我们的产品。我们团队中有很多人认为应该降低价格或者改变配方，但是我知道我们的产品很好，价格也合适。那么该怎么办呢？

我坐在那儿思考一个问题：羊毛，澳大利亚，冬天，编织。我想到了我所认识和喜爱的所有澳大利亚人：他们坚强、务实，对自己的国家充满了深沉的爱，但不善于大声说出这种情绪化的东西。我意识到我们的机会来了。第二天，我与我们的销售推广公司 Underline 的负责人谈了谈，决定制作一本针织图案小册子。小册子上都是澳大利亚具有标志性的动物、建筑、食品的图片，如袋鼠、歌剧院、鸸鹋、考拉、维吉麦酱等，由设计师珍妮·凯创作。这本小册子将随两盒 Softly 免费提供给客户（早期为了图方便，甚至不需要剪刀就能撕掉盒盖）。这次促销活动大受欢迎，Softly 重新获得了应有的市场份额，而我的职业生涯也开始了。

这项早期的成就多年来一直伴随着我，它象征着关于营销的一些更重要的东西，而这些东西有时会在混乱中丢失。我们没有改变配方，没有改变包装，没有改变定价，没有改变任何东西。我们所做的就是让品牌在文化上具有相关性，挖掘出每个澳大利亚人都能感受到，但很少有人能表达出来的东西，我们做到了这一点：为自己是澳大利亚人而感到自豪。

40 年过去了，在机遇面前我仍然坚持我的信念。我相信，R.E.D. 框架甚至可以引导一个新手获得突破性的想法。它所需要的只是勇气、信心，以及 R.E.D. 框架的三个组成部分：相关性、便利性和独特性。我告诉百胜集团和对撞机实验室的同事们，"轻握球拍，放手一搏"。我的意思是给我一个大胆的想法。别太在意其他，把事做大点。我希望读完这本书后，你也会受到启发，去做同样的事情。

格雷格·克里德

引　言
让销售业绩提升超 60% 的 R.E.D. 营销系统

市场营销人员善于给我们讲一些华而不实的故事。这就是他们的工作——歪曲事实，直到它变得令人兴奋、简单易懂、引人注目，让人迫不及待地想购买他们销售的任何东西。这是一种与生俱来的天赋，也是人类自古就有的行为。（肯定是某个山顶洞人在出售虫蛀的兽皮方面很有一套，换来比其价值更大的肉块吧？）当你想学习市场营销时，问题就来了。近一个世纪以来，我们一直在听这些营销人员告诉我们，他们有"适合所有营销、效果令人惊讶、操作极其简单、放之四海而皆准的解决方案！"几十年来，我们一直在购买他们神奇的营销秘籍：成千上万的图书，数以百计的研讨会，以及课程和学位。无数机构兜售它们万无一失、易如反掌的方法。我们上过当，也翻过船。但现在，更多有智慧的人参与进来了，随着越来越多的学者、真正的科学家加入，江湖骗子要开始现原形了。

我们认为，市场营销理念和营销科学的不确定性、易变性和快速发展的特点，令整个行业处于一个激动人心的时期。在我们说话的当口，过去20年里关于这个领域的所有著述和理论化的东西，几乎都在被质疑、被提炼，或者被彻底地去神秘化。传统的市场营销往往是基于逸事观察和作者的信仰体系，而新一波的市场营销是以科学为基础的，有严肃的证据支持，是可以被证明的。然而，混乱和矛盾仍然存在。这个世界绝对没有明确、精辟、一句话就能保证成功的妙招。市场营销一半是科学（揭示人类真正的欲望和动机），一半是艺术（知道如何以引人注目的、原创的和令人难忘的方式回应这些冲动）。这件事从来都不容易，也不简单。因此，一两个字的营销理念，无论是"差异化""目标"，还是"品牌之爱"，从长远来看都是行不通的。不过，这些话确实能有助于产品大卖，只是碰巧大部分都是废话。

那么，如果你没有那么多空闲时间来阅读最相关的营销新观点，你该怎么办？也许你是一个营销总监，最近一次营销活动的失败弄得你焦头烂额。即使你有几个小时的空闲时间去调查和深入挖掘关于品牌建设和广告的最新内容，但也许市场营销超出了你的日常职责范围，你不知道从哪里开始。如果你对自己诚实一点，说实话，就算你已经投资了数百万美元来打造炫目的广告，你的广告与竞争对手的广告也没什么区别。幸运的是，在百胜集团的全球卓越营销中心——对撞机实验室，我们对市场营销各方面的艺术、科学和理念充满热情。在过去的9年时间里，我们采纳了该领域几乎所有最新学术发现，建立了一个合乎逻辑又实用的营销系统，然后不断完善它，并一再证明它能带来真实成果。

如果你想了解我们是如何思考与处理信息的，看看我们的书架。

我们阅读一切与理解人类决策及其与消费品和服务之间关系的图书。本书末尾有一个阅读清单，其中罗列了不断扩大的对撞机实验室图书馆的主要图书。我们阅读最新的研究，贪婪地汲取通过有效的战略和信息传递触达消费者的最新想法。办公室桌子上摆满了行为经济学、进化心理学、营销策略、数据科学方面的书，还有一些著作，比如《思考，快与慢》①，以及拜伦·夏普的所有经典著作，我们在办公室的一个非正式读书俱乐部里分享这些书。大家总是迫不及待地等待英国广告从业者协会的彼得·菲尔德或莱斯·比内发布的最新数据。我们每年还与 30 多名学者直接合作，在研究中直接与 9 万多名消费者对话，解读他们为什么以及以何种方式从事他们正在做的事情。但和理论家的区别在于：我们实际上是在做市场。我们每年花费数十亿美元在全球 150 多个国家推广自己的品牌，包括塔可钟、必胜客、肯德基和哈比特汉堡。然后，看看什么可行、什么不可行，之后修改计划，不断尝试。这样，我们就能够将理论上有趣（但最终无用）的东西与实际有效的东西分开。

所有这些研究，结合我们在现实中多年的实际营销经验，引导我们创造和完善了一种我们知道持续有效的营销方法。我们称之为"R.E.D."，即相关性（relevance）、便利性（ease）和独特性（distinctiveness）。我们把相关性分为三个部分：文化相关性、功能相关性和社会相关性。便利性是指容易获得和容易受关注。独特性就

---

① 该书简体中文版已于 2012 年 7 月由中信出版社出版。——编者注

是独特性本身。在本书中，我们将分享所知道的一切，即如何以有效的方式利用 R.E.D. 的元素进行营销，而这些营销的原因往往是奇怪的、令人惊讶的和出人意料的。

所以，请将我们作为你的向导，在当今竞争激烈的市场中，通过创新、促销、广告和销售，探索这个复杂而又矛盾，但同时无比有趣的世界。

让我们来回顾一下业内流传已久的一些理念。如果你在过去的十年里从事过营销工作，或者接触过营销报告，那么你一定听说过目标的力量。也许宝洁前全球营销官吉姆·斯登格尔的《成长》(*Grow*)一书启发了你，启发你用更大的使命感来定义产品。但是你的烤面包机的用途和竞争对手的有根本的不同吗？我们猜答案是否定的。（尽管对一家公司来说，拥有目标是件好事，可以激励和鼓舞员工，但是除非它碰巧也能让你的品牌与众不同，否则它就是一个糟糕的营销工具。）杰克·特劳特在《差异化制胜》(*Differentiate or Die*)一书中坚持认为，无论发生什么情况，消费者都是出于对特定产品的卓越功能的欣赏而保持忠诚。我们并不同意这种说法。也许你很喜欢《至爱品牌》(*Lovemarks*)中所表达的消费者必须与品牌建立情感联系（或感受"品牌之爱"）的想法，但当消费者想到你的品牌时，他们真的会有一种感性的、神秘的亲密感吗？关于神经营销学的书层出不穷，也很有趣，但大多数正统的神经科学家对这些书的说法感到恐惧。在看完特定的交流内容后，大脑的不同区域会被激活，这种模糊的概念并不是建立营销策略的好方法。如果你仔细阅读了这些书，我们猜你可能不会取得任何进展。支持所有这些自相矛盾的理念的证据往好了说是模糊的，往坏了说就是消极的，我们将用学术研究、成功实践和数十年的个人经验来解释其中的原因。

我们将讨论什么有效（与众不同）、什么无效（情感联系），讨论情感联系和情感反应之间的区别及不同效果（一个阻碍你的工作，另一个帮助你的工作）。接下来将是其他尚没有明确结论的想法，比如关于独特销售主张、品牌之爱的理性论证。我们还将证明，仅向你的重点用户推销，或完全程序化地投资媒体（或广告技术世界向你兜售的任何新的神奇解决方案）是徒劳的。也许最重要的是，我们将提供一些解决方案，以解决我们行业中实际的品牌建设因技能发展缓慢而陷入困境的问题。

读这本书的时候你会发现，如果这些想法能让你的产品在文化上具有相关性，或者容易获得，它们是可以奏效的。但如果陷入竞争信息的海洋中，它们就会被淹没。你也一样。

本书将讨论亚当·费里尔对旧营销模式——先改变消费者的态度，然后改变他们的行为——的精彩诠释。正如他指出的那样，相反的做法要有效得多：先改变消费者的行为，他们就会改变态度。我们会让你了解针对性强的广告带来的价值及其缺陷。我们不是在真空中实践，相反，我们正在梳理和提炼数百名有远见的学者和战略规划者的工作，他们正在领导一场革命，以清除我们行业中的"庸医"。我们将利用他们的学习成果，并将其纳入一个可以实际使用的连贯系统，希望对你们有用。

综上所述，长期以来，广告业一直存在着三种理论：

◎ 以理性的方式、理性的信息说服消费者。这很好，不过人类是非常不理性的，大多数时候我们都不知道自己想要什么，也无法表达出来。行为经济学就是在这个难题中诞生的。

◎ 情感联系。当然，你可能偶尔会因为喜欢而购买某种产品。但如果你试图以此为基础构建营销信息，则注定要失败，因为最终的结果必然是模糊不清、过于矫情的废话（见第九章，了解如何更有效地运用情感）。

◎ 目标。只有当目标让你与众不同，并且你是第一个传达此信息的人，它才会奏效。所以，如果你不是巴塔哥尼亚或德芙那样的品牌，就找点别的话说吧。

在过去十年左右的时间里，南澳大学埃伦伯格-巴斯营销研究院（EBI）开创了市场营销的新时代：在这里，精神和物质的可用性主宰着一切，创造一个具有功能相关性和独特性的品牌是营销人员的主要工作。但在点燃市场营销世界这一重要革命的过程中，备受争议的EBI领袖拜伦·夏普已经完全放弃了赋予品牌任何意义或文化标签的想法。尽管我们完全赞同夏普的观点，即营销人员谈论的许多情感方面的废话对营销没有帮助，但我们认为他可能把婴儿连同洗澡水一起倒掉了，因为他忽略了建立一个品牌的文化相关性对于创造一个真正强大的品牌的重要性。夏普教授的几条经验非常重要，而他放弃的一些恰恰是你今天的品牌的魅力所在。

我们认为有一个更好的方法。一旦我们烧完了房子及其里面的一切，站在那里看着冒烟的废墟，我们将利用一个经过考验和测试的系统，帮助你重建营销和品牌战略。这个系统已经被百胜集团的诸多品牌在世界各地使用，取得了不可否认的成功。格雷格·克里德、对撞机实验室和百胜集团一起经历了爆炸性的增长。我们的餐厅从 43000 家发展到了 50000 家；股价在短短 5 年内从 50 美元涨到了 100 美元；百胜集团系统销售增长率已从 2014 年的 3% 飙升至 2019 年的 8%；在同一时期，塔可钟的年销售额从 60 亿美元增长到了 100 亿美元，令人难以置信。我们把这些惊人的数字归功于百胜的独特企业文化。在这里，冒险是有回报的：直觉思维和快速行动备受推崇，一个真诚的、以人为本的领导团队不断激励人们追求卓越，一大群充满激情的加盟商和团队成员为实现这一切做了出色的工作。但是，这种成功在很大程度上也要归功于品牌的巨大力量和显著改善的营销方法。

R.E.D. 能够成功，是因为它将看似不相容的理论混合在一起，找到了一个具有意外力量的快乐组合。例如，我们赞同夏普的理论，即用一个独特的品牌接触尽可能多的消费者。但我们也相信道格拉斯·霍尔特的观点，他说当品牌融入文化并充满文化意义时，就会成为令人难以置信的强大力量。这两个对立的学派可能会让人感觉像油和醋一样不可调和，但这正是我们在 R.E.D. 中实践的：将学术界两种真正有效的理念有机结合到一个系统中。本书中，我们将进一步分析这些理论。选择最相关的学术理念，然后在现实世界中反复测试，让我们能够彻底改变建立品牌、与客户沟通和营销的方式。它还使我们能够利用营销学术界的所有最新思想，使之变得实用、可传播、持续有效（如果你想深入了解我们在书中引用的任何观点，请查看书后的"延伸阅读"部分）。

第一章
R.E.D. 要素：
相关性、便利性、独特性

当初创建 R.E.D. 系统，是因为我们遇到了麻烦，无论是最好的营销类图书作者，还是久负盛名的智库，或是最著名的营销大师，都拿不出一个行之有效的解决方案。这个麻烦就是塔可钟的销售额一直在下滑。原因何在？深入调查后发现：我们一直错误地把塔可钟定位为一个深受滑板少年和极限价值追求者喜爱的、有价值的食品品牌。我们投入了大量推广预算，以简单幽默的宣传形式推广成本最低的商品，例如，20 世纪 90 年代末到 21 世纪初经典的塔可钟吉娃娃广告"我要塔可钟"，以及之后推出的"选择不止有汉堡"活动。总体来说，那时基本上都是用便宜又有趣的东西来填饱肚子。有谁知道洋葱圈 Funyuns，或是 7-11 便利店里每天都在暖灯下不知停歇、慢慢滚动几个小时的超级热狗？

但问题来了：以吉娃娃为主角做了几年广告宣传，塔可钟销售额却下降了。营销活动让塔可钟极具品牌辨识度，但之后几年，也让受众越发觉得这个品牌和现代饮食无关。塔可钟采用轻松独特的品牌传播策略搞定偷懒的年轻人，希望他们吃点不一样的东西（比如，玉米饼），但是所有人都只记得那只狗，那只狗代表了那个时代年轻男性的心态：填饱肚子、满足渴望、带来快乐。没什么可以妨碍他们填饱肚子。所以塔可钟早期推出的第一个广告中，主角雄性吉娃娃无视一切，径直走过可爱的雌性吉娃娃，一直走到一个吃墨西哥卷饼的人面前，说道："我要塔可钟。"真是有些哭笑不得！但塔可钟实现了宣传目标，甚至卖出了5000万只吉娃娃周边玩具。这次营销活动将塔可钟定位为"物美价廉"的餐饮品牌。不幸的是，销售额却继续下降，此时塔可钟意识到是时候调整品牌策略了。

早在2001年9月，塔可钟就推出了一项新的广告活动，名为"选择不止有汉堡"，以便携性为营销噱头，宣传新品鸡肉卷饼、烤馅卷饼和脆皮卷饼（如今，人们记住的是广告语"我要塔可钟"，而不是真正的口号"选择不止有汉堡"）。5年来，塔可钟销量不断增长，随后开始放缓，到2009年，如果想继续实现加速增长，就肯定需要再次调整品牌策略。社交媒体不断发展，文化生活也随之被重新定义，用户不断地从品牌中成长、剥离。更糟糕的是，新一代年轻人和价值导向型消费人群对用直白通俗的广告语宣传廉价而美味的食品无动于衷。

文化发生变迁，品牌命运也随之改变，我们却无法针对市场变化调整品牌策略。我们通过建立独特性和令人难以置信的便利性，以及布局上千家门店和得来速餐厅，在品牌打造方面取得了突破，但总有一些地方不受欢迎。我们意识到，要想持续获得成功，我们需要一个更好的衡量标准和一个更全面的品牌管理方法。意识到这一点，格雷格立即对他多年前创建的一个名为"SOBO"（隔夜销售，品牌过时）的系统加大了投入，以稳定恐慌造成的降价冲动，加大绩效营销投入，调整限时优惠比例，持续推动品牌长期建设，从而开始扭转局面。SOBO系统是革命性的，特别是它反对一对一营销，但我们还需要更多的东西。

我们将在第五章更全面地讲述如何将塔可钟从无关紧要的广告策略边缘拉回来的故事。现在，只需知道这是我们品牌历史上一个关键时刻——R.E.D.诞生——就够了。格雷格·克里德曾担任塔可钟的总裁，之后被提升为CEO。肯·明奇正在与杰夫·福克斯和格雷格·祖里克密切合作，领导塔可钟的广告公司，即博达大桥广告公司的战略部门。在接下来的几个月里，无论发生什么，都将由我们和我们的团队承担，当然，大家都非常希望看到一个令人满意的结果。不过，要做到这一点，有一点需要明确：我们需要一个更有效、更全面的营销系统，一个我们自己开发的系统。因此，在2013年，肯与杰夫·福克斯、格雷格·祖里克以及其他一些才华横溢的规划师和社会科学家一起成立了自己的咨询公司——对撞机实验室，在被百胜餐饮集团收购之前它已发展成为拥有约20名战略咨询顾问的企业。这家咨询公司现在是百胜餐饮集团的卓越营销中心。肯仍然领导着对撞机实验室，同时也担任百胜餐饮集团的CMO，与四个全球品牌合作，帮助培训公司近2000名营销人员。

对撞机实验室

所有成员都希望对撞机实验室的每个方面都能体现R.E.D.的三个要素：相关性、便利性和独特性。首先，我们避开了引人注目和时尚的办公地点，选择了一个比较独特的地方。我们没有选择洛杉矶的世纪城或阿伯特·金尼大道，也没有选择纽约大都会区某个闻所未闻的时髦地方，而是在圣安娜开了一家店。圣安娜是洛杉矶南部一个安静的小镇，这里更出名的是它聚集了新的拉丁移民、老派朋克和奥兰治县的共和党人。这是一个经过深思熟虑的选择：不断碰到与你不同的人，新的想法就会源源不断（因此取名对撞机实验室，它的含义是：与不同的人、方法和想法不断碰撞才会产生出更好的想法）。每隔几个小时，就会有火车沿加州海岸铁路线途经这个装饰优雅、具有艺术风格的火车站，精明的通勤者可以搭乘火车上下班，从而避开令人抓狂的405号公路。我们离镇上最好的冲浪点只有很短的车程，这也解释了为什么清晨的浪潮过后，办公室的地板上偶尔会出现细小的沙子痕迹。所有这些都意味着令人羡慕的生活质量。而在洛杉矶，百胜的员工却因为每天数小时的通勤而使生活质量大打折扣。

我们的办公室位于历史悠久的百老汇市中心现已停业的兰金百货公司三楼的女装部，夹在昆达里尼瑜伽馆、一家理发店和一个倡导大麻合法化的团体中间（也许他们还没听说大麻在加州已经合法化了）。

地下室里有一间专门在深夜播放嘻哈音乐的录音室。下午晚些时候，大楼里充满了低沉的节拍、点燃的香火和密宗的吟诵，这些虽然为这里增添了不少气氛，但不见得就能提高工作效率。

我们非传统的数字营销方式使我们融入了新兴的文化趋势。我们可能不知道谁是当下最热门的拉丁裔说唱歌手，也不知道像光生物调节这样的另类健康的新兴趋势是什么，但我们离那些知道的人只有咫尺之遥。我们附近的午餐点以前是一个跳蚤市场，现在已转型为一个餐厅孵化器，它为最具创新性和原生态的当地食品车提供了一个实体场所，让它们的主人试验菜单并开展业务。我们甚至与那里的一些供应商进行了合作。我们的办公室墙壁上贴着成千上万的黄色即时贴，我们用它们来整理和完善观察与思考，并从中提炼出连贯的策略和心得。不过，这个地方也有一些缺点——电梯常年失灵，这让百胜的董事会成员（包括一些大名鼎鼎的 CEO）在到访时总感到无尽的困惑。有抱负的说唱歌手在地下室录音时，空气会变得有点"难以呼吸"，但这对我们，特别是对办公室里那些才华横溢的年轻人来说，是一个完美的地方。

我们知道，作为百胜餐饮集团的战略神经中枢，对撞机实验室要想取得成功，需要的不仅仅是一个有趣的地点，我们还必须创造一种企业文化，以体现百胜集团和对撞机实验室的宗旨："框架内的自由。"很幸运，我们拥有格雷格·克里德作为我们的名誉主席：他的头脑风暴技能和在公司的长期工作是无价的。但是，我们都没有时间或意愿从微观层面管理一个由保守的营销人员组成的团队，他们墨守成规，抵制新想法；相反，我们寻找的是与众不同的营销人员、社会学家、人类学家和政治学家。我们是"辍学博士"的忠实粉丝。我们中的许多人已经开始了博士研究生项目，但当他们意识到还有其他更好的项目时就暂时中止了学业。这些辍学博士能够入读博士生项目并完成课程，说明他们足够聪明，同时，他们也非常精明，而且雄心勃勃，他们意识到自己不需要花费数年时间来完成令人头昏眼花的论文，就可以开始对世界产生影响。我们的一位高级策略师莱拉·法兹放弃了她的政治科学论文，来对撞机实验室工作。另一位杰西卡·戈麦斯-杜阿尔特，十年前她从大学"休学"，直到现在她仍然留在这里工作。我们发现，拿到学位的博士与其他人说着不同的语言，这种断裂可能很难跨越。但是辍学博士却可以和象牙塔里的人混在一起，拉近我们之间的距离。因此，辍学博士是对撞机实验室的金矿！（无意冒犯那些完成学业的少数对撞机实验室博士成员，我们也爱你们！）

　　从文化和物理环境的角度看，创建对撞机实验室的哲学与创建R.E.D.的哲学是一样的：只做好一件事是不够的，我们需要更多的技能和资源，从三个不同的角度来解决每一个品牌和营销问题。我们必须敞开心扉，发现关于客户和他们的品牌的真相，而这些真相与他们或我们以前的看法并不相同。我们必须足够灵活地调和那些看似相互对立的想法，且必须用严谨的论证来证明它是否有效。而且，我们还必须找出新的方法来调查和理解客户的真正冲动以及他们与相关产品之间的细微关系。

我们俩加起来有超过60年的工作经验，为肯德基、塔可钟、必胜客、德芙、雀巢等各种品牌创造过实实在在的销售业绩。格雷格·克里德曾是联合利华的CMO，后来又成为肯德基在澳大利亚和新西兰的CMO，之后成为塔可钟的CMO，最终成为百胜集团的全球CEO。格雷格是市场营销中一个独特的传奇人物。他不仅是你所见过的最善良、最有趣的CEO，也是最勇敢的CEO之一。毕竟，是他同意了像Crunchwrap（脆皮卷饼品牌）和多力多滋（Doritos）玉米片这样价值数十亿美元的创意；也是他，在几个青少年在推特上开玩笑说塔可钟要来镇上之后，同意用直升机把一辆塔可钟食品车送到阿拉斯加的一个偏远小镇伯特利的。（这个噱头引起了大量的公众关注，同时也在塔可钟的员工和伯特利居民之间建立了深厚而持久的联系。）肯已经在市场营销领域工作了25年，先是做文案和创意总监，然后担任各种机构的策划负责人（在国际广告节上，他赢得了一些花哨的奖项——有时是无偿的），2011年，他帮助塔可钟扭亏为盈。

对撞机实验室的首次任务是开发R.E.D.系统的第一代，因为我们已经于2011年在塔可钟解码了这个问题。它在完全实施后，成功瞬间而至，销售额立即转好，并持续增长了8年之久，几乎每个季度都超过了行业平均水平。也许更重要的是，多亏了这场危机，百胜餐饮集团现在有了一套全面的营销方法，能够审视业务的每一个方面，并能在品牌出现严重问题之前迅速发现和纠正。多年来，这个系统一直在不断完善，许多杰出的百胜营销人员在这一进程中发挥了直接作用，例如肯德基的全球 CMO 凯瑟琳·坦-吉莱斯皮和必胜客的全球 CMO 克里斯托夫·波里尔，多年来，他们在 150 个国家对该系统进行了实战检验，并对其进行了重大改进。

R.E.D. 系统现在是我们在对撞机实验室和百胜市场营销中一切工作的支柱。如果你通过 R.E.D. 系统的视角来看待营销战略，并按照我们的建议去做，你会发现一个能够带来长期增长和持续销售的突破性战略。R.E.D. 系统、世界各地杰出的营销人员团队，以及百胜餐饮具有极强判断力和冒险精神的领导人（戴维·诺瓦克、格雷格·克里德，以及现在的戴维·吉布斯）结合在一起，联手创造了行业中最令人兴奋的营销环境之一。市场营销在百胜始终是惊心动魄、至关重要、具有长期性，并紧紧围绕着品牌建设，这也是我们写这本书的原因：只要你做对了，营销就会展现出巨大的威力。它强大，令人着迷，富有创造力，而且充满乐趣。但是，我们越来越多地看到，整个营销行业变得短视、狭隘，充斥着一堆技术术语和工具，却没有带来真正的品牌影响。为什么？因为市场营销人员被那些承诺在正确的时间用正确的信息锁定正确的人并立即获得成功的数字工具带来的诱惑捆住了手脚。短期销售的海市蜃楼正在扼杀真正有效的做法：在消费者心智中建立一个出类拔萃的、生命力长久的强大品牌，并带来持续的销售。根据我们的经验，R.E.D. 系统让一切重新变得有意义，这也使它更加有效。

不过，本书采用了与其他书截然不同的方法。如果说以前的书和营销理论被吹嘘为万能的灵丹妙药，那么这本书更像是一张清晰而简单的地图，引导你穿越复杂的市场环境。如果你在阅读本书时无所畏惧、全神贯注，你就会发现，过去十年中许多最流行的营销理论与之相比都显得平淡无奇。

希望你也能像我们一样发现，它是你职业和职责履行中的一种智力上的激励、一次创造性的回报，以及一份深深的乐趣。

翻阅本书时，我们将向你展示如何利用R.E.D.系统改造你的营销策略。我们将向你展示如何使文化相关性发挥作用，使你的战略轻松有序，并使之与众不同。我们将解释R.E.D.系统的三个要素是如何成为你成功的重要组成部分的，以及为什么这三个要素必须在某些时候要进行微调。

如果只依靠一两个要素，你的品牌仍然会举步维艰。例如，你的品牌可以与文化相关，但如果它没有独特性，那它就只是一个毫无特色的公共服务公告。

我们还将在最后一章解释如何确定每个元素的优先次序。请不要贪心，试图一次解决所有三个要素。选择最关键的一个，然后从那里开始努力。最后一章将指导你通过一个简单的过程来识别你的核心问题。

实施了R.E.D.，你就相当于完成了市场营销人员需要做的95%的事情。我们不会保证百分之百，因为肯定有一些东西被我们忘记了，但是，95%仍然是一个相当好的成绩了。只要你的品牌具备了独特性、相关性、便利性，你就会做得很好！

这三个要素对建立任何一个强大的品牌都很重要（见下图）。

E
便利性

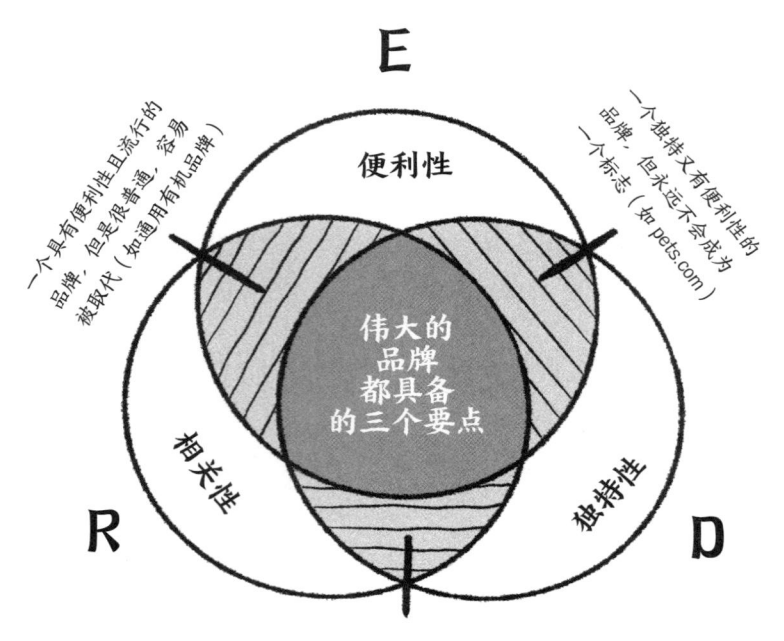

一个具有便利性且流行的品牌，但是很普通、容易被取代（如通用有机品牌）

一个独特又有便利性的品牌，但永远不会成为一个标志（如 pets.com）

伟大的
品牌
都具备
的三个要点

相关性
R

独特性
D

这是一个很好的案例研究，但销售量可能会很糟糕，因为它不容易获得

第二章
掀起波浪，而不是关注鹅卵石

当第一次走进对撞机实验室办公室时，我们的脑子里产生了一些想法。这些想法一直萦绕在脑海中，它们对整个行业来说有些另类，我们担心如果大声说出来，不会得到社会的认同。8年后的今天写这本书时，我们仍然犹豫不决。我们做事的方法与众不同。我们取得了巨大的成绩。我们相信更合理的营销科学，由学术界公认的心理学和行为经济学发展而来的科学。我们同样相信，应该将这些复杂的理论简化为最基本的元素，以便于理解，增强可操作性。

但落实这些基本理论又是另一回事。它关乎创意、直觉、大品牌思维和大胆行动，而非没完没了的焦点小组会议或者有关情感利益的循环对话。这也是格雷格·克里德、百胜餐饮集团的新任首席执行官戴维·吉布斯都与对撞机实验室合作愉快的原因。我们理念相同，大胆果断每次都胜过理智谨慎。我们希望你会对对撞机实验室的工作方式感到惊讶，甚至是震惊。如果我们做的工作只是略有不同，那么，你还需要买这本书吗？这是你的第一个具有挑衅性的想法。

鹅卵石与波浪

我们采用的营销方法更像是波浪，而不是一枚鹅卵石。想象一下，一名营销人员站在平静的池塘岸边，手里拿着一枚鹅卵石。这枚鹅卵石就代表营销活动，他们决心溅起最大的水花（轰动效应）。传统的营销人员会花费大量的时间和金钱来分析手中的"鹅卵石"，了解水对鹅卵石的感觉，确保他们挑选的鹅卵石正是水所喜爱的那款。

我们的策略是，不要担心鹅卵石，也不要担心水对它的感觉，要把注意力放在波浪上。

你不需要了解这枚鹅卵石的每一个细微差别，也不需要深入了解为什么这枚"鹅卵石"适合这个项目，更不用担心手里的小石子会惹恼一些人，或者让他们完全失去兴趣，你需要考虑的是（如何）溅起最大的水花（制造最大的轰动效应）。当专注于鹅卵石而非波浪时，你就会被一笔又一笔交易的细枝末节所吞噬；当把注意力集中在波浪上时，你就会着眼于创造数以百万计的销售额。原因何在？因为波浪是对最初浪花的反应，意思是人们最初是怎么开始谈论（或忽视）营销活动或品牌的。真正的营销关注的不是创意本身，而是创意在受众中引起的反应。最富于创造力的人都清楚这一点。因此，请关注波浪（营销活动带来的效果），思考如何将其发展为"营销海啸"。

让我们用人类听得懂的通俗语言来解释一下：不要过于担心深入了解一个消费者，也不要无休止地担心他们购买你产品的动机是什么。这是在转移注意力。人类是一团矛盾的欲望和可耻的憧憬组成的混合体，我们不知道自己想要什么。我们经常怨恨自己最爱的人。我们与配偶关系非常亲密，但有时也渴望摆脱婚姻的束缚。我们宁愿为自己的孩子去杀人，但偶尔也会质疑当初生下他们是否明智。我们在追求事业成功和物质享受的同时，也渴望自由放松和享受生活。外在行为和信念追求与内心渴望几乎毫无关系。事实上，我们想要的从来都不是心中所想。所以，忘掉平衡或者任何老生常谈吧。要让品牌成为文化热点，与趋势保持一致，而消费者甚至没有意识到自己被这些趋势所吸引。

营销的最大秘诀是：消费者购买的心理动机常常无关紧要。你要了解消费者的文化世界，并彻底颠覆这个世界。有人只会提出一些功能需求，比如，"我想买台车，接送孩子安全地上学"，这就是他们真正能反馈给你的信息，剩下的就看你的团队是否有能力创造出一些具有文化吸引力的东西了，这种文化是如此有吸引力，以至让人无法抗拒。它改变了一切。这需要专注、强大的直觉和勇气，而不是没完没了地摆弄图表。

我们决心摆脱那些没完没了地进行定性和定量研究的老派方法，这些方法带来的结果只会是平庸、乏味，直至被遗忘。我们把这种老派方法称为"Y"的一个分支，这是营销人员在制定策略时可以采用的传统、安全的方式。为了取代这种老派方法，我们采用了"Y"的另一个分支，我们开始与当地市场上任何能够提供某种文化趋势的人进行交谈。东南亚的一个女性护理品牌请我们帮助他们提高销量，我们就和当地的教授聊了聊有关女性经期的语言演变。我们采访了有影响力的人，想着看是什么激发了他们的粉丝，什么样的帖子最受欢迎及其原因。我们还和一群年轻女性创建了一个 WhatsApp（网络信使）群，花了几周时间征询她们的意见，了解流行趋势。我们还找到文化名人来解释当地的月经禁忌。但我们从来没有问过女性："你想从这块护垫里得到什么？"

思想先行

在对撞机实验室，我们百分之百相信直觉的价值。我们总是从自己对一个品牌及其用户的观察开始一个项目，然后假设什么可能在市场上行得通，以测试我们的想法。这听起来很科学（至少根据我们前面提到的一位辍学博士莱拉的说法是科学的，她把这称作科学方法）。我们从一个想法开始回溯，顺着研究的方向走。我们花了一半的时间证明这个方法有效，另外一半时间则用来尝试另一个假设，如果真的被难住了，我们就去尝试一下更传统的营销方式，即"白板式销售"。这基本上与大多数营销人员的做法背道而驰。如果你曾经在一个更传统的环境中工作，可能已经进行过（或委托过）多项研究了，方式就是走出去采访目标客户，目的是为你的产品或品牌发掘一些之前没被考虑过的见解。为什么要这么做？有必要吗？这就像朝大海中随便扔一个诱饵，希望有东西会上钩一样。

我没法告诉你我以前参加过多少次焦点小组讨论，每次我都希望能从参与者那里随机听到一些有见地的内容，但结果却总是令人失望。访谈没有方向，也没有假设，所以我们就在汽车发烧友的车上一边陪他们工作，一边听他们谈论发动机，几个小时后访谈结束，却一无所获，没有向一个伟大的营销活动靠近半步。甚至有可能更糟，我们都陷入了从焦点小组那里听来的胡言乱语和事后合理化的细枝末节之中。这样一来，离伟大的营销就更远了。

几年前，一个不知名的国际食品品牌找到了我们，希望我们进行一项白板式研究，以探究美国消费者对一种方便食用和携带的包装食品的需求。好的，很好。这是一家充满潜力又令人兴奋的公司，我们可以接这个活儿。但结果不是显而易见吗？难道不是每个顾客都会说他们需要一些随身携带、既好吃又健康的东西吗？我们在发出第一次全公司简报的前5分钟，就确定了合适的方法。去和文化创造者谈谈，弄清楚在食品领域的热门话题及原因；然后与食品社会学家聊聊，了解最新的、新兴的食品行业观点，以进一步了解背景；再利用这些想出一个令人兴奋的角度，在食品业的"池塘"里掀起大浪。客户看我们的眼神就像我们来自火星，善意地要求我们保持开放的心态，进行一些焦点小组研究，以了解20多岁的年轻人与方便食品之间的情感联系。围绕这个项目我们已经付出了很多，无法停下脚步。尽管我们为此争论过，但最终还是决定答应客户的要求。结果，整个创意走向平庸。我们发誓再也不会落入这种陷阱。

这就是白板式研究的问题。首先，营销人员除了想听到一个竞争对手没有想到过的、全新而且神奇的见解，很少知道自己在寻找什么。通常情况下，你只是在询问消费者，除了他们已经在使用的产品，还想从你的品牌中得到什么。没错，他们可以说出现在喜欢你的产品哪一点，或者过去是如何如何喜欢你的产品的，也会提出各种各样感兴趣的想法，但对于他们是否会接受一个尚未上市的假想产品，我们很难得到一个有意义的答案，因为他们根本就不知道！

优秀的营销人员能赚大钱是有原因的。一个真正聪明的营销头脑会本能地回答出其他营销人员在焦点小组和研究中提出的问题。当然，伟大的营销人员也会犯错，直觉也会让他们失败（我们将讨论格雷格在塔可钟汽车餐厅设计中所发生的为数不多的失误），但在大多数情况下，一个具有良好直觉的营销人员会帮你从发现随机见解的过程中解放出来，直接带你在"池塘"中掀起巨大的"波浪"。

百胜餐饮集团有很多营销天才。凯文·霍克曼和乔治·费利克斯曾帮助宝洁公司扭转了世界闻名的欧仕派的品牌形象，后来又帮我们设计了"上校"（肯德基创始人哈兰·山德士）广告。凯瑟琳·坦-吉莱斯皮，通过使用 R.E.D. 体系，让肯德基的全球同店销售额增长了一倍，并鼓励营销人员大胆尝试 R.E.D.。克里斯托夫·普瓦里耶践行酷酷的品牌文化，把法国的肯德基打造成网红打卡地，在那里直到晚上 11 点还排着十来人的长队。百胜集团是一个培养营销人才的地方，他们明白直觉的力量，也知道无休止搞研究毫无意义。

大家都知道，格雷格·克里德是一位营销天才，这很可能就是你买这本书的原因。还有多少人能（像他一样）在5年内把一个价值60亿美元的企业发展成价值100亿美元的企业？我想，你也希望看到自己的业务出现类似天文数字般的增长。本书中，我们将详述塔可钟是如何在这么短的时间内实现指数级增长的。但这里首先需要概述一点：这需要敏锐的直觉和大胆的行动，以及对核心产品不可思议的把控力。格雷格让品牌在文化相关性方面又火了一把（相关性），并通过突破性创新使其更加与众不同（独特性），这带来了更多新的餐馆，得到了更多的关注和到访（便利性）。这些行动为品牌营造了一种显而易见的兴奋感，每个人都想为塔可钟工作，并搭载"塔可钟火箭"，把塔可钟卖到月球上去。因此，人人参与，全情投入。形象地说，就是用他们的心和灵魂以及创造性参与其中。落地的手段就是开设新店，但成功的核心是动力，而这种动力是由 R.E.D. 的基本原理创造的。

让我们更深入地挖掘一下直觉的定义吧。2007年，塔可钟正在四处寻找新的增长机会，与此同时，文化概念正在融入现代健康养生之中。减肥、节食和计算卡路里逐渐演变成现代健康文化，人们越来越注重苗条和健康，越来越注重食物成分和营养成分。因此，公司总部一些人对推行沙拉产品蠢蠢欲动。同时，三明治（在市场上）也变得越来越受欢迎，那些不提倡推广绿叶蔬菜的团队成员其实是在推广一种墨西哥风味的三明治。另一个重要的部分是早餐，或许塔可钟应该积极进军这一领域。

格雷格拒绝了全部想法。相反，他说："塔可钟应该是离经叛道的。叛逆之人不吃沙拉、三明治或早餐。让我们做点令人震惊的事情吧。"这种叛逆的想法为塔可钟2006年推出的"第四餐"（Fourth Meal）注入了灵感。这款超级夜宵一经推出，立刻引起了轰动。此后，它每年都能带来数亿美元的收入（比麦当劳的深夜生意还大）。我们本可以花几个月甚至几年的时间找到一个最好的领域跟进，本可以投入数百万美元研究经费，说服消费者表达自己都不知道想从品牌中得到的东西，但是我们很幸运地拥有一位有着惊人直觉的首席营销官，以及一家愿意支持他的公司。

我已经能听到你嘴边的"但是……"了。不是每个人都有神奇的直觉，很少有公司有这么大勇气全力支持靠直觉做营销。这就是R.E.D的作用之所在。如果你遵循R.E.D.，你就可以培养这种直觉，在公司内部为自己的想法提供最基本、最有力的论据。营销不是研究，而是本能。因次，你需要培养本能。可能前几次会感觉很困难，但如果经常这样做，就能很容易地找到解决方案，最终甚至仅凭直觉就能做到。我们的信念是，遵循R.E.D.，学会剔除不好的想法，迅速缩小选择范围。如果你遵循我们的想法并很好地学习这个系统，我们估计你就可以模仿对撞机实验室的"思想先行"模式。我们了解这一点，是因为已经在自己的战略家身上看到了效果。大多数人在刚到对撞机实验室时都会感到不适应，但一旦汲取了R.E.D.策略的精华，就没什么能阻止他们了。

特立独行胜过绝对正确

市场营销存在一个可怕的事实：没人能一直成功。这适用于你选择的"Y"的任何分支，无论是走沉闷的老式路线，还是尝试对撞机实验室的方法。几年前，肯在成田机场与一个品牌的区域 CMO 在等飞机时一起喝啤酒。经过一番争论，肯给出了自己的答案："销售人员必须足够聪明，在超过 50% 的时间里是正确的，但也必须足够大胆，在 100% 的时间里一心一意地执行（策略）。"我们始终认同这次交流和这个想法。全身心投入一个想法，比无限期地思考一个完美的想法更重要。同样，格雷格·克里德的一句名言是："你不会永远是对的，但你必须始终保持清醒。"这句话曾被他用来激励营销人员，让他们大胆行事。这对受过传统培训的营销人员来说是一个很难理解的概念。

在对撞机实验室，我们只有在极度紧张或失望的时候才会拿出一种伤人的武器去"侮辱"他人。某个人会评论另一个人的点子，说："这是正确的想法。"一个正确的想法是指切中要点、恰到好处、符合 CMO 要求的想法，但也是一个令人无法兴奋的想法。有了一个"正确的想法"时，我们就知道手里有了一些可以与 CMO 分享的东西，他们很可能会同意，并以此为基础开展活动。这样的想法在技术上是正确的，但没有特色，毫无灵感，注定是平庸的。我们常常会选择一种并不完全正确但紧凑、独特又令人兴奋的策略，而不是一种"正确"但注重细枝末节、无足轻重的策略。

明确且专注于方向和品牌比保持正确更重要。在市场营销方面，我们投入了数百万美元，试图制定一个成功的策略。失败会终结职业生涯，终止代理合同，毁掉价值数十亿美元的公司。现实就是这样。与"正确"但模糊不清、难以记住的东西相比，有些"不对劲"但与众不同的东西，成功概率会更高。因此，不要紧握球棒，而要挥动拳头，大干一场。作为公司如今的主要架构师之一，百胜餐饮集团现任CEO戴维·吉布斯将这一理念体系应用于日常业务："拥有一个清晰明确的方向是成功的基础。没有人能小心翼翼、拐弯抹角、漫无目的就能抵达想去的地方。"

你必须勇敢，愿意承担风险，有了想法就去执行。格雷格完美掌握了做出令人难以置信的大胆又独特的决定的艺术，并将之发扬光大。正如我们前面提到的，他当时承受着巨大的压力，公司要求他扩大塔可钟的产品范围，包括三明治。他马上回应："永远不要（销售）三明治。"后来，他扩展了这一理念，包括"永远不要（销售）沙拉"。这确实是一个价值数十亿美元的决定，但他做出这个决定的时候就像周二下午订午餐一样随意。他坚持自己的立场，结果证明这是一个正确的选择。（请记住，快餐业中最畅销的两款产品是汉堡包和鸡肉三明治，而塔可钟却从未销售过这两款产品。）

对某些事情感到恐惧，说明你又向前迈进了一步。当你开始觉得有些想法过于大胆的时候，就应该拥有它、抓住它。但你会问，如果这样做是错的呢？想想20世纪90年代中期美国那些怪异的曼妥思广告吧，它们荒谬地脱离了文化，与"后车库音乐"时代格格不入。在一段令人难以置信的、类似情景喜剧的剧情后,无厘头画外音会大声说:"曼妥思!新鲜制造者!"我觉得消费者完全知道这有多酷,但他们完全沉浸在这样的尴尬中。虽然完全是莫名其妙的感觉,但又的确与众不同、令人难忘。我猜你还能唱出这首广告的歌词。这说明拥有一个完全属于自己的空间比勉强拥有正确的空间更重要。帮自己一个忙,去 YouTube(油管)上看看"曼妥思,新鲜制造者"的广告吧。

有一点要注意:你可以犯错,但不能错得太离谱。想想 Poo-Pourri(厕所芳香剂)品牌的广告。它展示了一个漂亮的女演员上厕所的情景,是想生动描述她的排便吗?这是多么不可思议、多么荒谬的错误。然而,这比使用委婉含蓄的表述和"不管你做什么,都不要提产品的功能"的策略要有效得多。这个广告错就错在失去了勇气,不敢承认她在大便。或者从另一个角度看,广告过于集中在细节上,错得太离谱、太粗俗。然而实际情况是,她荒唐的言谈举止与大便形成鲜明对比,效果非常好。这则广告十分离谱,却又非常独特。

你前进的时候,请记住:
◎ 要做波浪,不要做鹅卵石。
◎ 从一个想法开始,而不是从白板式营销开始。
◎ 特立独行胜过绝对正确。

第三章
如何用 R.E.D. 引发营销海啸

R.E.D.，简单地说，就是销售的基本要素。首先，你的消费者必须产生需求（或者你必须在他们内部创造出这种需求）。之后，你必须拿出一些与需求特别相关（相关性），而且是很容易得到的东西（便利性），让它们在消费者脑海中脱颖而出（独特性）。假设你想为即将到来的冬天购置一些跑步装备，这就是需求，相关要求是防水、保暖、价格适宜；装备必须容易买到，所以快速送货和一键订购成为购买加分项；最后，装备必须有特色，能在消费者脑海中脱颖而出，成为购买选择之一。

这是一个很基本的例子。稍后我们就会介绍几个历经周折的重要案例。你会惊讶地发现，有那么多营销人员都忘记了最基本的内容。大多数人都把劲儿用在了（提高）功能相关性上。大家会花大量的时间来弄清楚人们真正想要的功能属性。要么是防水面料，要么是能在雪中保暖的部分，但很快就会忽略便利性和独特性。对传统的营销人员而言，便利性是销售团队的问题，或者是分销部门的问题，而不是自己的问题。那么独特性呢？哦，那不是广告公司该考虑的吗？我也不需要担心这个。这不是我分内的事儿。

问题来了，什么因素对销售的影响最大？记住，人类是非常懒惰的生物。我们一贯选择自己不太喜欢的产品，原因在于它们比我们喜欢的产品更容易得到。例如，你可能会选择一个普通但有停车场的超市购物，而不是相反。在大多数情况下，最容易得到的产品，哪怕不是你想要的，也更容易赢得消费者。换句话说，便利性往往胜过相关性。如果你找不到想买的耐克鞋，附近的跑步用品商店（恰好）有一双布鲁克斯，你会转而选择购买布鲁克斯。同时，如果品牌不够独特，你都不会关心防不防水，就会直接忽略这个品牌。因此，尽管营销人员竭尽全力确保自己的产品拥有最相关的属性，但这很可能不是销售的最大动力。他们一直在掩饰、相互推脱的是便利性和独特性这两点。

R.E.D. 体系比我们上面描述的方式要更细致一些。我们发现，每一点都有几个不同的组成部分，如果你要赢，就必须把它们全部搞定。以下是我们在百胜培训营销人员时概述这些要素的方法。下图对每个部分都有一个简要解释。

R.E.D. 元素

相关性
- 文化相关性
- 功能相关性
- 社会相关性

便利性
- 容易受关注
- 容易获得
- 容易负担

独特性
- 独一无二
- 可拥有
- 一致性

相关性

相关性本质上是指某物符合个体需求。想吃便宜又美味的甜食吗？Twinkies①完全符合要求。需要甜食来让自己瞬间幸福感爆棚吗？Twinkies 能起到同样的作用。这基本上就是大多数营销对相关性的定义：理性和情感的相关性（通常定义为理性和情感利益）。绝大多数人似乎忽略了我们所说的文化相关性。它是否与这一类别中越来越重要的文化价值观相一致？更重要的是，是否与你所在的文化群体（价值观）相一致？理性上，你想吃甜食，感性上，你想放纵自我，但文化上，你会因为吃掉那盒 Twinkies 而感到很内疚，对吧？你总不会在 Instagram 上吐槽吧？20 世纪 90 年代，你会觉得 Twinkies 很好吃，但现在不行了。如今，它必须有某种可取之处才能在市场上立足。它是有机的吗？植物性的？能量和表现如何？它是由一个有社会

---

① Twinkies：美国 Hostess 品牌制造的甜点之一，吃起来口感像很甜很甜的蛋黄派。——译者注

责任感的女性拥有的公司制造的吗？也许它真实的起源故事与文化有关？所以你最终选择了运动营养保健品牌Onnit旗下蛋白小吃Protein Bites，它和Twinkies一样美味，富含植物性有益成分与战胜文化负罪感所需的能量（对，你仍然可以用甜蜜的快乐来淹没你的悲伤）。

所以我们把相关性分为三个主要类别：文化相关性、功能相关性和社会相关性。

文化相关性：与文化同步

你的产品是否反映了客户愿意生活的世界？

肯穿的是阿德里亚诺·高德施米特创办的AG卡其裤。从多伦多到洛杉矶，在任何一家半创意公司里，一大堆生于20世纪五六十年代（X世代）的高管都这么穿。这也没什么特别的原因。当然，衣服很舒适，看起来很讨人喜欢。但从各方面来看，在盖璞（Gap）买到的卡其裤与之相比更合身、质量更好，也更实用。问题是，大多数富有创造力的领导者都觉得不太可能去盖璞购物。快时尚巨头盖璞在20世纪90年代或许代表了这拨人，但自美国在线拨号上网这项当时最先进的技术出现以来，他们就再未涉足过盖璞门店。还记得你上次在盖璞买牛仔裤是什么时候吗？盖璞无论裤装还是牛仔裤本身都没有什么不好，很合身，款式多样，如水洗、褪色、低腰、高腰、靴形、喇叭形、紧身裤等等，在美国任何一家商场都能买到，价格比埃韦兰斯（Everlane）或AG还便宜，比大牌更容易买到。那么，为什么你不穿呢？更重要的是，为什么对很多人来说，压根儿就没人愿意买它呢？

盖璞的没落有两个原因。它的辨识度不够明确（我们将在第十一章讨论这一点），变得与时尚文化毫无关联。20 世纪 90 年代中期，盖璞发布了经典的"卡其布自由摇摆"主题广告片，完美呈现了当时欢乐的后车库音乐时代，那一刻，盖璞成为许多人想要追随的潮流。它和 OK Cola、CKOne 等 20 世纪 90 年代的其他品牌一起，牢牢把握甚至定义了那个时期年轻人追逐的时尚文化：民主，对明显的身份象征不感兴趣（同时觊觎更微妙的东西，比如中性的设计师香水），拒绝成年、性别和成功的传统束缚。自那以后，盖璞就再也没有跟上文化潮流。如今，有许多像美德威尔（Madewell）和埃韦兰斯这样的市场新宠也与盖璞在同一市场领域展开竞争，但品牌相关性很高。虽然不断携手新锐设计师，开发新设计理念，推出设计师合作系列，盖璞却始终跟不上流行时尚。盖璞又宣布与跨行业创意企业家坎耶·韦斯特（中文昵称"侃爷"）建立合作伙伴关系，开发 Yeezy 产品线。看看这次高调合作能否重振其品牌命运，这会很有意思。

为什么文化相关性很重要

AG 卡其裤很重要，"人类公民"牛仔裤也很重要。合适的裤子就像任何消费产品一样重要，标志着你是领先还是落后于文化潮流，以及属于哪个文化群体。格雷格多年来一直习惯穿盖璞牛仔裤。有一天，他参加了一个会议，与会者正在讨论一个想法：如果喜欢穿牛仔裤的人向塔可钟基金会捐赠 50 美元，就可以在即将举行的塔可钟加盟商大会上穿牛仔裤。其中一名营销人员开玩笑说，如果格雷格支付 50 美元，这比他买一条盖璞牛仔裤还要贵。这些细小瞬间无时无刻不在发生。格雷格已经是盖璞几十年的老顾客了，但他意识到自己选择的牛仔裤已经过时了。这说明，他声称凭直觉就能理解的文化规范已经与现实脱节。（他对此一笑置之，根本不在乎，但他的妻子很快就明白了其中的含义，马上给他买了几件 AG。）如果品牌远远落后于时尚文化潮流，忠实顾客就会因为使用它而遭到嘲笑，更糟糕的是，因为穿着它而失去信誉度……好吧，那品牌就有麻烦了。

在后疫情时代，高端牛仔品牌和盖璞面临的命运还有待观察。时尚潮流曾经一直决定着品牌命运，这一次，也有可能出现反转。也许经济衰退会让盖璞在文化和功能上更具相关性，而高端牛仔裤昂贵的价格却让大多数买家望而却步。对盖璞来说，将自身品牌与多萝西娅·兰格[①]式的生存和坚持精神结合起来，可能是一个新机会。美国民主价值观正在复苏，盖璞或许会利用这一点，Yeezy 将会带头反对穿具有小资情调的 AG。时间会说明一切，它的品牌团队的敏捷性和文化意识也会证明这一点。

发掘和探索文化相关性是对撞机实验室工作的核心。所以我们花了几天时间去跟踪墨西哥城年轻人的生活，在马尼拉的快乐蜜蜂酒吧

---

① 多萝西娅·兰格（Dorothea Lange）：美国摄影史乃至世界摄影史上举足轻重的纪实摄影大师和摄影记者，以在大萧条时期为美国农业安全局（FSA）工作时拍摄的照片而闻名。——译者注

里待上个把小时，在一旁悄悄观察。了解文化相关性是对撞机实验室派遣人类学家和社会学家与熟悉的人坐在一起喝咖啡的原因。所以我们半数员工经常搭飞机出差，而不是待在办公室里。数据科学团队通过分析数字来发现新兴文化的信号。你可能没有时间、资源或需求以如此大的规模去探索文化相关性，但你需要了解自家产品在特定市场中文化相关性的强弱。

如果品牌非常国际化，在全球范围内了解文化差异以及与文化相关的内容就很重要了。例如，以自我为中心，而非以群体为中心的个人主义价值观是美国文化的核心之一。可能在交通高峰期的最后 30 分钟里，我一直在郊区出口匝道上跟在一辆与我的车一模一样的中型 SUV（多用途汽车）后面。没关系，在我心中，我仍然是一个独特的个体，无法量化或归类。这与将自身置于更大群体中的文化截然不同。许多亚洲国家的人认为，为更大群体的共同利益努力比实现个人愿望重要得多。所以，一个对美国消费群体有用的营销信息在日本可能会遭遇失败，反之亦然，尽管最终美国消费者和日本消费者一样都是大群体中的一员（虽然群体都是以其共同的独立意识来定义自己的）。从感冒药广告中很容易看到这一点，在日本，人们往往会说"好起来吧，你才能支持你身边的人"，而在美国，人们往往更倾向于以自我为中心，"摆脱感冒症状，这样你看起来才不那么糟糕"。

在本章中，我们希望你思考以下问题：

◎ 我们的团队是否理解与客户相关的文化代码？

◎ 我们的产品是否反映了客户想要成为其中一部分的文化时刻，他们是否会为与之结合而感到自豪和高兴？
◎ 我们的产品是否符合新兴文化潮流，还是在坚持一些过去有效，但现在不再相关的东西？
◎ 我是否了解我的品牌所代表的更深层次的文化代码？它可能如何变化？

我们谈论对撞机实验室办公室的美学和氛围是有原因的。办公室身处新兴社区的中心，周围遍布创新金融模式的新企业，这对培养我们观察、理解和分享新兴文化代码的能力至关重要。一个人可能无法跳出自己的日常生活，搞不清楚特拉维斯·斯科特、利尔·纳斯·X、EXO（韩国流行组合）、拉娜·德雷或比莉·艾利什在客户生活中，哪个才表达了更相关的新兴文化代码，你所能做的就是通过我们提供的流程来识别、整理、理解并回应这些文化代码。整个过程涉及多个步骤，包括承认你的过去、了解你的现在和预测未来的文化相关性。

文化相关性章节（第五章）将指导你提出正确的问题，执行正确的研究类型，并选择一条既忠于品牌又忠于时代的文化路径。

在 #MeToo（我也是）反性侵运动盛行之时和哈维·韦恩斯坦性侵事件曝光之后，或者说在政客们似乎每天都因性侵犯被曝光的时期，想象一下，一个品牌仍然在兜售性爱或者马克西姆式的放荡不羁，会遇到什么情况？可能这真的是一个与众不同的品牌，甚至是一个便利性很强的品牌，但缺少文化相关性如同为品牌挂上锚，拖着品牌不断下沉。如果品牌做不到文化相关性，其他一切做法都不对。如果完全脱离了我们所生活的时代，消费者又凭什么相信你出售的是与当代生活相关的产品呢？

功能相关性：要有用

产品是否提供了客户需要或想要的东西？

身为营销人员、运营人员、销售经理或产品开发人员，我们都了解如何满足客户需求，例如：

◎ 客户需要午后来些提神醒脑的小食，咖啡店就会出售咖啡和独立包装的下午茶点心。

◎ 客户需要从亚特兰大飞到丹佛，航空公司就开始执飞这条航线。

◎ 客户的小孩觉得无聊，流媒体服务商就提供了更多可在线／实时观看的音视频产品。

成交！你已经做成了一笔买卖，至少现在已经拥有了一个客户。但品牌很有可能因此停滞不前：仅仅满足一个客户的需求是不够的。为了品牌蓬勃发展，必须为产品提供多种类别的使用场合（CUO）。一个 CUO 就是消费者尝试通过一个消费场景满足一种消费需求。在任何一个类别中都有几十个甚至上百个 CUO。以 Twinkies 蛋糕为例。

上文提到了 Twinkies 的三个 CUO，分别为：① 便宜的零食；② 甜的零食；③ 可以帮助客户化解悲伤的零食。但它也有其他 CUO，比如能填饱肚子的零食、给孩子们吃的零食、可以边开车边吃的零食等。成功的品牌会有条不紊地在消费者心中占有尽可能多的 CUO。第六章将告诉你如何有条不紊地建立新的 CUO 来扩大品牌和产品的吸引力。我们会解释为什么你想成为丰田，而不是迷你库珀；想成为耐克，而不是布鲁克斯。此外，还将详细介绍一个有逻辑、有结构的计划，以确保新出现的 CUO 以一种对消费者有意义的方式建立在你现有的 CUO 之上，并且不偏离品牌的核心身份。

第六章中，我们将要求你回答以下问题：

◎ 你的品牌满足哪些类别的使用场合？你的竞争对手是否满足了更多需求？
◎ 哪些 CUO 对你的业务增长来说是最容易实现的目标？
◎ 这些 CUO 的逻辑延伸是什么？

社会相关性：流行文化朋友圈

流行文化告诉我们应该做什么、应该怎么做以及为什么这么做。

在 R.E.D. 系统中，我们采用了社会相关性的概念，利用人性化的愿望，来分享和讨论文化中短暂的流行时刻。社会相关性不在于成为"群体"的一部分，而在于"被倾听"，通过创造有趣、奇怪或引

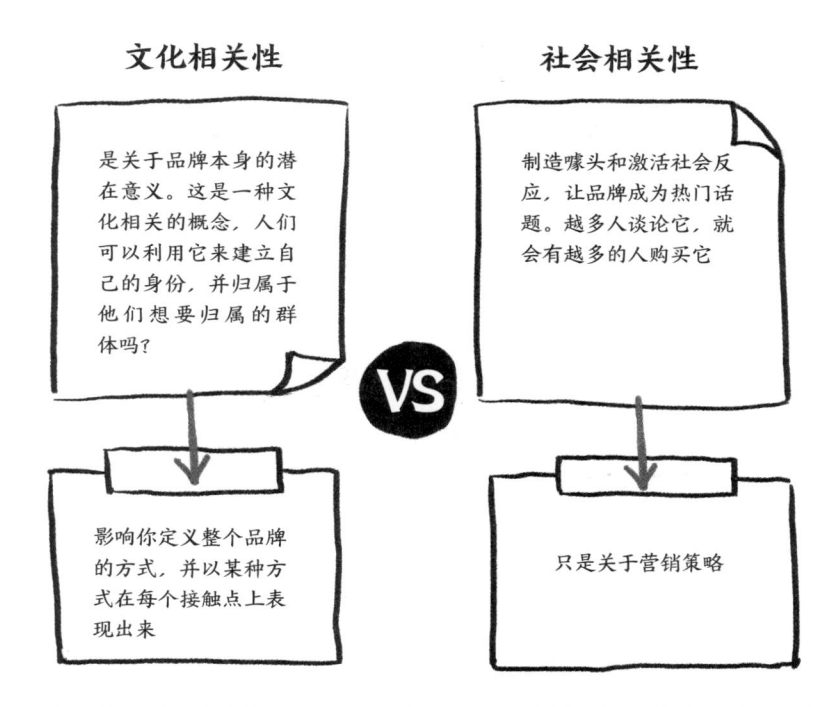

文化相关性	社会相关性
是关于品牌本身的潜在意义。这是一种文化相关的概念，人们可以利用它来建立自己的身份，并归属于他们想要归属的群体吗？	制造噱头和激活社会反应，让品牌成为热门话题。越多人谈论它，就会有越多的人购买它
影响你定义整个品牌的方式，并以某种方式在每个接触点上表现出来	只是关于营销策略

人注目的噱头或关联活动，为消费者提供一些讨论话题和相互接触或联系的机会。想想你最近一次看到古怪、随机或有趣的东西时，你的第一反应一定是拿起手机，给朋友发信息。成功地激活社会相关性就是基于这种冲动而来。这与帮助消费者认同一个群体无关，更多地是让他们在排队买星巴克时、在上午 9 点半的员工会议上，或者在他们碰巧看到你消费的时候点击分享或转发。这些分享和转发是非常有价值的，当消费者看到他们的朋友在使用（或至少在谈论）某品牌时，他们会更频繁地使用这些品牌。

2019 年，我们在棕榈泉推出了塔可钟酒店和度假村。在网上发售两分钟即告售罄，当时在社交媒体上创造了一个极其辉煌的时刻。

西班牙肯德基通过一个怪异但被人津津乐道并被无休止模仿的电视广告，让销售额从 –10% 提升到了 15%。广告中，人们不停地唱着"小鸡！小鸡！"。为什么销售额会上升？因为消费者使用的是别人都在津津乐道的品牌。消费者可能认为自己对传统广告免疫，但是他们几乎肯定会吸收和分享与自己生活、兴趣和需求有关的流行文化，并被周围的人分享和评论。

社会相关性要求人们对此刻发生的文化转变进行深度思考并迅速做出反应。在新冠肺炎疫情暴发初期，肯德基德国分公司的 CMO 戴维·蒂姆和他的团队在 TikTok（抖音海外版）上创建了一个非常搞笑的社会相关性激活行动：邀请人们跳"上校舞"。"现在点击量已经超过了 5 亿。"戴维解释说，"更重要的是，它在两周内获得的媒体访问量就达到了上一年（2019 年）媒体印象总量的一半以上。成功很大程度上与时机有关：这则广告是复活节周末发布的，当时（因为疫情）居家的人们感到无聊，渴望通过各种方式来娱乐自己，与所属群体保持行为一致，并向外界表达自己。"

社会相关性的重要性还体现在：如果处理得当，可以有效地改变消费者对品牌的态度。越多人谈论你的品牌，就有越多人自然而然地认为你的品牌或产品重要、优秀、时尚。这在一定程度上被称为"曝光效应"，即人们会单纯因为自己熟悉某个事物而产生好感。例如，人们如果反复看到某个名人的影像，仅仅因为熟悉，就会增加对那个人的好感。就这么简单。

这种效应也与行为经济学家所说的"可得性启发法（the availability heuristic)"[1]有关。这个名字听上去有点虚幻，实际上，它就是指你的大脑在做决定时选取的一条捷径。从根本上来说，你越容易想起某个品牌，你就会自动赋予这个品牌更多的重要性。如果人们一直在谈论你的品牌，说明它可能很重要。所以大家会普遍认为一部人人都在谈论的电视剧可能很不错。这就是我们试图通过社会相关性实现的效果：人人谈论你的品牌，会提高它在众人心中的地位。还记得2010年MTV音乐颁奖礼上Lady Gaga穿的肉裙[2]吗？它成为颁奖礼后人们唯一的谈资。十多年后，围绕这条裙子依旧话题不断，它就是这么有代表性。现在想象一下，为你的品牌规划同样的事情。

如何打造完美的社会相关性时刻

打造社会相关性比听起来要难得多。构思拙劣的社会相关性噱头是对时间和资源的巨大浪费。例如，优步把巴黎的一堆车装扮成玩具车，有着块状的边缘，辅以标志性的乐高积木外观，当时引起了一些轰动，但我打赌，几天后，没几个人会记得这是优步还是它的竞争对手搞的。很有可能消费者唯一记得和谈论的就是这个噱头的真正赢家乐高。乐高是不是应该给优步发一封感谢信或者一篮水果来感谢它的

---

[1] 可得性启发法指人们根据某一事件容易回忆的程度来评估该类事件发生的概率。——编者注
[2] 在2010年MTV音乐大奖中，美国歌手Lady Gaga穿着臭名昭著的生牛肉制成的连衣裙，被媒体普遍称为"肉裙"。它由设计师费尔南德斯制作，并配有前围领口、大腿下摆和相匹配的牛肉手包，一夜之间引起了人们的极大关注。——译者注

免费宣传？

塔可钟当年宣布收购费城的自由钟（Liberty Bell）并重新命名为塔可自由钟（Taco Liberty Bell）时，人们都疯了。数千人给费城的国家历史公园管理局和塔可钟总部打电话投诉。第二天，也就是1996年4月1日，塔可钟宣布这是一个愚人节玩笑。25年过去了，人们仍然记得这个恶作剧，以及搞这个恶作剧的品牌。为什么塔可钟的宣传效果比优步好那么多呢？

广告宣传和品牌有着内在联系，塔可自由钟成了这次活动的赢家，张冠李戴的可能性几乎为零。更重要的是，这次传播再次确认了塔可钟在文化中扮演的反叛者、恶作剧者形象，它拒绝扮演类似汉堡男孩这样的品牌角色。在第七章中，我们将详述为品牌定义文化角色的重要性。这一角色将帮助品牌创造正确的文化时刻和社交时刻，支持品牌的独特定位。

流行文化感性、有趣、有思想，有时甚至还会被政治化。想想美国国家橄榄球联盟（NFL）比赛中科林·卡佩尼克的"下跪门"事件，他在奏国歌时单膝下跪，引发争议。[①] 他代言的耐克广告在2018年劳动节发布。这则广告创造了一个流行文化时刻，并以不同方式发挥了作用：让爱他的人更爱他，恨他的人更恨他。"下跪门"事件发生的那个周末，耐克的销售额增长了31%，几乎是此前劳动节增幅

---

① 2016年，旧金山49人橄榄球队四分卫卡佩尼克在比赛前奏美国国歌时，并没有像其他球员那样手扶胸口向国旗致敬，而是选择单膝跪地，以示对警察暴行、种族不平等和其他社会问题的抗议，之后有不少球员都效仿他的举动。

的两倍；[1] 同时，它也让耐克与美国种族问题方面强大而且进步的信息保持一致。当然，这样的行为也遭到了包括美国总统在内的很多知名人士的强烈批评，他们无情地攻击耐克。但发出这样的声明无疑是正确的。两年后，乔治·弗洛伊德被警方跪杀，引发了全球多地抗议。良心发现之后，NFL 温和地道了歉，并正式允许球员下跪，如果他们愿意的话。[2]

显然，不是所有的社会相关性活动都必须搞得这么深刻，但绝对要"值得一谈"。市场营销史上充斥着令人尴尬的社交相关性失败案例，只有最不了解市场的品牌总监才会认为这些活动都是好的。记得某个卫生纸品牌曾经想用"关于厕纸卷的纸头朝前还是朝后"的话题引起争议。他们在芝加哥贴满了言辞恳切的海报，希望人们在社交媒体上带标签投票。哎！为了赢得社交媒体，必须给消费者一些社交谈资：一些只有他们这类人才知道的酷酷的东西，这样才会自豪地在聚会上分享。谈论"你听说塔可钟买了自由钟吗？"要比"来，朋友们，聊聊你家厕纸卷是怎么挂的吧！"要好得多吧。

便利性

便利性就是一切

便利性就是一切。实际上，R.E.D. 最初被称为 E.D.R.，便利性排在首位。后来肯德基印度 CMO 路易斯·鲁伊斯·里博特表示，R.E.D. 更为独特（听起来不像你的孩子们在流媒体上播放的音乐）。

R.E.D. 就此得名。

还记得引言中我们说过对撞机实验室的核心理念之一是"行为改变态度"吗？这是对传统营销观念"态度改变行为"做出的根本性转变。我们来解读一下这一点，以及它与便利性的关系。传统的营销方法认为，为了成功销售产品，需要创建一个广告，使之无处不在，让你的客户反复观看。最终，客户将完全吸收你输出的信息，他们的信念系统完全转向支持你的产品，对产品价值深信不疑，最终购买你销售的任何东西。

这是说得通的。毕竟，人类是非常理性的生物。我们的购买决定，就像其他所有生活选择一样，当我们吸收关于各种选择的信息，并从中做出明智选择时，也会有逻辑、有条理、有意识地发展，对吗？

当然不。

人类（或者更准确地说，我们的大脑及其运作方式）实际上是非常懒惰的。在几乎所有事情上，我们的选择更多地是由最简单、最不痛苦的事情决定的，而不是真正符合我们最大利益或反映真实愿望的事情决定的。每天下午，肯都会去办公室的糖果抽屉里翻找糖果，找到一小块士力架，把它吃掉。但他讨厌士力架，因为巧克力太滑太油，焦糖又太黏太腻。他曾经读到，在每一块批量生产的巧克力中都有昆虫的小颗粒，这让人感到恶心。然而，他还是吃了士力架。为什么？他喜欢的巧克力是孚日（Vosges），这是一种手工制作、小批量生产的有机巧克力，只在离办公室10分钟车程的杂货店出售。肯可以多付出一点时间得到他真正想要的东西，也可以不费吹灰之力吃到不喜欢的东西，但后者满足了他的需求，满足了他对甜食的喜好。肯桌子上皱皱的士力架包装纸是我们需要的证据，它证明人类会出于便利性，而不是任何其他动机做出选择。

那么，"行为改变态度"从何而来呢？肯下午吃的士力架让他隐隐感到不安。健身、有机食品和积极的健康选择是他生活的重要组成部分。他大谈特谈如何照顾好自己，那他为什么要吃那块士力架？这种认知失调的感觉很不舒服，所以，为了摆脱它，肯开始为自己的选择辩护。"孚日每支8美元，而士力架是免费的，我是要为退休攒钱的。所以，选择士力架实际上是一个财政上明智的选择。"他说。他的大脑接受了这个理由，他对自己的选择感到平静和安详。放松下来后，他对自己说："嗯，士力架真的没那么糟糕……也许真的很好？"现在他可以继续开心地吃士力架，因为他的大脑很满意，出于对家人的爱，以及对为他们的未来储蓄的重要性的认识，他做出了一个积极的决定。

让用户尽可能容易地体验、回忆和购买产品是你的工作。对我们这些快餐行业的人来说，这意味着速度比任何事情都重要。对那些从事包装消费品行业的人来说，这意味着要在尽可能多的商店中进行分销，并在商店中进行投放。如果你是一个寻求捐赠的非营利组织，这意味着短信捐赠比一个多步骤的注册更方便，包括找到钱包、拿出信用卡，并填写各种表格。所以，在有关便利性的章节中，你将学习如何打造你的产品：

两步降低用户购买门槛（第八章）

◎ 一个容易获得的产品，在购买的过程中，在实际上和心理上都会尽可能地消除摩擦点。

增长潜力来自轻度用户（第九章）

◎ 一个使用广泛的广告策略，通过一个能引起情感反应的突破性信息，触达整个类别的重量级和轻量级用户。

  这两章内容类似于"心智的显著性"（mental availability）和"购买的便利性"（physical availability）[①]的概念。[3]以便利性获胜，你就会在游戏中遥遥领先。

独特性

  "我在兜风。"

  个人护理领域可能是一个混乱的（市场营销）战场。大品牌为了占据货架主导地位，不惜投入数百万美元进行市场营销：一切都取决于你伸手去拿香体喷雾的那一刻。20世纪末，宝洁旗下美国著名男士沐浴品牌欧仕派在衰落多年之后，陆续失去各地货架空间。与宝洁的主要竞争对手联合利华相比，欧仕派已经失去了品牌相关性。2002

---

① 通俗地说，这两个概念的意思就是想得起、买得到。——编者注

年，联合利华在美国推出了 Axe 身体芳香喷雾剂。6 年来，Axe 在男性香体喷雾和沐浴露领域取得了长足发展。它以年轻消费者为目标，大胆承诺"喷 Axe，搞上床"。相比之下，宝洁公司欧仕派男士沐浴露品牌立刻显得……嗯，过时了。欧仕派是你爸爸或爷爷用过的东西。解决方案显而易见：让品牌诉求年轻化，抓住全新消费者群体。之前的团队没有抓住该品牌的核心特点，而是盲目追求相关性，造成品牌定位模糊不清，毫无意义。回顾一下当年的欧仕派广告，对男性魅力的解读既温和又平淡，这也从一个侧面说明了那些被误导的时代。

凯文和乔治所在的宝洁公司团队聘请了波特兰市的 Wieden+Kennedy（简称 W+K）广告代理公司来进行品牌重塑。他们给出的创意简报是什么？恢复欧仕派品牌原有的光彩，保持相关性。W+K 欣然接受了这项不切实际的任务。W+K 不是调调这、改改那，而是从头开始，重新发现欧仕派的品牌基因：① 欧仕派让你闻起来有麝香味和男人味；② 年长也可以视为经验丰富。这几点 Axe 都无法做到。

W+K 从鼎盛时期的欧仕派发现了品牌关键的独特资产，包括早期快船标志、标志性哨声、红色和米色包装，这些让欧仕派从男性护肤品货架上一片黑色和银色海洋中脱颖而出。最重要的是，品牌回归完全接受了"闻起来很男人"这一自我定位。

品牌重塑活动开展两年后，联合利华在美国又推出了一款个人护理品牌——Dove for Men。欧仕派用什么来反击？你为什么要用女性香味沐浴露呢？它让你闻起来像野花。你可以"闻起来像个男人，伙计"（业内人士称之为"SLAMM"运动）。欧仕派营销造就了品牌发展史上最具标志性的广告人物之一：以赛亚·穆斯塔法。他曾是美国国家橄榄球联盟球员，后来转行当了演员，他参演的广告体现了"你的男人闻起来更有男人味"的核心诉求：赤裸上身的阿多尼斯（美男子）骑着马，弹奏竖琴，经历各种冒险，最后跌落瀑布。这则广告未在超级碗比赛期间播出，而是在2010年超级碗比赛前后播出，但它仍然被认为是超级碗有史以来最伟大的广告之一。这个活动已经持续了10年，但其核心理念仍在不断发展壮大。2020年1月，欧仕派为庆祝十年来取得的成功，重新启动了最初的宣传活动，广告男主角还是以赛亚·穆斯塔法，演员基思·鲍尔斯饰演他的儿子，虽然有点尴尬，但基思最终还是接受了这个角色。

不管你喜不喜欢，欧仕派广告都占据了你意识的一个小小角落。我们把这种占据称为"心智的显著性"，这是任何成功营销活动的核心。欧仕派的宣传之所以令人难忘，是因为它奇特、古怪、荒谬而与众不同。我敢说如果你回过头去看看第一个"你的男人闻起来更有男人味"广告片段，就会发现你还记得很多笑料和对话（包括标志性的结尾台词）。

你能记住欧仕派的广告并且知道出自这一品牌之手，是非常难得之事。为什么？因为超过50%的广告受累于错误的品牌定位。如果能打造一个与众不同的广告，让品牌在消费者的大脑中占据一席之地，让他们在10年后还能准确地记住这个广告和它所宣传的内容与对象，这就是显著性，就是与众不同，最重要的是，这才是强大、有效的营销。

与便利性或相关性不同，独特性完全建立在令人难忘的基础上。为了让人记住，一个宣传活动需要做到三点。
◎ 独一无二；
◎ 可拥有；
◎ 一致性。

欧仕派抓住了这一点，强化了与现代男性之间的关系，让品牌更具现代气息，加之令人难以置信、独特大胆的展示方式，从而脱颖而出。与之相反，一些数十年来始终坚持一个视觉代码或信息的品牌，虽然方式不那么夸张，但也独树一帜，可口可乐、塔吉特和星巴克就是这方面成功的典型案例。说得更远一点，吉尼斯、雀巢薄荷糖、绝对伏特加（Absolut Vodka）、巴黎水（Perrier）、凯蒂猫（Hello Kitty）和法奇那（Orangina）等国际品牌也是如此。在第十一章中，我们将讨论像维珍大西洋航空这样的品牌，看看它是如何创造出即时且完全独特的品牌标识，在同质化的航空公司中脱颖而出的。我们将它们之间的竞争称为"镜像式营销与磁铁式营销的对决"。

品牌反映的只是它们认为潜在的消费者想要看到的东西：通常反映出消费者迫切与自我生活建立情感联系的愿望。你在啤酒广告中见过多少酷酷的聚会场景？冷冻食品广告里的温馨时刻怎么样？

那些具有吸引力的品牌会想办法吸引潜在的消费者。大多数标志性的、受人喜爱的品牌都具有磁性：苹果创造了一个超级炫酷、富有创造力的现代世界，具有难以置信的磁性。耐克前卫的运动世界几乎同样具有吸引力和不可抗拒性。这两个品牌都不是简单地向消费者反映他们的生活，它们更像磁铁，而不是镜子。

欧仕派与 Axe 对决的传奇故事也说明随着文化代码的演变，独特性像月亮一般，总有盈亏圆缺，时盛时衰。R.E.D. 系统中任何元素都不是孤立存在的。Axe 代表年轻男性潮流的味道，用意乱情迷、狂热不羁的广告，打破了欧仕派营造的传统男子气概的固有模式，欧仕派的印记几乎被 Axe 抹去了。从南非到英国再到阿根廷，Axe 广告集中表达了一个简单的性爱公式：喷洒、征服、重复。这招曾经一度非常有效，但在 #MeToo 运动来临的某个时候，Axe 那魅力四射的"小白脸"变得惊人地不合时宜。男人们可能仍然喜欢偷偷地看以前的广告，但公开地看这些广告会觉得很尴尬。广告并没有让人感到自己成为小男孩团体中的一员，从（看到）几乎全裸的女性身体中获得天真的快感，它反而更具掠夺性。2016 年，Axe 放弃了他们极度色情化的营销，找到了一种与文化更相关的方式，首次推出了"寻找你的魔力"活动，用各种形式，如性别、欲望和复杂性来颂扬男性气概。

正是因为快餐这个行业常常界定模糊、毫无特色，对快餐品牌来说，独特性是一个特别重要的品质。一个比萨品牌可以很轻易地与另一个品牌搞混，汉堡或炸鸡品牌也一样。所以，如果你想对消费者产生持久的影响，就必须独树一帜。

结论

到目前为止,听起来都很简单,是吧?我们创建了一个简约、合理的系统(见下图),帮助你分析营销计划中的各个元素,找出弱点,并发现机会领域,以便更有效地与你的客户沟通。不过,R.E.D. 还有另一面,那就是相关性、便利性和独特性是如何共同发挥作用的,以及你或你的营销团队在制定营销策略和最终宣传活动时如何确定这三个要素的优先次序。

在接下来的三章里,我们将带领你找到适用于产品的相关性、便利性和独特性,同时将会有较小规模的个人练习和较大规模的小组练习,最后制定需要定性研究以及需要外部专家和焦点小组等外部援助的策略。

请读完接下来的所有内容,但要注意从中找到最适合你的野心、预算和时间框架的练习。

每个R.E.D.要点的中心思想

相关性

文化相关性
人们看重那些让他们觉得自己有文化归属感的品牌。用独特的方式为品牌注入一种新兴的文化代码

功能相关性
扩大品牌意味着扩大品类使用场合。仔细衡量你的品类中的CUO，了解哪些CUO对你的品牌来说是唾手可得的

社会相关性
如果大家都谈论你的品牌，他们就更有可能购买你的产品。利用你独特的品牌资产做文章，制造一些茶余饭后的谈资吧

便利性

容易受关注
广告是通过在大量人群中创建属于独特品牌的记忆结构而起作用的，所以不要瞄准细分市场。如果你购买的是低成本的媒体，那你的目标群体就应该是你品类中的每个人，让创意令人难忘，确保其引起情感反应

容易获得
容易获得和购买的品牌最终会胜出。找到购买过程中实际上和心理上的摩擦点，试着消除或减少它

独特性

独一无二、可拥有和一致性
创造和捍卫独特性（拥有独特的品牌资产）的品牌更容易获得精神上的支持。创意始终保持一致的品牌胜过经常变化的品牌。作为一个营销人员，这可能是你的首要工作；在一份工作中找到属于你的创意，保持一致，始终如一

第一篇

R.E.D.系统的
相关性

相关性连接产品与用户,直接影响品牌传播的效果。

第四章
想要扩大消费群体，就先讲好故事

"品牌之爱"营销策略的消亡

要想理解相关性，首先要理解被相关性取代的概念。排在第一位的概念就是"品牌之爱"，或者说为品牌或产品制造消费欲望。为了方便解释，我们把欲望看作相关性的同义词。原因何在？如果某件事与你高度相关，那么它就会非常受欢迎；如果某件事与你不是那么相关，它就不会令人渴望。一旦你理解了这一点就会明白，当我们说"你如何激发（购买）欲望"时，我们也是在问"你如何创造相关性"。

基本上，通过制造与消费者需求相关的东西可以让人产生购买欲。如果某样东西与你的需求相关，你就会想拥有它。比如，我的车快没油了，然后我看到了一个加油站，这个加油站就与我非常相关；我刚吃饱午饭，街对面的那家餐馆现在就与我无关；我想要自己穿得跟 CMO 一样，我就买 AG 的裤子穿；我想让自己走在文化的最前沿（而且有很多钱），我就买耐克与特拉维斯·斯科特的联名鞋款。

一个成功的营销策略要么创造一种需求或欲望，要么满足一种需求或欲望（有时两者都能做到）。然而，创造欲望并不像看起来那么简单。我们认为营销人员从根本上误解了欲望的含义。欲望是一个强大的概念，构成了人类行为最基本的要素。如果营销人员能够将产品推销转化为一种发自内心的情感体验，那么这种推销将更有影响力，更有可能影响购物者行为，这是有道理的。然而，我们在职业生涯中所经历的一切，以及我们在对撞机实验室所做的研究都表明，这种将创造欲望和满足欲望作为营销策略的做法没那么有效。我们从中可以得出两点结论：（1）是的，欲望是激励消费者的根本力量；（2）但现在欲望方向可能完全错了。

我们可以从 R.E.D. 这个角度谈一谈欲望。过去十年左右，营销界一直痴迷于与消费者"建立情感联系"，这种情感联系制造了某种欲望。这种感觉就像爱情，如同你渴望你的伴侣。所以同样地，你会渴望一个品牌。当然这是废话。对我们来说，欲望与理性选择或情感联系不大，反而与功能或文化相关性的关系更大，必须通过后者才能创造消费欲。让某种产品有效果、起作用，让消费者通过产品感受到文化，这才是让一个品牌真正令人满意的地方。

非理性论点或值得相信的理由

另一个存在数十年、现在已经过时的营销概念应该永远消失，它就是：信服的理由（Reason to Believe，RTB）。这一理论认为，如果采用一个强大的 RTB 方法让产品与众不同，就可以提供合乎逻辑和理性的产品，让消费者购买，从而创造相关性。感谢拜伦·夏普，因为他勇敢地击败了"差异化"这一概念，尽管这个概念至今仍然存在。[1]

肯早期的工作之一是为一个啤酒客户写文案。这不是一种当地手工酿制的印度淡啤酒，不是小麦啤酒，不是波特啤酒，也不是比利时世涛啤酒，见鬼，连山姆·亚当斯都算不上。肯给我描述，这是一种很接近水的啤酒，甚至可以用来浇灌植物。但是，作为一个全美啤酒爱好者，他需要一个令人信服的理由，在一个周五晚上，手拿一瓶冰啤酒，站在吧台前，在同类型的其他品牌和蓬勃发展的精酿啤酒潮流中，捍卫他的主流选择。当时的营销行业称这是一个值得相信的理由。不管这个人是否相信他手中的啤酒是山毛榉木发酵工艺酿造的、冰冻工艺酿造的，还是冷过滤的，都是为了给他一个合理的理由，让他相信这种啤酒比其竞争对手的好。

在 RTB 概念流行的时代，营销人员认为需要从逻辑上说服人们购买产品。事后看来，很明显，你对客户的推销永远不应该是防御性的（"嘿，我喝这种糟糕的啤酒是有原因的！"）；或者当你隐约意识到你的选择（这里指啤酒）正在吸引你，或者在暴露出你是一个因循守旧、与社会群体格格不入的人（用 R.E.D. 的营销术语来说就是

"羊群")时,把啤酒视为可以依靠的东西。不幸的是,生活并不简单,欲望也不简单。

很大程度上,RTB方法已经落伍。人类根本就不是理性动物,虽然我们非常善于用听起来合情合理的论点进行合理化辩护,但这些在实际决策中很少产生任何影响。我们将在后文再来讨论这个观点。从R.E.D.的角度回顾这个活动可以看到,"榉木陈酿"或"冰冻酿造"的真正价值仅仅是创造了一个"独特的品牌资产"。也就是说,这是一种持续不断使用的资产,且成为品牌本身的代名词。在广告中使用独特的品牌资产才会让广告与众不同,而这种与众不同有助于品牌变得更加突出,从而促进销售。

情感联系

所以,既然你不能通过理性的争论来创造购买欲(比如,我的啤酒比你的冷),那你怎么创造它呢?营销人员设计的下一个大创意是情感联系。[2] 然而,说服消费者爱上日用品的理论对我们来说是站不住脚的。实际上,有一大批现代营销人员对这一观点持批评态度。你越强调对品牌的爱,整个事情就越脆弱。毕竟,当你想到你的烤面包机时,你会感受到爱吗?那你汽车里的油呢?想到它背后矗立的伟大品牌时,你会热泪盈眶吗?你肯定喜欢你每天光顾的那家便利店的品牌吧?没有吗?

总有一些产品会让人特别喜爱。我们把这种爱看作一种快乐的副产品，而不是一个独特的卖点。例如，你可能喜欢耐克跑鞋，它让你跑得更快，给你一种进入跑步精英圈子的感觉。你妹妹喜欢巴塔哥尼亚，因为它让她感觉自己与户外有了更多联系。你最好的朋友可能喜欢用 Instant Pot 电压力锅煮饭，不仅煮出的饭更好吃，还能每天为她节省一小时时间。Hydro Flask 保温瓶一度是周末冒险家认可的唯一品牌。然而，试图与消费者建立情感上的联系会让营销人员误入歧途。当然，我们都会喜欢，甚至发自肺腑地喜欢某个产品或品牌。之所以产生这些感觉，是因为一个品牌或产品在功能或文化上与我们息息相关，已经成为我们生活中不可或缺的一部分。

营销人员一直将"情感联系"设定为目标，大多数人因此误入歧途，而忽略了一个不太引人注目但更准确的启示：营销人员所认为的情感联系更准确的定义是功能相关性或文化相关性。换句话说，并不是对一个品牌的热爱，而是产品的功能和身份认同才让你渴望拥有这个产品。从功能上讲，粉丝们喜欢特斯拉；从文化上讲，特斯拉让他们成为有抱负的富人阶层和有环保意识的潮流引领者中的一员。并不是只有花了 9 万美元才会产生这种动力。所有注重品牌理念的产品都能证明这一点。15 美元的 Stance 袜子因其功能性和舒适性而备受青睐，穿着它会让你成为年轻、热爱冲浪的潮酷人群中的一员。铂富（Breville）烤面包机每次都能烤出完美的棕色松脆感（功能相关性），还能让你感觉自己属于美食派（文化相关性）。同样的情况也适用于低价产品。美国青少年喜欢 29.99 美元一条的迪凯思（Dickies）裤子，因为这款裤子非常适合滑冰，但它同时也表明了一种更前卫、更叛逆的个性。这也是"品牌"这个词如此完美的原因。品牌不仅有助于识别产品的制造商，还有助于给终端用户一个身份。

欲望作为一种情感联系和合法的营销策略，有着长长的坚韧的触角。然而，如果上面所有的逻辑推理仍然不能说服你，情感联系就成为一个荒谬的概念。这里还有另一个更实际的理由让你抛弃这个想法：在它的误导下，产生了大量莫名其妙和容易被遗忘的广告。

毫无意义的"目标"

思考之于人类，就如同游泳之于猫：要做也能做，但非不得已不做。[3]

——丹尼尔·卡尼曼

至少在我们看来，另一个误导营销人员的概念是品牌目标。

我们都支持品牌不断提升自己，增强对世界的影响力，以一种内在使命感推动它们诚信和高道德标准做事。在百胜内部，我们尽己所能地鼓励积极的品牌行为，从而让世界变得更好。然而，将这种行为作为营销策略的基础是行不通的。此外，这也不是产品最初的目的，至少在市场营销中是这样。产品最初的目的更接近传统的品牌信息传递策略。如果你买了一台苹果电脑，它会让你比那个宣称"我是台个人电脑"的笨蛋更有生产力和创造力。这并不符合"让世界变得更美好"这类目的，但它确实是一个清晰明确的目的。如果你买了一辆斯巴鲁，你会有更多的户外活动。道理很简单，这些产品是有目的的，但它们的目的本质上非常直接，它们会给你的生活带来一些切实的好处。

直到2012年左右，这个目的才演变成"目标"。仅仅让你的电脑帮助用户变得更有创造力还不够，还必须在利他的层面上与用户建立联系，拯救人类，否则他们永远不会买你的产品。新"目标"声称，如果想让你的牛仔裤品牌在千禧一代、Z世代或任何所谓利他主义一代中产生共鸣，那么这些牛仔裤不仅要舒适、炫酷、独特、易穿，还必须有一个核心目标，即减少地球上的碳排放，否则这些牛仔裤就会被放在架子上腐烂。但这并不是消费者做决定的方式，即使是由于"漂绿"（一种虚假的环保宣传）行为猖獗，消费者也不再相信/关心/想要那些声称关心环境问题的品牌。

这种对品牌目标的渴望导致了我们所说的巴塔哥尼亚目标：利用你的平台和客户群来传播社会责任信息，并为你的特殊"使命"采取积极行动——在这里就是拯救环境。这是一个光荣而崇高的目标，如果你真诚实践，我们会为之喝彩。这一目标对巴塔哥尼亚起了神奇的作用。它的产品让穿戴者传达出关于他们是谁，以及他们如何看待自己的明确信息。"我虽然身在会议中，但我的心完全可以自由地徒手攀岩，筹集资金以拯救约塞米蒂国家公园。"因为巴塔哥尼亚是第一个提出这一理念并且坚定不移地践行这一理念的企业，这对它来说非常有效。这一目标不仅使它具有文化相关性，还使之与众不同。

但是。

它可能对你的品牌起不到什么作用。

为什么？

首先，决定购买何种商品的不是消费者。如果"目标"真的有这么大魅力，谁还会去亚马逊购物呢？光是一层层的包装就足以让Z世代和千禧一代强烈反对，不是吗？没错，但亚马逊也是千禧一代最喜欢的品牌。对那些在亚马逊网站上销售商品的小型独立企业来说，亚马逊把它们的利润率压到了最低，但这并不重要，千禧一代和所有美国消费者对此都很满意。如果产品便宜、购买方便，他们就会去亚马逊上买。便利性每次都会打败目标性。[4]

避免使用"目标"作为品牌推广核心工具的第二个原因也很简单：除非你像巴塔哥尼亚公司那样第一个出场，否则你将会陷入一堆竞争对手之中，每个品牌都有类似的、"发自内心"的社会或环境意识。你可能认为自己可以精心设计一个百里挑一、与众不同的目标，从而脱颖而出，但实际上，这是不可能的。消费者没有兴趣思考你的目标声明并将其与你的竞争对手区分开来。丹尼尔·卡尼曼认为，我们每天都在使用两种思维系统：系统1是快速的、直观的、感性的，系统2是缓慢的、理性的、慎重的。他的研究发现，大多数人的决定都是通过系统1做出的。为什么？因为用系统2思考所有的选择是非常费力的，而且人类非常懒惰。这是一个相当坚实的论据，说明了为什么没有人去研究他们的牙膏品牌的目标，确保它与自己的理想保持一致。做一个令人信服的（营销）目标的后援也会适得其反。像我们将要讨论的那样，错误的归因是行业存在的一个巨大问题。如果抄袭一个更知名的品牌的策略，你的劳动成果最终很可能为他人作嫁衣。

所以，"目标"虽然高尚，但对于销售你的产品和联系你的客户来说，并不是一个可行的策略。极少数情况下，"目标"确实有效，但它之所以有效是因为与众不同，而不是因为情感上的相关性，比如汤姆布鞋是第一个为每双售出的鞋子提供一对一捐赠的公司，多芬的"真美"广告让该品牌在众多光鲜亮丽和修饰过度的竞争对手中脱颖而出。在对撞机实验室，我们的确喜欢设定内部目标。这迫使公司迅速做出对社会负责的决定，有助于激励员工。但是，尝试把目标作为营销策略并不能改变绝大多数的购买决定。那么，还剩下什么？如果使用理性的论据并不能真正创造欲望，如果情感联系就是一个谬论，如果目标无法通过可行方式建立一个真实的联系……那到底是什么在影响消费者的购买决定？

真正相关的事情

我们认为，让品牌更受消费者欢迎（或与消费者相关）的方法有两个：
◎ 满足需要。在消费者的心目中，当品牌与明确的类别使用场合联系在一起时，就会变得更受欢迎。这一点很明显，同时也很重要。让你的品牌通过适合的 CUO 为人所知，人们对品牌的渴望就会增长。所以功能相关性是我们的三个关联类别之一。
◎ 文化相关。找到一种方法，让你的消费者认为自己是群体的一员，并通过产品表达他们在群体中的身份。为什么大西洋两岸的金融科技从业人员都渴望拥有巴塔哥尼亚的男款轻便棉服 Nano Puff？因为这表明他们是商界一个有影响力、令人满意的细分群体成员：足够有实力，可以不穿外套、不打领带，但又足够内行，足以拥有那个令人羡慕的公司标志。巴塔哥尼亚的"社群"资源丰富，而且有可持续发展意识。有点像特斯拉司机在说："我很富有，可以买得起一辆 6 万美元的汽车（或者 200 多美元买一件轻便棉服），但我也明白，可持续发展是进入今天有抱负的阶层所必需的一点文化资本。"

在继续讨论之前，我们先来快速学习一下什么是从众心理（羊群效应），它如何影响你、你的品牌和你的业务。

从众心理：其他人都在做什么

尤瓦尔·赫拉利很好地解释了从众心理（羊群效应）。[6] 他展示了为什么智人在地球上主宰了所有其他物种的生命。该理论认为，当智人到达中东和欧洲时，他们遇到了尼安德特人，这些人比智人有更多的肌肉和更强的大脑，他们能更好地适应寒冷的气候。那么，为什么智人会赢呢？为什么现在没有尼安德特人了？（或者为什么他们今天只占我们基因的 1%~4%？）

答案可能是：行为上的一个小改变。与尼安德特人不同，智人可以将自己组织成更大规模的部落，这些部落给了群体中的个体成员安全感、社会纽带和更好的生存机会。我们是群居动物，这是我们成功的关键：尼安德特人不能组成更大的社会群体，但智人可以。

问题是，为什么智人会组织成大的社会群体？关键在于，他们创造了一种新的交流方式，培养了一种共享历史和未来的意识。他们通过（讲）故事做到了这一点。赫拉利解释说，智人创造和分享故事的能力让陌生人相信关于他们自己的共同神话，彼此合作，从而建立起由数千人，最终由数百万人组成的越来越庞大的社群。我们不仅是一个高于一切的群居物种，还与社会线索和行为高度协调。在某种程度上，我们所有人仍然本能地想要安全感和陪伴，最重要的是，我们想要成为一个持续的、由几代人组成的故事中的一部分。

懂得这一点的品牌就能塑造强大的优势，毕竟，我们用品牌告诉世界我们是谁。品牌是我们集体幻想的一部分。想象一下，一个二十八九岁的小伙子身着潮牌 The Hundreds 的衬衫、耐克慢跑裤和红黑相间的 Air Jordan 1 运动鞋。他穿的品牌讲述了他身上的故事，发出了信号，其他社群成员会识别并做出回应，或者更重要的是，它告诉你你是谁。这种集体叙事将大家联结在一起。就像我们的智人祖先讲述关于他们的起源和祖先的最初神话一样，我们希望有一条沟通捷径，帮助我们进入一个社群，这将带来巨大的、最重要的好处：安全和成功。想想那些穿着不合适的运动鞋和劣质牛仔裤的人：被排斥在社会公认的炫酷群体之外，被同龄人嘲笑。他并不安全，至少在他加入另一个社群——也许是反叛者、局外人或极客——之前。归根到底，我们都在寻求与群体紧密融合，因为我们在群体外是脆弱的，在群体内则更容易取得成功。

你浏览本书的时候，请记住我们听故事和讲故事的本能欲望，记住我们的羊群本能，以及品牌如何利用文化相关性成为讲故事的人。

社群很重要，它给了你、营销人员、产品设计师，或者运营大师一个机会，重塑你对产品的看法。它不仅仅是一种消费品，而是一群人表达团结、感受联系、帮助他们认识志同道合灵魂的机会。这就是我们所说的文化相关性。你的品牌讲述了什么故事？它团结了哪些群体？更重要的是，你的群体是如何变化和发展的？

在食物品类方面，20世纪80年代的人喜欢吃丁多斯（Ding-Dongs），并且乐于把自己归入方便食品的食客行列。现在不可能了！当素食者、弹性素食者和道德饮食者成为热门群体时，没有人还想成为方便食品消费群体中的一员。看看汽车和燃油效率，悍马为什么绝迹了？因为几乎没有人愿意加入那些不再关心油耗或环境的群体。建立或定义一个品牌，抑或创造一套新的群体价值观时，这些群体价值观就是你所寻找的。

如果你不了解过去哪些是热门社群，你怎么能理解现在的热门群体呢？我们通常不建议你将营销目标局限于小群体（除非你是在一个小的、利基的类别中），但我们认为理解它们至关重要，因为从它们身上可以看出宏观群体是如何进化的。如果你了解小型的、成长中的群体，你就很容易发现和理解那些新兴的、不可避免会传播到你真正想要营销的大的社会群体中的价值观。

第五章
文化相关性：好品牌让用户有归属感

在上一章中，我们揭开了两个最顽强的营销神话的面纱。自早期的狩猎采集者醒来，发现自己多采集了1蒲式耳的种子和浆果，并决定想办法说服邻居进行互利的商品交换以来，这些神话一直困扰着我们的行业。

最后再说一次。

◎ 作为一种营销工具，目标已经成为一种幻觉；相反，要专注于帮助你的客户建立自我认同，使他们能够与他们最渴望加入的群体保持一致性。

◎ 一个产品或品牌的情感联系，偶尔可以是你的产品的功能相关性或文化相关性的副产品。然而，这种情感几乎是不可能创造出来的。所以不要把时间浪费在建立情感联系上，相反，你要专注于最大限度地提高产品的功能相关性或文化相关性，并接受由此产生的任何情感联系，将其视为一个意外的快乐奖励。
◎ 在许多国家，那些历史最悠久的品牌有着最多的家庭记忆以及与顾客甜蜜、温暖和模糊的情感联系——因为顾客都记得小时候和妈妈、爸爸一起消费的场景。但是，这些品牌很难再成为消费的主流，情感联系并不能转化为销售。

驳斥旧的、坏的想法很容易，而要创造好的、新的想法则很难。在这一章中，我们将承担这项棘手的任务，向你展示如何利用文化相关性来创建目标和情感联系过去未能实现的难以捉摸的联系。

何为文化相关性

文化相关性是对情感联系这一老套路的一种更复杂和更现代的诠释（见下图）。你不是在为你的品牌创造一种人为的喜欢或爱的感觉，而是给你的用户一个感觉与你的品牌有联系的理由。你要做的是找到一个符号，为你的用户提供一种归属感，让他们相信自己是某个特定群体的成员，或者愿意加入这个群体。

这就是对撞机实验室与我们所尊重的一些现代营销学的不同之处。这些人坚持认为，唯一重要的是心智的显著性和购买的便利性，唯一有价值的相关性是功能相关性。换句话说，创造一个足以满足人们功能需求的独特产品，通过传播让它成为人们心目中的首选，并使其易

R. E. D.

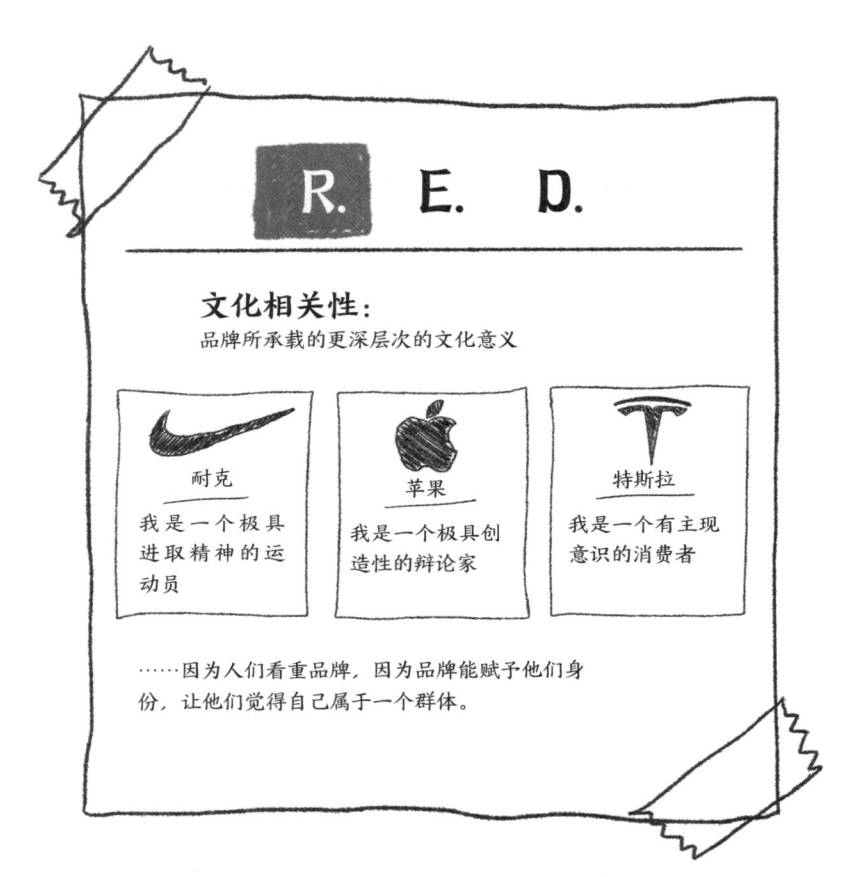

文化相关性：
品牌所承载的更深层次的文化意义

耐克	苹果	特斯拉
我是一个极具进取精神的运动员	我是一个极具创造性的辩论家	我是一个有主见意识的消费者

……因为人们看重品牌，因为品牌能赋予他们身份，让他们觉得自己属于一个群体。

于获得，其他都是废话。我们对此不敢苟同。他们的方法从根本上否定了耐克的品牌光环或特斯拉的未来主义愿景。如果他们的世界观是正确的，镇上最酷的滑板小子穿盖璞牛仔裤应该是个不错的选择；每个人都会渴望拥有一辆现成的丰田普锐斯、日产聆风或雪佛兰博尔特（至少在美国东西海岸是这样），而不是特斯拉车型（S-3-X-Y）中的任何一个。现在购买这些车型可是要等待几个月！

不，我们绝对相信，一个品牌不仅要与众不同，在功能上也要具有相关性，而且容易得到。我们相信，几乎每一次购买背后都有很多非理性因素的考量。格雷格喜欢用下面几个例子来指出这一点。有些人宁愿花几百或几千（甚至几十万）美元买一块手表，那怎么解释价值40美元的天美时（Timex）手表照样能精准地显示时间？为什么有些人要花几百美元理发，而在Supercuts花18美元剪个发也完全可以接受？

　　你买的东西很大程度上说明了你是谁。不仅是对别人，也是对你自己。除非它是真正的商品，否则你的每一次购买都会附加一些考虑："这是我吗？""这是我所属的群体吗？"如果不是，那么你的品牌就是拖着一个锚。你可以有世界上最好的分销和媒体计划（便利性），你可以有高度的功能性（相关性的1/3）和难以置信的独特性，但是，如果你的消费者在看到你的品牌时停顿了一下，认为"这感觉不像是我，我不想属于那群人"，那么你就会让你所有的营销努力付诸东流。

　　这是一个微妙的想法，所以让我们进一步解读一下它。情感联系，一方面正如信奉该方法的人群定义的那样，意味着顾客对品牌本身有某种程度的爱。在这种情况下，营销人员可能会认为："我已经在消费者中创造了足够的好感，他们现在爱我，因此会买我的东西。"表面上看，这个想法合情合理，但它并没有转化为销售，部分原因是它产生的那些总是多愁善感、像镜子一样的创意。另一方面，如果文化相关性做得好，确实会在较长时间里带来销售增长和更强大的品牌。这就是"我感觉与这个品牌有情感上的联系"和"这个品牌给了我一些文化上的印记，增加了我的身份认同"之间的区别。这是关键。我们说品牌所代表的含义要比独特性和功能性更多，但这个"更多"并不是"与消费者有更多情感上的联系"，而是一种身份认同——"这个产品是一个文化身份的旗手，作为一个消费者，我可以用它来建立我的身份，并让我属于一个群体。"

米凯罗吸取了这一教训，在美国啤酒市场上占据了主导地位，这已经成为该行业最伟大的现代营销故事之一。它从该品类中的第八位上升到了第三位，轻松击溃了喜力和科罗娜等老品牌。它是怎么做到的？我们采访了约翰·肯尼这位全方位的营销天才和博达大桥广告公司的首席战略官，他是策划团队中的一员。他说："米凯罗是第一个拥抱'积极是新的高级'潮流的啤酒品牌，在这股潮流中，健康是新的地位象征。"各地的啤酒爱好者都想加入这个群体。约翰对那些想模仿他们成功路径的品牌的建议是："不要遵循所在品类的惯例，要追随文化中的创新。这样，你会在既有品类中拥有令人难以置信的文化相关性和独特性。"

欧特力效应

我们相信文化相关性，因为我们已经看到了大量的证据，证明它在我们的品牌以及世界各地的品牌表现中是有效的。同时，也有一些严肃的学者做了出色的研究，表明品牌的文化相关性有非常真实的效果。

曾任哈佛商学院教授、牛津大学欧莱雅营销学讲座教授的道格拉斯·霍尔特深入探讨了他所谓的品牌"象征性负担"（以及我们认为的文化相关性）现象。他把具有强大象征性意义的品牌称为品牌图标。品牌图标代表了一种特殊的故事——身份神话，消费者用它来解决身份渴望和焦虑。品牌图标价值非凡，因为它们对最热心的消费者来说背负着沉重的象征性负担。[1]

这种象征性负担或文化相关性，是消费者用来建立自己身份、尝试进入某个群体的工具。以欧特力燕麦奶为例。当然，这是一种很好的牛奶替代品，大多数人都会觉得很美味。但是究竟为什么一个牛奶替代品会有品牌商品（T恤、运动服、运动衫），而且似乎经常缺货？在网上对欧特力做一下调查，就会发现有一群非常热情的消费者。该产品在2018年短暂缺货时，12包一箱的产品在亚马逊上的价格是其正常价格的4倍。没错，消费者花200美元购买12包燕麦奶，而无数夸脱的牛奶替代品在商店货架上落灰。这就是理解文化相关性力量的品牌和认为文化相关性只关乎心智的显著性和购买的便利性的品牌之间的区别。[2]

霍尔特继续解释了他所说的某些品牌所带有的"身份价值"。

顾客对某些产品的重视不仅在于它们所做的工作,也在于它们所象征的东西。对可口可乐、百威啤酒、耐克和杰克·丹尼尔这样的品牌来说,消费者重视它们的品牌故事主要是因为它们的身份价值。作为自我表达的载体,这些品牌身上满是消费者认为对构建其身份有价值的故事。消费者对那些能体现他们所推崇的理念的品牌趋之若鹜,这些品牌帮助他们表达他们想要成为的人。[3]

我们最喜欢的另一位合作者是南加州大学的公共政策教授伊丽莎白·柯里德–哈尔克特。她的研究使她进一步了解到,消费者使用品牌不仅仅是作为一种自我认同和归属感的方式,还是一种从更好的角度看待自己的方式,或者说是一种属于一个更有追求的群体的归属感。在过去的几年里,她发现定义这个更有追求的群体的因素往往与品牌的道德操守有关。我们最近采访了她,她解释说:

有追求的阶层不只是对产品的外观感兴趣,甚至不只是对它的味道感兴趣。有追求的消费者寻求的产品和服务能够使他们成为更好的人,或者说他们"渴望"一个更好的地方。这就是为什么一个产品来自哪里,它的来源是否符合道德规范,生产过程是否透明,它是否"无害"等因素影响着有追求的阶层如何消费。这种类型的消费在某种程度上与产品的故事——无论是牧场饲养的鸡和牧场的鸡蛋，还是巴伯夹克和它的英国传统故事——紧密相关。对有追求的阶层成员来说，产品的部分价值来自更深层次的社会和文化意义和故事。[4]

欧特力很好地证明了柯里德-哈尔克特的理论。我们认为，最受品牌吸引的群体是有追求的阶层。一个重要原因是：品牌的"社会公益"故事创造了一个他们想加入的群体。我们联系了欧特力的全球首席创意官约翰·派克，并提出了"社会公益"的想法，问他这是不是品牌成功的一个重要部分。他说：

> 托尼（欧特力CEO）和我都不是真正对销售燕麦奶感兴趣，而是把燕麦奶作为一种手段来创造积极的社会变化。与牛乳相比，每一盒售出的燕麦奶大约为地球节省了70%的碳足迹。我们一直很善于通过强调它的社会效益来使其与社会相关，并将其转化为T恤、别针、海报和墙面涂料等产品的有力声明。我们已经创造了一种燕麦奶崇拜，但是是以一种非破坏性的、追求更大利益的方式。

换句话说，穿上欧特力T恤，有助于有追求的消费者"构建自己的身份"，正如霍尔特所说，让自己成为一个进步的、与文化相关的群体中的一员。了解这一点有助于我们理解为什么人们会觉得有必

要为一箱燕麦奶支付 200 美元。这种对品牌的强烈渴望显然不只是来自其功能的相关性和独特性，更重要的是这个品牌是有意义的。意义在消费者眼中就代表着价值。这里需要重点说明情感联系和文化相关性之间的区别。欧特力的消费者并不觉得与品牌有情感上的联系，例如"我喜欢这个品牌是因为它对环境有好处，所以才会购买"，相反，他们发现这个品牌的文化意义对自我身份认同有难以置信的重要性。"我会不遗余力地购买这个品牌，因为它让我感觉到了潮流，也感觉到了酷。"这并不是我们在做愚蠢的学术区分。如果你以"与消费者建立情感联系"为目标来介绍你的创意，你得到的结果与你说"让它酷到消费者愿意穿我们品牌的 T 恤衫"完全不同。与文化相关性相比，情感联系算不上什么。

正如我们之前所谈到的，我们也不喜欢把"目标"作为一个营销工具的想法。除非它碰巧绝对真实，也就是说你是第一个明确宣称这

第五章　文化相关性：好品牌让用户有归属感　｜　069

一"目标"的品牌，而这一目标同时也使你的产品与众不同。欧特力就是这样一个罕见的例子，它的社会公益目标是真实的，这个目标帮助它脱颖而出，成为与众不同的品牌，特别是因为它独一无二的、可拥有的和一致的表达方式：挑衅、有趣、出乎意料。它也是该品类中第一个尝试这种方式的品牌。但是，自欧特力获得疯狂成功之后，一大堆其他牛奶替代品牌已经带着同样的"我们有更大的目标"的想法跳入市场。当然，许多品牌将会惨遭失败，因为这不是它们的特色（比如，Good Karma Flaxmilk、Planet Oat Oatmilk、Silk Oat Yeah Oatmilk 等品牌以及商店里的仿制品可能会因此苦苦挣扎）。

不管怎么说，要想成为一个标志性的、备受青睐的品牌，营销人员必须清楚地给他们的品牌注入文化意义。大多数传统的营销人员都会欣然同意，一个品牌有比其单纯的功能更多的力量。但在这一点上，他们会犯两个致命错误。许多人，就像上面的欧特力模仿者，会把拼命追逐更大的全球目标感作为营销的工具；还有许多人将进入情感联系的兔子洞，试图公开地与他们的客户建立某种"爱"（最常见的是通过反映产品如何完美地融入他们的生活）。但有一批新的营销人员开始拒绝"文化相关性"这一概念，他们错误地认为，只要推出一款功能有用且非常独特的产品，他们就能创造出这种不合逻辑的品牌激情。

我们与霍尔特博士讨论了营销领域新近出现的这一现象，并问他为什么营销人员开始分为两个哲学阵营：

◎ 有些营销人员可以通过使品牌与文化相关而使其更有价值。
◎ 有些营销人员认为只需要突出自己的特色就可以了。

他解释说，支持"独特性就是故事的全部"想法的学者使用的是"来自非常普通的品牌的数据，因此建立了平庸的品牌模型。"他说："我的模型是基于排名前1%的品牌，这些品牌要么需要在文化上进行建设（我们称为文化相关性），要么只是一个震撼世界的产品（这很罕见）。"换句话说，霍尔特认为，如果你想创造一个具有持久力量的标志性品牌，光有独特性是不够的。

这是我们发现有必要建立R.E.D.的核心原因。我们需要一个系统，将文化相关性的理念与心智的显著性和购买的便利性的强大概念相结合。对撞机实验室的创办原则之一是：简单的黑白营销策略是永远不会成功的。如果你在文化上有相关性但没有独特性，你就会失败；如果你非常有独特性，但没有文化相关性，你也会失败；不言而喻，如果你的产品不容易获得，那你就收起你的营销帽，回家去吧。这三个因素都很重要，当你同时部署它们时，你会得到欧特力的效果：非常真实的潜在的巨大收益。事实上，收益如此之大，以至奥普拉和Jay-Z（包括其他投资者）在2020年以2亿美元购买了该品牌10%的股份，从而使该公司的估值达到20亿美元。[5]欧特力公司在相关性和独特性方面做得很好，但在便利性方面却遇到困难，因为他们根本无法迅速开设工厂以满足需求，所以分销不够稳定，产品脱销。随着山寨品牌充斥市场，很有可能其中一个或多个品牌"超越"

欧特力并最终获胜，特别是在它们研发方面做得很好的情况下。

在这一点上，我们希望读者已经搞清楚了何为文化相关性：我们不认为我们的消费者站在货架前，当他看到我们的产品时，他会因为受到吸引而心脏怦怦直跳。我们不相信消费者购买我们的产品是因为他感觉到情感上的联系。我们相信消费者购买我们的产品（或不购买我们的产品）是因为这个品牌对他的评价，更重要的是，这个品牌认为他属于哪个群体。

这似乎是一个细微差别，但却导致了完全不同的营销行为。让你的营销团队去追求建立"品牌之爱"，你会期望得到一些漂亮的"镜像"创意、大量发自内心的信息，以及"请爱我"的整体营销基调。让你的团队担负起使你的品牌与文化相关的任务，你会得到完全不同的东西。首先要弄清楚的是，"文化的方向是什么？"紧接着他们会问自己，"现在我如何让我的品牌成为这种文化中令人激动和与众不同的一部分？"答案是：不做煽情的广告，只做让人津津乐道的"磁铁"作品。这就是情感联系和文化相关性之间的区别。

文化相关性的关键是：消费者具有从众心理。当你想到终端用户时，要明白他们和大多数人一样，都在自觉或不自觉地寻找进入他们所属或想要加入的群体的机会。你的文化产品或品牌创造了一个让他们有机会认同自己是某个群体中一员的机会。你在文化相关性方面的成功取决于你是否有能力看到这些群体正在发生的变化，同步发展你的品牌含义——最好是赶在你的客户意识到他们的需求和欲望正在发生变化之前。

理解你的文化代码

受克洛泰尔·拉帕耶理论的启发，我们将这些文化符号称为文化代码。可以把品类代码看作一种简写，用来理解消费者为什么会在某个品类中喜欢或排斥你的品牌。快餐是一个吸引人的类别，因为同一个品牌在世界各地可能有迥然不同的文化关联。在美国，快餐文化的基础是清教徒的理想，即功能性和高效的热量摄入。这既来自德国的肉和土豆文化，也来自不特别重视饮食文化的英国。在墨西哥，快餐的目的是进行社交活动。在法国，正如拉帕耶所指出的，快餐是享受和愉悦。在菲律宾，我们发现快餐是用来逃避现实和幻想的。在俄罗斯，快餐是关于探索西方和尝试新东西的。但在美国，它一直是一种功能性体验，最近更像我们所说的"快餐美食家"。请记住，我们谈论的是所有这些不同国家的相同品牌：肯德基、麦当劳、汉堡王等。因此，在雅加达对肯德基有效的做法在法国可能会惨遭失败，反之亦然。（在第六章中，我们将讨论塔可钟的一项创新，即脆皮卷饼品牌，它是专门为美国人设计的，在功能上与美国人相关。）关于文化，我们并不是在开玩笑！你需要了解客户群的文化，接受一个事实，即在一个国家表现出色的方案在另一个国家可能会失效。我们知道，这听起来很复杂。幸运的是，我们已经开发了一个系统，帮助你发现和理解文化相关性和文化代码如何在本地和全球应用于你的品牌和产品。我们稍后会讲到具体细节，但首先，让我们用南非肯德基的一个例子来说明文化相关性的作用。

揭示文化相关性

在后种族隔离时代，南非肯德基以快乐的"彩虹之国"①的品牌形象宣传自己，多年来效果显著。这是一种人们为之自豪的心态。但大约从2012年开始，该品牌进入了衰退期。到2015年，我们的销售已经连续萎缩了三年，我们标志性的"团结品牌"显然与新千年不断变化的文化趋势格格不入。我们的主要竞争对手的商店被黑色的墙壁和金色的吊灯所装饰，并在用餐区播放家庭音乐。相比之下，我们明显感觉到自己很老、很呆板，而且在某种程度上不合时宜。

那么，是什么发生了变化？对撞机实验室对南非文化进行了一次大规模调查。我们在约翰内斯堡找到了几位杰出的人类学和社会学教授，并在他们的帮助下提出了一些关于这个品牌问题的假设。然后我们向当时最酷的南非诗人和文化评论家提出了我们的想法。这几周的合作是基础性的。我们带着对文化广泛的、现代的理解和一些新的假设进入下一阶段的研究，一切开始变得不同。最后，肯和杰西卡·戈麦斯-杜阿尔特飞往约翰内斯堡。他们每天花12个小时会见客户，参观商店和社区，并了解我们的品牌为什么会"自由落体"。然后，他们做了一件非常具有对撞机实验室风格的事情：他们去了索韦托，花了几天时间深入当地家庭，与他们交谈，并吸收和观察他们的生活。他们总是听到我们的教授和文化合作者在对撞机实验室简报中提到的主题。老人们会说："现

---

① 彩虹之国指南非，是由南非大主教图图在种族隔离后成立南非共和国时提出的，寓意是不同种族的人和平地生活在南非这个美丽的国家。——译者注

在的孩子不理解梦想。我们的梦想是，我们经历过可怕的时刻，总有一天，我们会走到一起，会在一起。"年轻人……嗯，他们的想法正好相反。他们对成为后种族隔离时期彩虹之国的一部分毫无兴趣。他们好奇，有动力，渴望有机会以自己的方式取得成功。其中一个受访者是18岁的大学生。肯和杰西卡在他的小公寓里与他进行了交谈，他的公寓地板上堆满了书，其他什么东西都没有。冰箱里有几块发霉的三明治，床上没有床单。他们一起交谈了他的生活和对未来的设想，随后，他抬头看着他们说："我父亲说我是个傻瓜，我的祖父说我是个白痴，因为我不相信他们的梦想。你知道我相信什么吗？我相信自己，只有我才能让我到达我想去的地方，而我将会到达那里。"那一刻定格在肯的脑海中，他说他将永远记住它。那次采访已经过去几年了，肯仍然可以记起那简陋、黑暗的房间的每一个细节，以及他下巴上那令人敬畏的皱纹。肯和杰西卡毫不怀疑他到达了他想去的地方。

南非正处于巨大的文化转变之中。肯德基的业绩下滑，是因为它仍在讲述一个后种族隔离时期的种族骚扰和社区的故事，而这个故事与现代年轻人的经历完全没有关系。在那一刻，我对生活在南非的感觉是这样的。当一个有追求的年轻人站在索韦托的马波尼亚商场决定去哪里吃饭时，他有两个选择。在他的左边，是他前辈常去的肯德基，光是它的标志就在他的脑海中点亮了几十个温暖、团结的记忆结构。在他的右边，是我们的竞争对手，墙壁是黑色的，巨大的金色吊灯随着持续的、有节奏的低音叮叮当当地响着，一排年轻人穿着最新款的运动鞋从那里蜿蜒而出。这并不是一个艰难的决定。

几天后，对撞机实验室团队登上了飞机，飞了 30 个小时才回到家。他们回来后，根据直觉和观察，联系了南非的教授、诗人、博主、作家，以及任何看起来可以揭开真相或验证团队发现的人。南非的年轻人渴望自我实现和独立成就。种族隔离时代感觉就像古老的历史。如果有区别，那就是他们对父母的梦想持嘲讽态度，对围坐在篝火旁分享他们的感受没有兴趣。这是一种强大而且激进的东西。杰西卡和肯发现，南非肯德基一直在用一套过时的文化代码运作。我们的"Kumbaya"[①]活动为他们提供了一个他们不想要的身份，以及一个他们不想加入的群体的成员资格。其他品牌也注意到了这种转变。健力士（Guinness）在其"黑色制造"[②]活动中取得了成功，这个活动是为了庆祝一种更有力量的非洲精神。[6]

---

① Kumbaya 是一首黑人民谣，字面意思是"到这里来吧"，在 20 世纪 60 年代曾极为流行，后发展成一首民权运动赞歌。——编者注
② 黑色制造（Made of Black）是健力士黑啤在非洲推出的一个广告的主题，其含义是：黑不仅是一种颜色，还是一种心态、一种创造力、一种态度等等。——编者注

有趣的是，日本肯德基正在努力应对类似的从社群和团结中转移的问题。在过去的40年里，日本肯德基一直是非官方的圣诞大餐品牌，是家庭在节日里购买并相互分享的东西。和南非一样，日本的年轻人正在拒绝这些关于团结和家庭的旧观念。单身家庭数量正在增加（预计到2020年，单身家庭将占全国的34.5%）。这些年轻的专业人士把吃饭当作一种珍贵的、安静的、暂时从压力中解脱出来的休息。因此，肯德基将大型社会团体聚集在一起的圣诞传统开始让人觉得非常不正常。因此，肯德基日本分公司出色而低调的CMO中岛幸子不得不重新打造一个将来数十年都能行之有效的市场营销概念。她的团队正在寻找一些出人意料的方法，使品牌重新与新兴文化接轨。我们最喜欢的战术执行之一是在公园的长椅上偷偷地随机放置一些印有上校头像的卡片，让它们在那里过夜。

三种文化代码

在R.E.D.中，我们把在南非和日本看到的文化演变称为新兴的文化代码：一种处于早期发展阶段的消费趋势的演变，但它预示着消费者对某个品类代码的看法和感受将发生重大变化。比如，南非的年轻人开始重新认识文化，以反映他们的希望、生活、现实和梦想，而彩虹之国的文化代码正在慢慢过时。

在我们看来，一个品类的文化代码有三个阶段。
◎ 残余代码——过去的工作。

◎ 主导代码——现在的工作。

◎ 新兴代码——未来的工作。

意识到这种持续的演变非常重要。消费者的品味、兴趣和信仰体系总是在不断变化，因此，文化代码从未停止移动和演变。当你阅读本章和本书时，请问自己以下问题。

◎ 过去哪些文化代码对我的品类有效？

◎ 现在的工作是什么？

◎ 未来的工作是什么？

与此同时，塔可钟在……

最艰难的生存之道

食物：从营养到体验

首先讲一些背景故事。还记得20世纪90年代的塔可钟吗？如果你是一个青少年，你可能在那里度过了相当多的时间，狼吞虎咽地吃着69美分的玉米饼，用豆子卷饼和玉米片填饱肚子。如果你有个十几岁的孩子，你可能会有那种只花5美元就能让他吃饱喝足、准备出发的可触可感的轻松感。塔可钟的文化代码——食物是养料，已经持续了多年。它之所以奏效，是因为它与90年代早期的格调、懒汉式的精神气质完美同步。20世纪90年代是大口喝酒的时代，食物，特别是快餐，是一种能够使人腾出时间做他们生活中真正有趣和有意义的事情的东西，无论是工作、滑板、足球还是玩耍。我们的顾客欢迎我们，因为塔可钟与文化相关。我们与顾客的需求和想法完全一致：价格合理的食物，超级渴望，略带叛逆。

我们仍然全身心地投入我们的主导代码：让美国年轻的、以价值为导向的吃货们吃上墨西哥卷饼和玉米片。销售情况还不错，顾客很喜欢1997年推出的塔可钟吉娃娃。[7]然而，尽管广告在持续，管理层却注意到了一个令人不安的事实：公众更喜欢吉娃娃，但似乎不再喜欢这种食物。销量在下滑，而且一直下滑到21世纪头十年。事后看来，我们忽略了一个警示性标志，上面写着前方出现的代码。我们仍然觉得旧代码——"食物就是养料"很好，那么我们到底错过了顾客品味变化的哪些方面呢？

关于文化代码改变的问题是这样的：如果不置身于文化之外，你就不会看到它们；如果你看不到，更重要的是，如果你意识不到你看到的是一种新兴的文化代码，你将无法对产品的理解做出调整，也无法对销售策略做出必要的改变。在这种情况下，你需要走出去，去吸收那些和你一样或不一样的人所发现的喜欢的事物。这里有一个很好的例子，能够说明这一点是多么重要。

寻找改变的文化代码

21世纪10年代末，肯和他的妻子法比安娜住在芝加哥。让我们来设定一个场景。芝加哥是一个巨大的美食城。在那个时期，它拥有全国最引人注目、最激动人心的美食场景。星期一早上的谈话不是"你看了什么电影"或"你去了什么俱乐部"，每个星期一，你的同事都想知道你周末在哪里吃的饭、吃了什么，以及你的感受。当时的芝加哥，特别是那些实验性的、有争议的餐厅，正在改变美食的含义。阿丽尼亚餐厅的预约名单一直排到 6 个月之后，人均套餐价格高达数百美元。位于芝加哥肉类加工区的 Moto 餐厅在制作菜肴时使用的工具包括激光、离心机和粒子离子枪；厨师都是安东尼·波登式的文身摇滚明星；晚餐几乎就是厨师在彼时彼刻产生灵感后创作出的任何东西，不管是分子料理、稀薄蒸汽料理，还是鹅肝热狗。甚至更多的传统餐厅也在实验不同食物。肯在北区最喜欢的休闲场所是 Hot Doug's，这家餐厅供应价值 10 美元，用鳄鱼或鸭子、鹿肉或蔬菜制成的小香肠。人们愿意尝试的极限被推得越来越远，部分原因是围绕食物的文化，以及它是什么，正在不断发展。对人们来说这是一个巨大的变化，它改变了美食的含义，甚至是对食物的体验。

当然，对蓬勃发展的餐饮业感到兴奋是一回事，能不能负担得起是另一回事。2009 年，肯和法比安娜决定，他们将放弃年度假期，选择在阿丽尼亚餐厅吃晚餐。这次晚餐接近 1000 美元，所以不是一个容易的选择。但最终他们决定尝试，他们认为这种付出是值得的。

晚餐令人震撼。十八道独特的菜，一道比一道超现实。充满氦气的可食用苹果气球，用一颗葡萄蘸花生泥裹在奶油蛋卷里的解构了的花生酱和果冻三明治，悬挂在一个铁丝盘上。最后，到了吃甜点的时候。厨师格兰特·阿卡兹来到餐桌前，铺开了一个橡胶垫。另一位厨师拿着一块0℃以下的牛轧糖砖走了过来，温暖的空气中随即起了雾。然后厨师用锤子敲打糖砖，糖砖碎了一桌。接下来，他拿着三种不同的巧克力酱，开始把它们滴在桌子上。最后，当他对桌子上的超现实主义画布感到满意时，他拿起一块牛轧糖，示范如何将巧克力和牛轧糖涂抹在一起。很美味，晚餐终于结束了。

那次晚餐后的几年里，肯一直隐约感到内疚。那次消费对一个公立学校的历史老师和一个广告公司的策划人来说，是一笔巨大的开支。他们牺牲了一次期待已久的瓦哈卡之旅来体验它。然而，那一晚是一个启示，因为它把多种不同的体验汇聚成一个整体洞察：精致的餐点不再是填充过厚的红色皮革长椅、目空一切的侍酒师和大得让人吃到一半就腻的牛排。美食现在成了一种冒险，一种前所未有的体验。坐在阿丽尼亚餐厅的那张桌子前，会让人兴奋不已：接下来会发生什么？食客们会不会被逼着去体验一些他们认为是食物边缘的东西？他们会不会品尝到挑战和超越他们舒适水平之外的食物？直到今天，法比安娜仍然告诉肯，那顿晚餐是他们花过的最好的租金支票。因为那次晚餐让肯对一个巨大的新兴文化代码有了清晰的认识，给了他一些洞察力，这些洞察力将变成"食物即体验"。"大多数塔可钟的顾客（大多数人，真的）都没有能力在晚餐上花费四位数，然而，他们仍然希望成为美食家群体中的一员。他们想要一个进入这个新世界的入口，在那里，食物是令人兴奋的、不同的、富有挑战性的。旧的"食物即养料"的从众心理正变得过时，如果塔可钟不改变，它的命运也将随之远去。

相信新兴的文化代码

2011年格雷格被任命为CEO时，塔可钟的销售额正自由落体般下滑。格雷格最初遵循了应对快餐危机的传统方案：推出由喜剧演员阿齐兹·安萨里主演的"夏季储蓄"促销活动，降低价格并提供疯狂的优惠。[8]格雷格是第一个认为这类销售可以增加额外收入的人，但坦率地说，他们看起来很绝望。在塔可钟的案例中更是如此，因为在一个特别糟糕的时机，我们还要处理一个无厘头的诉讼：指控我们的牛肉不是真正的牛肉。这起诉讼证明，有些负面宣传确实起到了很坏的效果，但同时你也可以用负面宣传来回击对手，比如，我们在指控方律师的高尔夫俱乐部周围竖起了广告牌，指出他们的策略与索马里海盗没什么两样。该诉讼最终被驳回，但此前我们的牛肉在公众心目中是一种低档产品的想法却在此次事件中得到了巩固。我们需要彻底改变谈论产品的方式，而且速度要快。

2011年之所以重要还有一个原因，一个与塔可钟无关的原因。1月，新生的Instagram为其100多万用户启用了话题标签。6月，该应用程序已经拥有500万固定用户，到9月，这个数字达到了1000万。用户的指数级增长以及话题标签的功能，意味着到2011年年底，Instagram已经从一款20多岁的年轻人主要用作视觉日记的另类应用，变成了一个打造网络形象的重要工具。这个角色可以是一个人在线下的自我延伸或者说是一个独特的实体,有自己的态度和独特的声音,往往与个人实际生活无关。毫不夸张地说,Instagram用户现在是他们自己节目的明星,他们所做的或经历的一切都是潜在的"内容"。自然地,用户喜欢记录他们的用餐经历。随着应用的发展,融化的冰激凌甜筒、泡菜玉米饼和淋满酱汁的烧烤的美食照片也随之而来。

塔可钟正处在一场不确定的完美风暴中。我们的主导代码(食物即养料)正像泰坦尼克号一样沉没。我们的新兴代码显然与成倍增长的美食家和Instagram文化有关,但没有人完全清楚这个代码是什么。

回到对撞机实验室,我们正在做进一步的研究来支持肯的观察。我们登录、刷新并滚动浏览Instagram和社交媒体文化。我们看到的与肯在芝加哥看到的情况一致:食物不再是养料。食物和生活中的所有元素一样,现在是一种服务于两种功能的体验:满足你的需求(充饥),并为你提供内容,让你属于新兴炫酷俱乐部。我们见证了主流美食主义的诞生。没错,为了便于分享,你吃的食物突然需要具有探索性、异国情调、新奇、古怪、有趣,并且值得从其他Instagram内容中吸引眼球,争夺注意力。塔可钟没有这些东西。因此,我们的文化相关性正在下滑,人们不再像以前那样兴奋地与我们联系。现在,我们只需要向格雷格和塔可钟的团队推销这个想法。

文化相关性:我们是如何做到的

当时,肯在博达大桥广告公司负责战略决策。博达大桥团队与塔可钟集团会面，讨论可能的解决方案：他们想要快速改变，但更重要的是，他们想要正确的解决方案。我们的想法从一开始就非常一致，但仅靠兼容性是不能解决问题的。我们究竟要做什么才能拯救塔可钟？

从一开始，我们就认为塔可钟的价格并不是真正的问题所在，那里的食物很便宜，而且一直如此。消费者在其他地方吃饭，甚至花更多的钱，因为文化中的某些东西已经改变。但那是什么东西呢？肯在阿丽尼亚餐厅的体验，以及蓬勃发展的餐车文化，给了我们一个相当有力的假设，即饮食文化已经不再仅仅是一种功能性体验。接下来要做的是通过研究探索这一假设。问题是，如果你直截了当地问某人为什么他们不再像以前那样在塔可钟吃饭，他们会给你解释，而不是理由。他们会说食物成本太高、原料质量不高，或一些听起来很务实的借口。但我们从研究中已经知道，这些都是合理化的说法，不是真正的动机。

回想一下第三章，以及肯为他选择士力架而不是他真正想要的更高质量的巧克力进行辩护的能力。他每天都在这样做，而他又是一个拿着薪水去了解人们的真正动机和欲望的人。因此，要下点功夫才能了解消费者真正想要的东西——他们要么是真的不知道，要么是不好意思或太过骄傲不想承认真实想法——而不是他们认为社会上可以接受的东西。

首先，我们与心理学家合作，创建了一套新的潜意识的定性方法，帮助我们弄清消费者对品牌的真正看法。（重要的是，我们不是要找到人们购买或不购买该品牌的心理原因,我们是想了解他们是如何看待这个品牌的。了解清楚你的品牌是如何被感知的,这一点至关重要。你需要知道你在做什么,以便了解它是否符合你的消费者所向往的文化世界。)这些问题使我们的消费者能够在过滤掉他们的合理化建议的同时,表达他们对品牌的潜意识感受。例如,在一项研究中,我们要求参与者从数百张图片中选择,以隐喻品牌的正面和负面特征。令我们惊讶的是,他们选择的图像是沉闷的、困倦的,甚至是"原始的"。快餐品类中唯一的墨西哥风格的品牌怎么可能是乏味的?

这就是消费者研究的结果:如果你做对了,即使你有一个强烈的内在假设,研究结果也会让你吃惊。想想我们已经退化的、现在主导的和新兴的代码,这些代码一直在不断发展。主导代码总是在慢慢地消退,而新兴代码则在不断地慢慢进入主流。

研究使我们深入了解了塔可钟走下坡路的真正原因。在价格和质量之外,消费者认为塔可钟是"教室后面的瘾君子做的食物"。如果这个品牌是一个人,那么正如一位女士所言,它将是"在兄弟会派对时站在门廊上撒尿的人"。这一形象成为品牌的一个支点。做个门廊男还有别的含义吗?酗酒的兄弟会文化在 20 世纪 90 年代可能是很酷的,但在 2010 年呢?塔可钟的所有广告都是讲笑话的。总的来说,它们给消费者的印象是:塔可钟是有趣的、愚蠢的、笨拙的和便宜的。这对 X 世代很有效,但千禧一代并不买账。他们想要的是酷酷的、既有趣又有新奇感的食物。食物不再是单纯的养料。为了满足这种新的文化需求,一个品牌必须提供一个难忘的、可分享的体验。

到了这个阶段，博达大桥的团队确信塔可钟需要把主导代码从养料转变到体验，而且要迅速。他们与格雷格安排了一次会议。他们将一台笔记本电脑同步到会议室的大屏幕上，然后按下了"播放"键。画面上出现了朱莉娅·查尔德精心准备烤鸡的镜头，画面中穿插了一位《铁人料理》（一个竞技类烹饪节目）的参赛者在锅里煎嘶嘶作响的章鱼的镜头。回到朱莉娅的画面，她正在调整她的珍珠项链。回到《铁人料理》的画面，章鱼被烤得烟雾缭绕。朱莉娅在思考法国黄油的好处。而当评委们称赞铁人大厨怪异而又美味的作品时，他激动地倒下了。这个视频传递的信息很明显：如果食物仅仅是美味可口、唾手可得的，就无法吸引人们的注意力，它必须有文化，必须满足第三个需求：激动人心、体验丰富和出乎意料。

所有这一切都与20世纪90年代的"微波炉＋墨西哥卷饼"就能把人打发的心态相去甚远。文化的演变比没有做过这方面研究的人所能想到的要彻底得多。

从研究到革命

肯和格雷格深入了解这种演变，他们为消费者想出了一个名字："快餐美食家"。现在，快餐美食家并不是一个人，而是一个由数百万志同道合的人组成的群体（在这个群体里，他们心态年轻，喜欢冒险和社交，还有点叛逆）。换句话说，快餐美食家是一个正在迅速发展的新群体，期冀取代塔可钟过去所依赖的群体：心怀叛逆的朋克，喜欢渴望的食物。为了接触到快餐美食家，我们需要为他们提供一些值得放在食物上的东西。就像《铁人料理》展示的那样，这个东西必须是出乎意料的、壮观的，还得有趣。

事实证明，格雷格一直在酝酿一项创新，现在证明他的做法很及时：多力多滋玉米卷。他的创新团队多年来一直在研究墨西哥玉米卷的外壳，但他们真正想制作的是一个多力多滋玉米卷饼：真正的纹理，真正的味道（多力多滋的崇拜者会知道其中的区别）。根据研究，我们看到了机会。我们将加快玉米饼的开发，利用它将品牌重新与文化接轨。作为CEO，格雷格的座右铭是"从养料到体验"。他把座右铭打印出来，放在每个人的办公桌上。除了实惠、美味和方便，塔可钟将变得令人惊讶、激动和可分享。

如今，这类跨界产品已经司空见惯，这似乎是显而易见的，但在2011年，将两个令人向往的家喻户晓的品牌结合在一个产品中的想法是一个令人激动的炼金术式的壮举，一个数百万千禧一代会认为值得在Instagram上分享的新的体验。我们对新上市的产品采取了新的营销手段。例如，每个玉米卷都有一个二维码，扫描它，你的照片就有可能在时代广场的数字广告牌上展现。一旦我们推出该产品，社交媒体就被点燃了，正如我们所预料的，人们谈论的不是味道，而是一起吃的社交体验。更多的证据表明，是文化相关性驱动了销售，而不是情感联系。

我们的广告也必须适应这一变化。如果我们要保持相关性，现在是时候把兄弟会的笑话抛在后面了。我们不能只吹嘘食物有多么方便

第五章　文化相关性：好品牌让用户有归属感　| 087

和美味，这本身不再有意义。这就是我们大获成功的"活得精彩"活动的起源，这个活动的目的是将塔可钟作为一种体验来展示。第一个广告是一个男人回到他的公寓，掏出口袋里狂欢之夜后留下的"遗产"：一张音乐会的票根，一张与一个漂亮女孩的合影，当然，还有一包塔可钟辣酱。从食物到体验。

多力多滋玉米卷完成了全垒打。在头两年，塔可钟卖出了近10亿个玉米卷饼，它成为塔可钟历史上销售最快的产品。从那时起，让每一个新产品都令人难忘、具有黏性和可分享性成为品牌的使命。在接下来的几年里，我们推出了一系列成功的产品，从裸鸡肉沙拉（它有一个鸡胸肉的外壳，而不是玉米卷饼）到Quesalupa（一种带有奶酪的巨大玉米粉饼）。如果它没有话题性，那就不值得添加到菜单中。

同样，品牌本身也成为文化中的一个重要角色。特蕾丝·拉罗卡长期以来担任塔可钟营销副总裁，她也是品牌灵魂的总守护者，策划了一系列活动来提高社会影响力（按她的说法是"赋予品牌文化上旋力"），从塔可钟的地下酒吧到疯狂流行的年度促销活动"偷垒偷塔"，只要是身在美国的人在世界大赛期间偷垒成功，就会得到一个免费的墨西哥卷饼。她的团队努力帮助塔可钟登上了《快公司》评选的"美国最具创造力的50家公司"名单。[9]玛丽莎·塔尔伯格是塔可钟这几年的CMO，她将塔可钟品牌带到了令人惊叹的文化高度。她与Forever 21公司合作推出了塔可钟服装系列，开设了前文提及的塔可钟酒店，并开始在拉斯维加斯的塔可钟餐厅的一个小教堂里策划婚礼。

塔可钟在格雷格的领导下取得了巨大成功，因为它是第一个抓住美食主义这一新兴文化价值的公司。这就是文化相关性的力量。愿意承担风险并保持在该类别的领先优势的品牌偶尔也会落后，但胜利将弥补损失。

我们对文化相关性采取了双管齐下的方法：说出来（"活得精彩"），并证明它（"多力多滋玉米卷"）。所有的东西都是一致的，都在诉说同一件事：塔可钟依旧很重要。消费者的认同感前所未有。从那时起至本书截稿的 8 年间，塔可钟的销售额每年都在增长。

由于格雷格在扭转塔可钟营销中获得了非凡成功，百胜餐饮集团要求他将这种方法推广到集团旗下其他品牌。他把肯、杰夫和格雷格·祖里克从广告公司中分离出来，创建了自己的咨询公司，领导全球行动。在两年内，对撞机实验室通过帮助提高世界各地子公司的销售证明了自己的价值，而且，格雷格作为百胜餐饮集团的 CEO，收购了对撞机实验室，任命肯为百胜餐饮集团的 CMO，格雷格·祖里克为营销和创新副总裁，杰夫为必胜客的首席品牌官，直到几年后退休。杰夫现在仍在多个董事会任职。从那时起，对撞机实验室的任务就是一直保持文化相关性，从一个品牌到另一个品牌，遍布全世界。

现在轮到你了

将文化相关性的教训应用于你自己的品牌。

正确的研究始于一个想法

有效的定性研究有很多种方法,不同文化之间有着细微的差别。然而,黄金标准是对消费者进行一系列深入的、一对一的访谈,由一位受过心理提问训练的主持人主持,旨在揭示潜在的偏好和偏见。在对撞机实验室,我们自己进行这些访谈。许多传统的营销研究人员在做任何访谈时,除了直接的、实事求是的提问,完全忽略了潜台词。还有一些人善于进行真正的、有学术价值的研究,但他们与品牌或营销世界严重脱节,认识不到他们从消费者那里发现的东西的意义。找到能够进行潜意识研究的人非常重要,或者有时被称为进行系统1研究的人,这个概念是由丹尼尔·卡尼曼首先提出的。[10] 否则,你只会听到合理化的想法,而不是真正的理由。

在我们自己的研究中,我们发现使用投射式的方法非常成功。例如,我们可以要求消费者选择代表快餐店和休闲快餐的图片,然后仔细讨论导致他们选择这些特定图片的想法和洞察。其他投射方法包括拟人、讲故事或基本投射。

◎ 如果塔可钟是一辆汽车,它应该是什么牌子和型号?

◎ 假设你做了一个梦。你是一个人在梦中,塔可钟化身为另一个人,会发生什么?当麦当劳化身为一个人进入你的梦中时又会发生什么?

◎ 20世纪90年代,人们对塔可钟有什么看法?今天人们对塔可钟的看法是什么?

我们发现，询问不同的肯德基产品代表哪位名人，为我们开启了特级脆皮鸡的创意。我们的研究对象告诉我们，特级脆皮鸡让他们首先想到的是鲁保罗，而原味鸡让他们想到的是詹妮弗·安妮斯顿。这个洞察帮助我们解开了特级脆皮鸡的额外能量，因为它更脆，吃起来更有体验感（无意冒犯詹妮弗·安妮斯顿，她显然很可爱，是一个完美的"三明治"）。这种"额外性"对今天的文化代码来说更有意义。你可以在 YouTube 上输入"特脆上校"，看到由此产生的精彩创意活动。

请注意：我们发现，问一个人为什么选择某个特定的品牌或形象会触发他们理性的一面，而在不公开询问的情况下探究"为什么"会更有效。我们应试着进一步挖掘答案，引出他们的故事，而不要像研究人员那样问："你为什么选择那个？"请记住，在大多数情况下，没有人知道自己为什么做出这个选择，或者我们的选择是什么、真正想要的是什么。问"为什么"会使你的研究对象陷入困惑，他们会觉得必须为自己的选择辩护。他们只知道他们做出选择的感觉是正确的。你应该引导他们和你自己对这一选择有一个更细微的、有层次的理解。有趣的是，我们经常发现，我们的受访者想出的比喻，例如"詹妮弗·安妮斯顿就像原味鸡"，比数据更令人难忘。多年以后，人们仍然记得这句话，但没有人记得我们同时给他们的硬邦邦的数据。我们认为这是隐喻有用的另一个原因，因为它们将洞察带到了生活中，这是任何完全理性的数据所无法做到的。

这些假设可能听起来很傻，但当你让消费者进行隐喻性的投射，而不是让他们直接表达自己的信念时，你会得到令人惊讶的东西。我们所有提问的最终目的是理解这一品类的文化代码，以及品牌是如何做到的。隐喻是发掘这些潜在情绪的有力工具。

谈到对文化的理解，作为一个商人，你有两项工作。你需要知道文化在哪里，关键是你必须知道它的走向。为了保持在你的类别中的新兴价值，你需要与文化专家交谈，比如作家、教授、网红。这听起来可能令人生畏，但实践起来比听起来更容易，即使对较小的公司或个人来说也是如此。借助谷歌学术搜索对你的主题做一个小规模研究，你很快就会发现有几位教授写过这方面的学术文章。在谷歌上再搜索一下这些教授，通常很容易在其所在大学网页上找到他们的电子邮件地址。给他们发邮件，提出按小时支付他们的标准费用，让他们在电话里聊几个小时。（但要先下载并阅读他们的论文，他们喜欢这样！）我们最喜欢的一次是和一位在菲律宾研究电视连续剧的教授聊天。在一次谈话过程中，他帮助我们解读了肯德基为什么不再与该国的新兴文化同步了。即使你还没有准备好进行全面的定性研究，与合适的专家交谈几个小时也可以为你的品牌盲点提供巨大的洞察。实际上，我们建议你在整个项目中多找一些专家。先采访一些人，以建立一些假设。然后在项目过程中与另一些人聊天，让他们帮助你解读你之前听到的内容。最后，一旦你认为自己已经搞清楚了，再找一些专家谈谈，看看他们怎么说。

文化专家可以包括：

◎ 与你的产品类别有关的图书或研究论文的作者；

◎ 专门从事与你的工作有关的特定学科的教授，例如从事性别研究的教授；如果谈论的是女性护理和美容标准，则是女权活动家；
◎ 微观层面或宏观层面的关键意见领袖，他们会受到那些想站在文化前沿的人的关注。

　　文化并不局限于专家和正式研究，它无处不在，其中最显眼的文化形式就是艺术。如果你只看年轻消费者喜欢看的节目和电影，听他们喜欢听的音乐，你就已经走在游戏的前面了。（也许还会有一个全新的爱好：莱拉·法兹，之前提到的辍学博士，后来变成了对撞机实验室的战略家，她在东京做一个项目时，看了几集日本真人秀节目《双层公寓》。三年后，她还在看这个节目。）如果你知道在哪里看，每个新出现的主题和趋势都是可见的。问问自己：这些节目和歌曲的主人公想要什么，有可能你的客户也想要这个。不过，在分析这些主题时要慎重，至少要有一定的科学性。例如，对歌曲的主题进行分类，然后对多年来发生的变化进行量化。

　　为了了解饮食文化，你需要创建自己的讨论组。通过朋友和朋友的朋友发布消息，说你愿意花 40 美元换取他们几个小时的时间。你可以在 SurveyMonkey 这样的网站创建一个免费的在线调查，使这个招聘过程更加容易。通过电子邮件或短信将该链接发送给你认识的人，并在社交媒体上发布。如果人们有兴趣并符合标准，他们就会加入这个团体。我们的文化战略家艾比·巴彻勒喜欢建立 WhatsApp 小组，并在整个项目期间邀请该类别的意见领袖或微观影响者加入小组。在长达12周的时间里,她会用问题、想法甚至我们所开发产品的模拟图来呼唤他们,获得他们的即时反馈。与艾比一起工作时,就像每天与六个拨号专家一起工作。她的建议是:给他们高薪,让他们感到被重视。如果你这样做,他们的洞察力会越来越好。

不要一个人做这些事。找一两个头脑风暴伙伴来帮你主持会议。我们发现理想的人数是三个,因为这样有利于打破僵局,但在紧急情况下两个也可以。在咖啡馆和甜甜圈上进行小组讨论。在讨论中你可以问:当这些人购买你的产品时,他们买的是什么?他们为什么选择这些图片来描述你的品牌?他们使用的动词是什么?

小组讨论结束后,开始和你的伙伴一起把便利贴贴在墙上,把产品或服务放在最上面。假设你制作了"创意袜子",你正试图破解袜子的旧的文化代码,并找出新的代码。你可能会问,为什么5年前你的小组成员会购买某种袜子,而现在他们为什么会选择另一种袜子?在这种情况下,答案可能是这样的:5年前他们买袜子是为了适应美国的企业文化,现在他们买袜子是为了感觉自己是下一个硅谷规则的破坏者。把答案都写下来,贴在墙上,比如,"为了有趣""为了叛逆"等。接下来,再次挖掘这些原因。为什么他们需要有趣?因为工作很无聊。为什么他们要做一个叛逆者?因为工作迫使他们遵守规则。

一遍又一遍地问"为什么",直到感觉你找到了问题的核心。例如,穿创意袜子上班是他们打破规则的方式。在主流媒体,比如报纸、杂志、网站上寻找触及这种打破规则和不循规蹈矩的潜在价值的文章。在这种情况下,你要探索叛逆是如何改变的。你可能会发现,新的价值观是为了找到比现状更好的解决方案而反抗，而不是简单地为了反抗而反抗。也许你会发现袜子的旧的文化代码是"融入美国企业"，而新的文化代码是"在创业的美国脱颖而出"。

明智而非完美

这里有一个小小的警告，请你牢记在心。你正在寻找文化的洞察力，特别是你的产品所在类别的文化可能的走向。你要努力做到这一点，但不要把球棒抓得太紧。正如格雷格喜欢说的，"你要足够'正确'，这样你就能理解文化的大方向。但如果你追求完美，把这种分析用左脑想死了，你就会以瘫痪告终"。

对文化的发展方向树立正确的认识，然后迈出下一步。在这个大方向上树立大胆、独特的品牌旗帜，让这个空间变得独特而新颖，让它只属于你的品牌。这样就会让人觉得你是在创造文化，而不仅仅是反映文化。我们将在第十一章中更多地讨论这个问题。请记住，在市场营销中，与众不同（哪怕只是一点点）总是比无聊的正确要好。

第六章
功能相关性：
从日常场景提取价值点

何为功能相关性？

我们希望你现在已经意识到 R.E.D. 的三个核心要素，即相关性、便利性和独特性，是相互交织的，而非孤立存在。所以当你考虑社会相关性时，你必须同时考虑独特性。同样，在考量独特性的同时，你必须确保你的独特资产与文化相关。当我们在审视功能相关性时，这一点尤为重要（见下图）。人们会想当然地认为新的功能优势有利于提升品牌价值，其实不然。如果（产品）新功能优势不明显，或者与现有的品牌特色完全脱节，那么它要么不会对品牌产生影响，要么就会产生负面影响。

第三章里，我们用"品类使用场合"（CUO）这一概念来明确不同品牌在功能上的相关性。在品牌和品类特定使用场合之间建立明确

R. E. D.

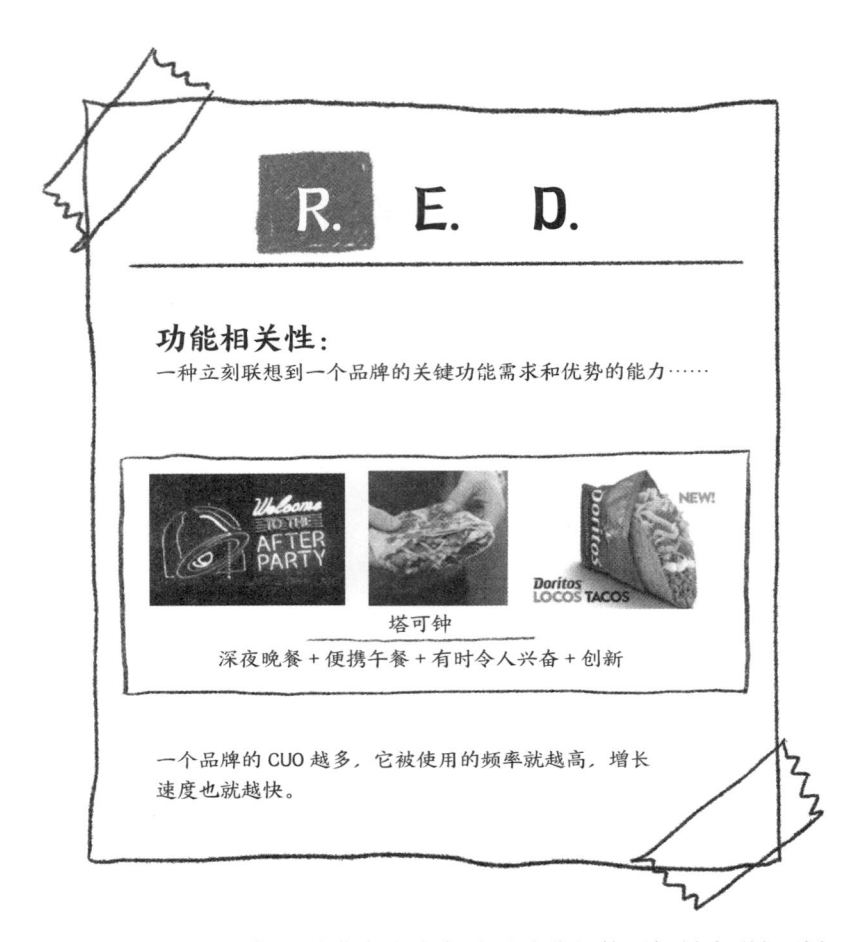

功能相关性：
一种立刻联想到一个品牌的关键功能需求和优势的能力……

塔可钟

深夜晚餐 + 便携午餐 + 有时令人兴奋 + 创新

一个品牌的 CUO 越多，它被使用的频率就越高，增长速度也就越快。

的联系。以耐克为例，消费者会在各种（消费）使用场景中联想到它，如篮球鞋、运动休闲服、儿童潮服、运动员高科技服装等。诀窍在于耐克的独特定位。扩大品类使用场合的同时保持品牌的核心独特性，保持这二者之间的平衡正是本章想要点出的微妙之处。在接下来的内容中，我们将分享格雷格和对撞机实验室一些成功或失败的案例。之后，我们将为你和你的组织分享我们的策略，以积极有效地打造独特的功能相关性。

我们将功能相关性定义为满足消费者的基本需求，即找到一款能够满足消费者功能需求的产品。在我们的品类中，这可能是："我们家是否吃得起塔可钟卖的食物？"或者，"肯德基是否有美味的午餐，能支撑我下午长时间的劳动需求呢？"除了快餐，消费者可能还会问："本田会生产一台能装下我们全家人的车吗？"或者，"美宝莲有没有一款不会引起过敏的唇膏？"

多年来的研究发现，扩大CUO是品牌增长的主要途径。品牌知名度越高，使用就越频繁，销售额增长也就越快。因此，品牌长期目标应该瞄准创造更多的CUO，在消费者心中留下印象。当品牌通过构建不同的细分场合唤起消费者的情感需求，无形中就给了消费者另一个购买产品的理由。

针对这一现象，团队开展了详细研究，对全球各种细分品类进行了详细评估，对30多个国家若干品类进行了专门的增长研究，模式相当清晰。在下图中，我们选取了14个国家的130个品牌，并根据它们在市场中的份额（Y轴）和消费者心目中的数量（X轴）绘制出来。如图所示，二者几乎呈现1∶1的比例关系。消费者熟悉的CUO越多，品牌所占市场份额就越大。

以运动服饰为例。20世纪60年代，比尔·鲍尔曼和菲尔·奈特联手创办了耐克公司，在大学校园里用汽车兜售全新的跑步鞋。在这个CUO中站稳脚跟后，最终扩展到篮球领域，推出了以迈克尔·乔丹命名的球鞋——著名的飞人乔丹鞋。从那时起，耐克就成了世界（运动品牌）的主宰，CUO越来越多：足球、网球、休闲服饰等

品
牌
市
场
份
额

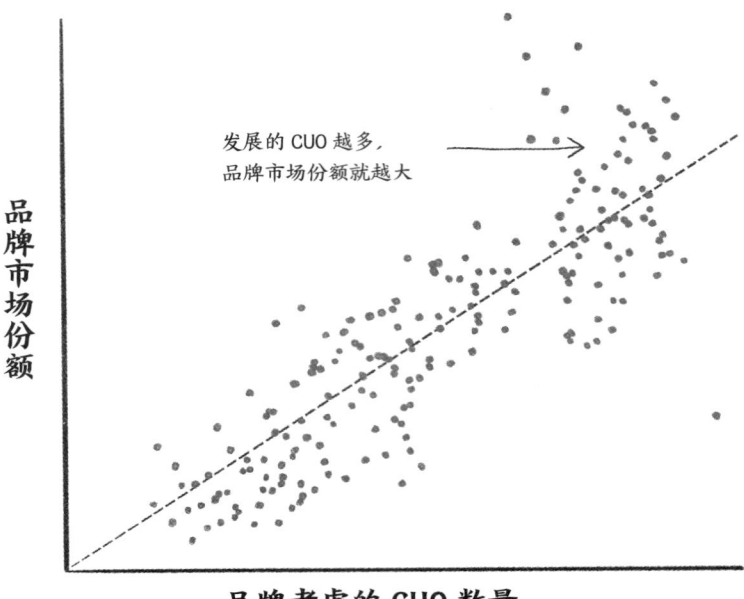

发展的 CUO 越多，
品牌市场份额就越大

品牌考虑的 CUO 数量

（除了冲浪运动领域。许多有独立思想的冲浪者会自豪地告诉你这一点！）。相反，布鲁克斯跑步公司则采取了截然相反的做法。布鲁克斯成立于 1914 年，比耐克早 50 年。最初，他们为各种运动和活动研发鞋子（还包括游泳鞋！），后来逐渐把 CUO 缩小到跑步鞋（品类）。今天，许多人仍然认为布鲁克斯跑步鞋是世界上最好（穿）的跑鞋，但它年销售额又是多少呢？不到 7.5 亿美元。[1] 耐克的年销售额又是多少？接近 400 亿美元。我们认为，细分品类不断涌现能带来销售额的强劲增长。当然，耐克不仅做到了，还很好地实践了 R.E.D. 策略中的每一个要点。

一直以来，耐克都堪称塑造文化相关性和社会相关性的大师，因其广告位置显眼，内容独特，常常吸引着人们的注意力。耐克还开设了一系列全新概念的线上门店和创新实体店，满足消费者的探店需求。要不是因为耐克在运动服饰领域的每个品类中都尽人皆知，它再怎么努力也成不了气候。布鲁克斯把产品范围缩小到一个 CUO（跑步鞋场景）真不应该，他们从来没有真正在跑步圈之外让品牌与文化相关，也从来不曾拥有耐克宣传飞人乔丹鞋那样的时刻，让产品具备文化相关性。最大的问题很简单：布鲁克斯选择拥有一个 CUO，且只有一个。

要取得耐克这么大的成功，需要一种不同的心态：投资于研发，并在尝试扩张时接受失败。耐克进军冲浪运动领域失败了，进军滑板界也失败了好几次，之后耐克 SB 品牌与保罗·罗德里格斯（墨西哥著名滑手）推出联名款滑板鞋才帮助它翻盘。[2] 这两种心态都应该在公司层面得到培育和赞扬（没错，我们就是在庆祝失败！如果品牌营销人员和创新团队都害怕失败，品牌就不会走得太远！）

为品牌寻找合适的 CUO 至关重要，但一定要找到正确的方式。不要人为创建细分客户群体，其中的缘由我们后面会解释。

愚蠢的市场细分

有很多行之有效的方法可以帮助产品在功能上关联到不同群体，但也有一些方法靠不住。现代营销非常流行市场细分，表面上这样做很有道理。若要努力为消费者提供更多产品选择，把消费者分成若干小群体似乎很合理。比如，一个汽车品牌只以其运动性、令人振奋的驾驶感而闻名。如果继续对市场进行细分，也许可以规避老年女性消费群体，只针对年轻男性宣传车子的运动性能，甚至还可以让年长的男性从品牌中感受到年轻的力量！看看，这样一来，产品的确满足了不同群体的细分需求！但这么做，几乎注定会以失败告终。

为什么细分市场会失败

细分是一个过程。在这个过程中，根据人口统计学和心理学，或者信仰和态度，更大的潜在客户群体（比方说购买金融服务的女性群体）被划分为几个子类别。例如，假设营销人员正在销售洗衣粉。研究表明，28~65岁的女性购买了78%的洗衣皂粉。但细分理论假设这些女性群体不属于一个同质的群体。营销人员随即使用大量的定量研究和统计技术划分出这些女性归属的不同类别。

◎ 第一组也许将超强的清洁度放在首位，不管什么衣服，家人穿过之后都会洗干净。营销人员可能会把这些女性命名为"有动力的清洁工"。

◎ 第二组更喜欢有机产品，坚持使用不含硼酸钠的产品。这个群体被称为"有机苏打水"。

◎ 第三组对品牌洗衣皂粉持矛盾态度，选择使用最便宜的产品。我们姑且称之为"廉价洗衣工"。

◎ 第四组可能会被命名为"松松垮垮的洗衣工"，因为她们只洗穿过多次的衣服，对小污点并不在意，只要能长时间远离洗衣机和烘干机就行。

支持细分市场的营销人员会推荐两个方向中的一个：要么挑选一个或两个细分市场，进行有针对性的营销，要么针对每个群体策划不同的品牌活动。在对撞机实验室，我们经常争论什么才是最大的罪孽？

表面上看，细分市场很有道理。人类是不同质的，无论我们的人口统计学特征多么相似，每个人都有不同的动机和欲望。问题在于虽然大家不同质，但也不是始终不变的。比如你只销售适合"有动力的清洁工"的洗衣皂，这个群体对洗衣皂"去渍又亮彩"的功效很满意，但如果"有动力的清洁工"在接下来的一个月特别忙碌，没有时间为家务事操心，老板让她"在家灵活办公"，这样一来，她就不需要每天都收拾得干干净净、神采奕奕地去上班。突然间，她成了一个"松松垮垮的洗衣工"，她关心的是洗衣服时怎样更省时省力。再过一个月，她可能突然对暴跌的股市感到焦虑，或者想削减食品杂货开支，朝着廉价洗衣粉的方向进军。原以为营销方案精准对标了特定消费群体，自己稳操胜券，但现在一切营销已经变得与她们无关。更令人担忧的是，其他87%的女性消费者一开始就没有被划到"有动力的清洁工"这一组里，你推销的产品本来就和她们不相干。再说一个关于细分市场不可告人的小秘密：即使它按计划运作，也主要是基于数据中的轻微偏差来运作，例如，在我们假设的例子中，35%的"有动力的清洁工"会认同"擦洗是清洁的一个重要组成部分"，但实际上25%的消费者一开始就是这么说的！因此，根据"聚类分析"（统计学中常用于创建消费者细分市场的统计方法），这种相对较小的意见差异

（35% vs 25%）会衍生出一个新的细分市场，这个市场应与其他群体截然不同。这个假设值得怀疑，因为 65% 的受访对象压根儿就不喜欢擦洗！

也许你打定主意，想同时满足四个目标人群的需求，这就要针对不同消费群体的需求投放极具针对性的广告。我们遇到过一些倾向数字化的营销人员就喜欢使用这种方法。假设你在脸书上为"有动力的清洁工"做广告，宣传擦洗的乐趣，但对"松松垮垮的洗衣工"宣传的却是她们一边看电影一边自己洗衣服。在前者面前你希望品牌形象看起来更有活力，而在后者面前则想让品牌形象看起来更酷。于是你用四个迷你品牌来替代一个大品牌，每一个都有不同的调性。安德鲁·埃伦伯格教授的"双重危机定律"指出，大品牌既拥有雄厚的渗透力，也拥有更高的顾客忠诚度，这意味着大品牌可以获得双重好处，即更广泛的影响力和更高的出现频率。如果把品牌切割成四个小品牌，每个品牌都针对不同的群体设计不同的外观，带来不同感受，这样就浪费了双重危机定律带来的好处。如果还将相关性置于独特性之上，那没有一次营销不以失败告终。突然之间，你的品牌丧失特色、缺乏一致性，双重危机定律也对你不利，整个部门员工都在焦急地更新简历（想要跳槽）。

请记住，每个人在某种程度上就代表一切。人类并不是同质化的，个体的需求受到数百个不同变量的影响而不断变化。（以迈尔斯-布里格性格测试为例：至少 50% 的人在 5 周后重复测试时得到不同的结果。[3]）没有人能够完完整整、永久地融入任何心理或行为细分市场。如果依赖细分市场，将会丧失最优秀、最重要的品牌资产——独特性，从而失去以一种有影响力的方式脱颖而出的机会。

为什么对细分市场说"不"

2015年，肯德基在南非市场经历了惨痛的教训。在第五章中，我们谈到了如何理解肯德基在南非面临的难题。其实南非肯德基的品牌策略还存在另一个问题，而这个问题与南非团队选择的营销方式，即市场细分，有着很大关系。肯德基是南非最知名的品牌之一：百胜在那里开设了近千家餐厅，门店数量是麦当劳的三倍。[4]但正如第五章所述，其销售额连续三年以每年几个百分点的速度下滑。部分原因是很少有年轻人愿意与一个"彩虹之国"时代的品牌联系在一起。为了进一步提高肯德基在南非的市场占有率，品牌团队出于好心，决定将其客户群划分为6个群体，并为每个群体创建一个独特的小型广告。就市场细分而言，这是我们所见过的最复杂的案例。团队使用了大量样本，调查了南非的每个角落，甚至打造了一个虚拟现实体验，让顾客把手机插入谷歌Cardboard眼镜，体验每个细分市场的生活方式。如果是一个人类学家，当然很欢迎这样做，但从一个营销人员的角度看，这就很难理解了。把一个大品牌分成6个小品牌，每个品牌都有自己的外观和感觉，无论细分结果多么正确、多么令人印象深刻，最后都不可能赢得更多关注。

德鲁夫·考尔接手南非市场营销后，与公司展开合作。他的团队才华横溢，帮助公司扭亏为盈，销售额在短期内迅速回升。团队做的第一件事就是取消细分方法，重新认识一个富有个性的大品牌。德鲁夫最近才说:"真正的问题不在于细分,而在于品牌如何在细分市场上采取行动。我们本不该单独针对这些细分市场做策划,更别说还要分别采用6种独特的方法。"德鲁夫证明了独特性才是王道。不过现在我们暂且不对这个问题加以论述,另一章再阐述。

按照德鲁夫的观点,南非是世界上最复杂的国家之一,至少有11种官方语言,每种语言都有其相应的文化。深入了解消费者内心需求绝对没错,这样能帮助你创造正确的品类,利用各种场合发展业务。但利用市场细分原则指导营销几乎每次都会失败。如果在美国,你可能认为塔可钟的目标顾客是年轻男性。要是这样,那可就错了。和麦当劳一样,塔可钟的销售对象主要是40岁以上的女性。根据我们的广泛研究,塔可钟、麦当劳和汉堡王的购买对象之间真的没有太大区别。我们研究过的每个品类都是如此。对年轻男性进行细分和定位会让塔可钟的销量立即暴跌。(格雷格很喜欢讲这个事,它会让大家感到惊讶。)

我们认为,从市场细分入手完成大多数营销任务尚有不足。如果想进行细分,先问问自己这样几个问题:在我经营的品类中,现实生活中的消费者群体是否真的有那么大的差别,且一贯如此,还是说有时这样,有时又那样?我的品牌是否真的会因为对不同的人做不同的事而变得更强大?如果如此狭隘地专注于实现一个目标、满足一个需求,品牌是否真的能够长久发展?定位和细分所带来的终极挑战是,最终实际覆盖范围低于预期。本来这些投入可以让品牌更具大众影响力,但你却只用它赢得了小众消费者。基于"每个人就是一切"的论点,继续投入资金扩大覆盖面,虽然会触达更多目标消费群体,但这样一来，媒体团队却难以高效工作。围绕着虚构的目标，拼命努力实现，是一项艰巨且毫无意义的工作。

有一点需要注意：找一个"设计目标"或"品牌缪斯"，也就是一个你识别、命名的消费群体，用它作为一个参照来定义你的品牌，这是可行的。塔可钟的品牌灵感来源于一位25岁的男性，整个品牌是围绕这个人物建立的，以"品牌缪斯会怎么想"的视角来看待我们所做的一切。注意：广告并不是针对缪斯设计的，相反，我们要确保所做的一切都与缪斯的身份以及他看待世界的视角保持一致。这能让作品保持独一无二、可拥有和一致性，这也是独特性的核心属性。这似乎有悖常理，但这正是独特性这一理念的核心。归根结底，以与众不同的方式脱颖而出比看上去与我的生活完全关联更为重要。这就是我们之前提到的镜像与磁铁的论点，这一点将在第十一章更深入地探讨。最重要的是，要想被人们轻松记住，就得与众不同，差异化定位才是脱颖而出的关键。而一个定义清晰的缪斯可以帮助品牌做到这一点（只要你不去真的针对那个缪斯）。南非肯德基有一件事做得很好，那就是在"戴维"身上找到了品牌灵感，这位年轻人象征着南非新兴潮流趋势。但是，品牌没有专注于此，而是被其他的细分群体分散了注意力，淡化了"戴维"的影响力。

利用 CUO 捕捉功能相关性

我们的建议很简单：不要把时间浪费在没有意义的事情上，市场细分并不可靠，不如多花点时间对品类中所有不同的 CUO 进行分类，同时制订一个计划来研发更多产品。暂时不考虑消费者，只关注 CUO。例如，以上述洗衣粉为例，我们会发现 40% 的 CUO 是由"最简单的解决方案"带动的，15% 与洗衣粉如何使衣物"亮白如新"有关，12% 与哪种洗衣粉洗得"最白"有关，等等。谁会在乎"洗涮山姆"在他的余生中找到了什么情感联系？相反，只要以最独特的方式设计出尽可能多的使用场景，让衣物"亮白如新"并与文化挂钩就够了。营销如果用来迎合那些变化无常（坦率地讲，是虚构）的消费者群体，是对时间、精力和金钱的巨大浪费。

还记得第五章中，我们谈到了欧特力及其出色的 R.E.D. 品牌策略吗？如果有一个品牌去寻找并实现市场细分，那一定是欧特力。毕竟，有多少人对牛奶替代品感兴趣呢？即使有兴趣，也多是出于非常特殊的原因，比如乳糖不耐受、对奶牛产生碳足迹感到焦虑或口味偏好等。这些都是一些非常特殊的消费群体。一个普遍现象是，营销人员觉得做市场细分是个好主意。这样一来，可以针对每个细分市场进行信息微调，以不同的方式定位不同的受众。但事实却远非如此。欧特力的约翰·斯库克拉夫特再次强调：

> 我们根本不做任何目标群体分析研究，原因何在？我对把市场细分为某种虚假的营销术语图表来寻找答案不感兴趣。我们的目标群体是对吃进去的食物感兴趣的人，是所有未来有兴趣在地球上居住的人。所以说，我们的目标群体占全球大约

80%的人口，范围相当广泛。

如果欧特力当初选择了另一条路呢？如果他们选择对市场细分，而不是去寻找想要的元素，继而提炼出品牌独特性呢？我敢打赌，欧特力（精心细分、受众明确的）产品现在肯定正在货架上与其他同类牛奶替代品一起蒙灰。一个更传统的全球快消品公司大概率会花费数月时间进行细分市场调查，与之相比，怎么强调欧特力采取的品牌策略都不为过。欧特力把时间花在构建消费使用场景上（包括地球和身体的健康），并以最独特的方式将其带入受众生活。不敢想象，如果欧特力去推崇"乳糖平衡拉里""平衡生活贝蒂""健康希尔达"等细分概念，现在又会是什么样子。

如果你花大量时间去追求一种很酷的方法来让消费者拥有某种属性或满足他们的需求，你可能已经无意中发现了像欧仕派推出的"Swagger"香型腋下除臭剂之类的产品。欧仕派的法子很妙，对实现"我想要一些让我感到自信的东西"这类使用场景很有帮助。试想，如果他们为"少年托尼"进行市场细分，再进行创新，能想出什么办法？很可能和竞争对手一样，拿不出任何鼓舞人心的点子。而关注"让他们感到自信"这一点却造就了一款热销产品。今天，年近50岁的肯和他13岁、15岁的两个儿子都在使用Swagger。没有哪两个细分市场会如此不同。

想知道把精力从复杂的市场细分转向创造性地建立一个使用场景有多重要吗？来看看12年前欧仕派还苦苦挣扎时的情景。当时公司表现最差的产品是一款叫"冰川瀑布"的香水。百胜的乔治·菲利克斯（现在是必胜客的CMO）和凯文·霍克曼（肯德基的CEO）当时都在为这个品牌工作。他们向我转述了"冰川瀑布"失败的全过程。当时，零售商希望产品下架，把货架留给更酷的品牌Axe香水，这款香水以（大胆直白地）向懵懂少年传递性诉求而闻名。我本以为宝洁会再做一次市场细分，徒劳无益地去吸引另一个客户群，但广告代理公司W+K介入后，想了个好法子——重新集中一切资源，倾力打造一个新的CUO：塑造信心。[5] 方案绝妙在哪儿呢？只将相同的产品更名为Swagger，并调整包装，其他没有做任何改变。很快，Swagger就从最不畅销的香水变成了最畅销的香水。这就是以一种独特的、与文化相关的方式打造CUO的力量。与细分市场公司没完没了地开会讨论"少年托尼"的心理特征相比，这样要好得多。

如何在多种CUO中占据先机

首先，衡量品类中所有CUO。例如，如果你卖的是早餐麦片，可能被贴上"健康"或"有趣"，"给孩子吃的"或"给成年人吃的"，"富含粗纤维的"或"天然的"等各种标签。可以做一个最终定量研究来衡量这一点。在一个至少有3000人的大样本中开展一项研究，询问受访者上次在家里食用早餐麦片时想满足哪方面需求。在同一调查中，还要询问他们选择什么品牌，以及会考虑在什么场合使用你的品牌。依据这一研究绘制成类似下图这样的图表：气泡大小显示了CUO的大小，水平位置定义了你的品牌在该CUO中的使用频率，而垂直位置定义了消费者在这一 CUO 下考虑使用你的品牌的可能性。最容易实现的是左上角那些气泡，它们表示高度重视你的品牌，但使用率却极低。

其次，考虑到品牌在消费者心中已经占据的记忆结构，浏览一下位置较低的 CUO，决定哪些最有可能让品牌发挥独特的作用。

最后，想出与文化最相关、最独特的方式来实现该 CUO。

欧仕派的 CUO 增长研究可能看起来像下图。

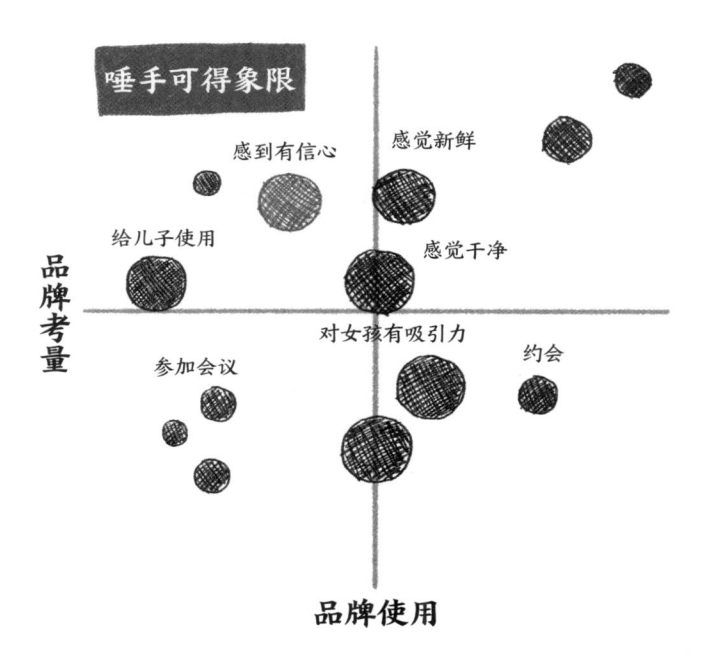

垂手可得象限

感到有信心　感觉新鲜

给儿子使用　感觉干净

品牌考量

参加会议　对女孩有吸引力　约会

品牌使用

拓展思维，扩大 CUO

格雷格最大的创新之一是五个字。20 世纪 90 年代初，格雷格曾担任美国联合利华香皂品类总监。他负责的核心品牌是多芬，也是为人熟知的香皂品牌。该品牌50年来一直在宣传蕴含1/4保湿乳液，承诺让女性的皮肤更柔软。这个品牌非常独特，负责多芬的广告公司甚至还有一位已经工作了30年的客户主管，他反复对格雷格强调："有我在，保证不会搞砸！"

有一天，在一次创意会议上，一位年轻人在头脑风暴环节随口说道："我妈妈不再用条形肥皂了，她只用液体肥皂。"听闻此言，大家一片肃静，哑口无言。多芬团队一直没有追踪研究液体肥皂，所以条形肥皂组对同品类中的液体肥皂呈爆炸性增长一无所知。格雷格意识到，一些基本的东西必须改变，比如他所管理的部门名称。

那一天，格雷格发布了一份备忘录：条形肥皂组已死，个人洗涤组万岁。有时，突破CUO的最大障碍是如何看待和定义所做的事情。无论是在想法子扩大产品品类，还是在讨论液体肥皂和不同配方，周围都有无形的条条框框束缚了手脚，限制了想象力，让人无法想出更宽泛、与消费者的生活更贴近的功能。直到那天早上，格雷格和团队还把自己视作条形肥皂部门，改了名称之后，工作起来反而更有创意、更自信。从那时起，多芬将业务线扩展到了更多细分市场，最终在2004年开展了深受欢迎的"真美行动"，顺便说一下，多芬是个个例，表明目标是如何发挥作用的——但愿它也能让你与众不同。

如果发现错过了一个显而易见的CUO，不要感到尴尬。洞察这些是需要一些天分的，退后一步，才能拥有更广阔、更清晰的视角。汤姆·瓦格纳曾在20世纪90年代担任塔可钟消费者洞察部门主管，他和格雷格·克里德实现了突破。有一天，汤姆从另一个视角看了看数据后，说："格雷格，你可能不信，我觉得我们错过了一个最重要的使用场景——便携性。"现在回想起来，这么长时间里，一家快餐公司竟然忽略了这么显而易见的事，实在令人震惊。多年来，我们已经推出了非常便携的油炸玉米饼、脆皮卷饼品牌 Crunchwrap 系列等，这种看似简单又基本的洞见给业绩增长带来了不可估量的利润，这也间接地让汤姆成为加州大学欧文分校保罗·梅拉格商学院的营销教授。

谨慎选择 CUO

在本章中，我们将深入探讨百胜集团和其他品牌如何开发与用户功能相关的 CUO。在成功案例中，要么是品牌本身富有特色，要么是品牌有独特的执行方式。希望你能思考以下两个问题，以及希望通过功能相关性达到什么目的。

◎ 你希望拥有什么样的 CUO？
◎ 怎样做才能与众不同？

有些 CUO 根本不适合你的品牌。想想著名机车品牌哈雷戴维森生产的冷酒器就知道了。他们曾进行了认真的尝试。为了让品牌体验更完美而增加一个全新 CUO 值得称赞，但必须有价值。很快你就会读到我们努力将塔可钟转变成减肥食品的例子，但这样的努力毫无意义。我们基本上是在复制赛百味的做法，没有独特的宣传策略，也没有发挥塔可钟任何独特资产优势。失败不是因为产品不好，而是消费

第六章　功能相关性：从日常场景提取价值点　| 113

者很难把减肥和品牌联系起来。品牌建设是一个漫长的过程，品牌过度延伸反而削弱了原有的品牌效应。

现实情况是，绝大多数成功的创新都是通过营造如家一般的使用场景而实现的。例如，肯德基在澳大利亚市场发现，小食的销量较低，但利用小食在品牌与大多数消费者之间建立联系的可能性不大。这一点体现在上图的左上象限。不过，高明之处在于他们提供了一个独特的 CUO。时任肯德基澳大利亚 CMO 的凯瑟琳·坦-吉莱斯皮解释说："我们选取了全家桶，也是肯德基最具标志性的品牌资产之一，但我们把它缩小了尺寸，适合杯托放置。我们称之为"加油桶"，这样一来，小食销售额在一夜之间就翻了一番。"这是个神奇的法则：选择一个对品牌有意义的 CUO，尽可能凸显产品特性。记住，当我们说到与众不同时，指的是你的品牌与众不同，且只针对你的品牌。

然而，并非所有期待都会带来失望，有时只需深入挖掘就能找到答案。对撞机实验室的战略家们沉迷于有关文化、经济、人类行为和营销的图书和论文是有原因的。阅读让我们深入了解人类决策过程展现的魅力，也经常为我们带来宝贵的启示。

2012 年，我们接到任务，为塔可钟创建一个有效的早餐推广策略。至今，塔可钟已经在这方面做了 7 次尝试，对应着上图左下象限那个又大又肥又多汁的泡泡。换句话说，市场存在很多潜在的销售机会，但在塔可钟吃早餐对美国人来说还没有什么象征意义。为了解决这个问题，塔可钟大胆突破，尝试在食物中突出辛辣和风味特色，取代平淡无奇的早餐（尝试做口味独特的早餐是有效的，只是与大多数美国人没有关联）。但他们太胆小了，用了美国本土的吉米·迪恩[①]交叉推广早餐三明治，来保证销售的稳定和可预测（这是一次让早餐具有相关性的伟大尝试，但并不是很独特）。塔可钟连续开展了两个营销活动都没有奏效。第一个的主题词是：大喊大叫、辛辣刺激、"快起床"；第二个的主题词是：安全、熟悉、无害。更糟糕的是，似乎没有一个明显的切入点以便创造性地看待这个问题。后来我们在办公室非正式读书会上看到了一篇自我心理学家的论文，刚好谈到了打破习惯的问题。文章假设打破习惯非常困难，必须先扰乱习惯，然后才能打破习惯，让整个人感到有些不舒服才行。从市场营销角度来看，反吸烟组织"美国真相倡议"组织的反吸烟运动大获成功，他们开展的活动就包括了"裹尸袋"这样的活动，1200个裹尸袋被丢弃在（烟草巨头）菲利普·莫里斯公司外面，以此象征每天因吸烟造成的死亡人数。[6]传统意义上，青少年认为吸烟是叛逆的象征，营造这么一个令人不适的场景会让他们觉得吸烟变得"不那么酷"，吸起烟来也就不那么自在了。

探讨这篇文章让我们不禁发问："如果人们根本就不喜欢我们的主要早餐竞争对手麦当劳呢？如果不是因为早餐产品（比如麦当劳汉堡）的味道，而是因为几十年养成的习惯造成的呢？那该怎么办？如果真是这样，又该如何打破它？"

第一个功能相关性洞察是：**找到问题，提出问题。**

[①] 吉米·迪恩食品公司是由美国乡村歌手吉米·迪恩于1969年创立的。——译者注

现在有了一个可行的切入点来研究破解早餐密码的问题。首先，我们对目标受众进行了基本的品牌形象描述（请重温文化相关性一章的结尾，了解如何有效地做到这一点）。调查塔可钟受众时，请他们想象麦当劳早餐神奇地变成了一个人，被调查对象告诉我们，麦当劳早餐就是乔治·科斯坦萨[①]：一个安全、舒适的选择，但没人以被看到和他一起出门为荣。而塔可钟就像坐在教室最后的那个叛逆的孩子——但叛逆的孩子吃早餐吗？

从最初调查中我们得到了一个重要的启示：早晨确实是由习惯驱动的。乔治·科斯坦萨鸡蛋麦满分也许没那么令人兴奋，亦毫无惊喜，但握在手里感到舒服踏实，这才是消费者想要的，至少在早餐高峰期是这样。这演变出了第二个观察结果：人们不希望早上太兴奋。随着时间的推移，人们慢慢变得更有冒险精神，更愿意尝试新食物。

第二个功能相关性洞察是：**深入挖掘，了解消费者潜在的动机和相应的文化内涵。**

仅仅肤浅地认识到"消费者对日复一日的习惯很满意"是不够的。你必须更进一步，这通常需要专家的协助。在对撞机实验室，我们发现社会学家或心理学家往往能够提供最切实的帮助。如果你不了解消费者的社会动机或潜意识，就很难设计出与他们产生共鸣的产品或元素。对你的企业来说，情况可能会有所不同。无论最相关的行动方案是什么，这都是一个需要进行专业研究的方向。

---

① 乔治·科斯坦萨是美国喜剧片《宋飞正传》中的一个人物。——译者注

因此，下一步就是深入挖掘、了解消费者的消费习惯，以期通过这样的举措，帮助我们认识如何打破习惯，给潜在消费者一个开始吃塔可钟早餐的理由。

我们与一位自我心理学家合作，对麦当劳早餐常客进行了深入访谈。他的发现很有意思。早晨，从根本上来说，与分离焦虑（separation anxiety）有关。对许多人来说，早晨的体验是被人从床上拉起来，离开家，离开孩子，离开象征幸福和安全的一切。人们对这种分离焦虑的反应有两种：一种是找到其他让人安慰的东西（比如麦当劳汉堡、一杯热气腾腾加糖加味的拿铁，或者一些简单的东西，比如通勤途中听一个令人舒适的播客）来支持自己过渡到工作状态；另一种是通过让自己保持信心、精力和热情来充满活力地度过这一天，体验一种"表现焦虑"（performance anxiety），让自己"打起精神来"。

最重要的部分来了。通过分析当下文化，我们发现了一种新兴文化代码，我们称之为"忙碌"（the hustle）。当下的年轻人普遍意识觉醒，觉得自己很了不起，以追寻独特的生活方式为人生目标。这当然与全球经济衰退以来他们一直面临的严峻的经济形势有关。这或许也是他们对X世代父母在20世纪90年代懒散心态的一种回击。无论如何，这都是一个新兴代码。没有人想当游手好闲的乔治·科斯坦萨，大家都愿意努力工作，这也正是塔可钟可以利用的文化代码。

这又引出了第三个功能相关性洞察：**新的CUO必须是品牌的合理延伸。**

我们做了大量的工作揭示了一个在心理和文化上都说得通的理

由：为什么在快餐店吃早餐的顾客会给塔可钟产品一个机会。下面我们将解释一下开发塔可钟早餐菜单的过程，特别是早餐脆皮卷饼品牌 AM Crunchwrap。但首先要记住，开发新的 CUO 并不是搞什么新发明，更多的是在现有工作的基础上进行一个合乎逻辑的扩展或延伸。原本我们试着用得来速为塔可钟公司创建一个新的 CUO，在大费周章地努力把这个新场景塞进塔可钟整套品牌概念中时，我们才意识到这是一个特别糟糕的想法。

我们现在有办法吸引食客去塔可钟吃早餐了。我们知道，我们有充分的动机可以让未来的早餐食客给塔可钟一个机会，这就是：美味、刺激、有趣。换句话说，我们的早餐是上班族为新一天打起精神的理想选择。现在，只需要一款与众不同的产品来取得突破。

早餐脆皮卷饼的发展历程

上面我们谈到了快餐在不同的市场具有不同的含义。在美国，饮食习惯仍然受到清教徒价值观和职业道德的影响，这也是快餐在美国诞生的一个重要原因：我们喜欢并需要便携食品，因为传统意义上它不是一种体验，而是用来填饱肚子的。（坊间流传，美国逐步告别方向盘，从手动驾驶转为自动驾驶，司机们开始发胖，因为他们解放出来的双手更容易拿零食了。）这种状况随着 Instagram 的出现而改变。食物现在绝对是一种体验，然而，它仍然是一种由人们对功能性和便携性的需求所塑造的体验。我们可能永远不会蜕变成马来西亚的饮食文化（"一种解脱式的逃避"，让人们从节制的生活走向自由的时刻）或墨西哥的饮食文化（社交、逗留和聊天）。因此，我们的功能相关性也必然具备文化相关性，反之亦然。我们希望自己的食物值得炫耀，但它仍然需要具备超强的功能，让我们能够同时处理多项任务，不需要餐具或倾注全部注意力来享受食物。

食品便携、密封，食用简单，不会吃得乱七八糟，都是塔可钟（以及大多数快餐店）优先考虑的事项。在 21 世纪初，格雷格领导推动了一项创新，旨在让菜单上的产品更具功能相关性。TacoHeads 是我们喜欢的食物，但它可能会造成混乱。如果卷饼塞得太满，或者包装不好，里面的馅料就很容易撒出来。一个包装不好的墨西哥卷饼也很容易让夹着的鳄梨和酸奶油乱溅。这可不太好。我们要求开发人员必须遵守一条非常简单的规则："你可以改变味道或外形，但不能同时改变二者。"这条规则与众不同。无论怎么开发一个新产品，都必须与品牌现有资产的调性保持一致。你会在不同的章节（第十章到第十四章）中了解更多这方面的内容。现在的情况是，这款新品要么保留经典墨西哥卷饼的味道，彻底颠覆外形，要么创新口味，保留墨西哥卷饼的经典外形。

一天早上，格雷格出席塔可钟食品实验室的产品展示会。一位名叫露易丝·卡森的产品设计师提出一个她很感兴趣的想法，她认为这个想法可能会解决一些便携性问题。她的发明就是 Crunchwrap：一种用面粉做成的玉米饼，把传统玉米饼的馅料周围折叠成六边形，然后烤合，这样消费者享用时就能保持其形状，馅料不会溢出。格雷格看着这项发明，说："我喜欢它，我们来做吧。"到此时，格雷格已经是第五个看过露易丝脆卷饼演示的 CMO 了，之前的每一位看到制作脆卷饼时小心翼翼地像折纸一样，得知准备食物需要花费更多时间之后，都打定主意，"我永远不会让运营商和董事会通过这个方案"。在这里要再次感谢格雷格，他看透了技术挑战，及时抓住了眼前冒出来的绝妙点子。好在格雷格刚刚听汤姆·瓦格纳提到错过了利用便携性这一使用场景，眼前不就是个很不错的产品嘛。还记得我们说过，即使是最伟大的 CMO 也会偶尔犯错吗？格雷格坚持称它为"脆皮三明治"（Crunchwich），差点把"脆皮卷饼"（Crunchiwrap）这个好名字断送。那时三明治大行其道，想从名字就能看出新产品和三明治一样具有便携性和功能性是说得过去的。好在他的团队当时声称举行了一个焦点小组讨论，投票结果是："脆皮三明治"输给了"脆皮卷饼"。事后格雷格怀疑可能压根儿就没什么焦点小组讨论，只不过是团队在帮他轻松地做出了一个他不想做的正确决定而已。

脆皮卷饼于 2005 年推出，是一个将功能相关性付诸实践的出色范例。这款产品解答了我们的两个问题：

◎ 你希望拥有什么样的 CUO？

在这种情况下，要保证美味、整洁、便携。

◎ 怎样做才能与众不同？

提供一个与众不同但又绝对符合塔可钟现有产品线的玉米卷饼。

事实上，推出脆皮卷饼符合R.E.D策略的所有要求。脆皮卷饼具有高度便携性，因此在功能上具有相关性；它非常有特色；而且，我们开展营销时，还想出了名为"Good to Go"（准备就绪）的宣传活动，我们的人员扮演成脆皮卷饼，宣传产品与其他技术相匹配，如"智能"手表（远远早于智能手表风靡的时代），或一辆用现代设施改装的经典汽车，来展示产品在功能上的相关性。

相关性、便利性与独特性间的平衡

在阅读本书时要牢记，R.E.D.所有元素一起协同工作至关重要。在这种情况下，如果我们有一个功能相关性问题，却用解决便利性与独特性的方式来解决它，是不会得到令人满意的解决方案的。阅读本书时请记住，R.E.D.中任何元素都不是孤立存在的。例如，本来可以推出一个三明治，它是具有功能性的，但不具备独特性；我们也可以给消费者提供无尽的定制选择，但那样无法兼顾便利性；以此类推。相反，我们创造了一款爆品，既具备独特性又具备功能性，迄今为止，脆皮卷饼已售出超过14亿个，价值约40亿美元，至今仍然保持畅销。

几年后，我们两个人在研究塔可钟早餐的问题时，想到把脆皮卷饼的变种组合在一起似乎是一个合乎逻辑的想法。于是，我们用鸡蛋、培根和土豆饼制作了一款脆皮卷饼：没有放太辣或味道过重的东西，因为早晨要吃"安全"的食物。这是一顿美味的、充满活力的、与众不同的塔可钟早餐。它很有特色，很有塔可钟的味道，也再次引发了轰动。

再来看这个系统的营销策略：我们有从自我心理学家那里收集到的见解作为指导。几年前，塔可钟推出的早餐广告中有一个重金属吉他手在公共汽车上弹奏电吉他，边弹边喊着"味道！"来唤醒昏昏欲睡又无聊的麦满分食客。研究表明，这种宣传方式有误导性，既不能安慰人，也不能给人"打气"，而且与吃早餐的人早上离开"安全"的家时那种无意识的焦虑相矛盾。

从研究中得知，我们需要完成两件事：一是让新产品（脆皮卷饼）与一个让人感觉熟悉和安全的老产品（麦满分）相结合，从而变得更令人舒服。二是以增量的思考方式（产品更酷、更令人满意）对抗存量竞争对手。

从定义上讲，习惯就是我们不假思索就去做一件事情的意识。顾客并没有对早餐做出完全清醒的选择，因此我们不能简单地提供麦满分的替代品。这不是一个可行的选择。因为早餐食客并没有完全意识到他们一开始就是在做决定。所以我们需要让他们对旧有选择产生一丝不适，在潜意识中为他们打开另一扇体验的大门，这种体验不会让他们感到不舒服。

最终完成的广告宣传将这两点贯彻始终。为了创造一个与麦当劳双雄争霸的局面，也像格雷格喜欢说的那样"摸摸老虎屁股"，我们与 Deutsch LA 合作制作了一系列广告。在第一个广告片中，我们找了 20 个叫罗纳德·麦当劳的人，他们通常在麦当劳买早餐，我们把他们带到塔可钟，体验早餐脆皮卷饼（他们很喜欢）。在广告中，我们用竞争对手的名字开了个玩笑，顺便将"早餐脆皮卷饼"挂靠在感觉熟悉和安全的东西上，同时提供比乔治·科斯坦萨麦满分更令人兴奋的东西。

在第二个广告片中，我们把乔治·奥威尔版的麦当劳比喻成苏联，用扩音器一遍遍重复"开心、开心、开心。同样的早餐，同样的早餐，同样的早餐"来唤醒人们。随后画面转到一个六边形涂鸦上，这群吃早餐的倒霉蛋随即冲出了古拉格监狱，加入了塔可钟更年轻、快乐、时髦的人群。这很有趣，但会让人很不舒服，在顾客心中潜移默化地撒下怀疑的种子。

这个广告的风险在于使用了"罗纳德·麦当劳"这个名字，突出了麦当劳品牌的独特资产，也进一步加深了麦当劳在顾客脑海中的印象。我们打赌，塔可钟与麦当劳合作引起的轰动和话题将超过这些消极反馈，好在我们猜对了。塔可钟这次推出的早餐，是7次中唯一成功的一次，直到今天仍在增长，而且始终保持盈利。

功能相关性可以挖掘出独特性

百胜餐饮集团每年在世界各地进行数以千计的产品创新，从美国的多力多滋玉米饼、菲律宾的鸡肉比萨（一种涂着比萨酱和奶酪的炸鸡胸肉，真的，没尝过可千万别吃！），到近在咫尺的菜肴，如中东部地区美味的旧金山酸面包比萨。大多数产品改良适度，或者非常成功。但每隔一段时间，我们就会经历一次失败。出于教育目的，凯瑟琳·坦-吉莱斯皮勇敢地与大家分享了她最大的失败。作为肯德基澳大利亚的 CMO，凯瑟琳倡导推出了肯德基手撕猪肉三明治。大家想想：肯德基手撕猪肉三明治，这听着不就很伤人吗？不管怎么说吧，毫无疑问，这款新品失败了。事实上，这也是三年多来唯一一个同店销售负增长的月份。现在，品牌恢复了活力，凯瑟琳也跟着恢复了。她现在担任品牌全球 CMO，负责全球 150 个国家的营销工作，这一点就是明证。

功能相关性应该挖掘出品牌的与众不同之处。

进入 21 世纪，格雷格也遭遇过失败。当时百胜集团向旗下三个品牌下达了命令：开发更轻便的减肥食品。这个要求本来出于好意。考虑到当时减肥食品行业蓬勃发展，大家都在努力使自己变得更加健康。不过，格雷格当时担任塔可钟总裁，于是乎他绞尽脑汁地想让自己的产品挤进这一 CUO，想让品牌更有意义。就在这时，一位名叫克里斯蒂娜的塔可钟忠实顾客给公司写了一封信，讲述了她吃了塔可钟的"Fresco style"（不含酸奶油或奶酪）玉米饼后减掉了 54 磅体重的事。[7]

克里斯蒂娜女士很了不起，她讲出了事实。格雷格认定这是个机会。他以为塔可钟或许可以在这个巨大的 CUO 中占据一席之地。市场营销团队拿到这份简报后，发起了一个名为"得来速低脂饮食"的活动。表面看起来还不错，言之有物，重点突出，可以说有点特色。但当我们看到广告口号时却傻了眼，"柔软的玉米饼，坚硬的外壳"，哎呀，怎么会变成这样呢？这个广告活动就是一个很好的例子：一个品牌想要在一个没有太大发言权的 CUO 呼风唤雨，品牌包装得越与众不同（即真正的塔可钟风格——前卫和叛逆）就越显得奇怪。

观察CUO增长图（见第111页），我们会发现左下象限有一个很大的气泡：很多人想减肥，但很少有人使用塔可钟，甚至不会考虑借助塔可钟来达到减肥的目的。为了完成公司提出的目标任务，我们努力建立品牌相关性，但与之相关的工作却远远超出了我们的能力范围，我们准备的营销材料最终也与品牌本身相去甚远。

平面广告以绿松石和绿色为主色调，克里斯蒂娜是主角，身穿比基尼，或者身穿卡其裤和纽扣衫，手里拿着一个玉米饼。我们的品牌形象本来是围绕一个25岁的滑板男孩建立的。因此，围绕一个成熟女性展开宣传，丝毫没有塑造出塔可钟的品牌调性，这样做毫无意义。虽然我们打造了一款具有塔可钟特色的活动，但预设不足，无法让受众建立起塔可钟与成熟女性之间的品牌关联。这次活动以失败告终。

更糟糕的是，格雷格动用了否决票（这是他职业生涯中唯一的一次），给特许经销商施加压力，强迫它们加盟。结果不仅这次活动失败了，一些有文化影响力的网站还抨击了我们的整个理念。在这里我就不赘述其中的风险与投资回报率了。

真正优秀的营销人员也会犯错误，更别说普通人。格雷格愿意承认自己的错误，这一点值得称赞。当时格雷格坚持要做减肥菜单，他指派的项目团队也尽了全力。但他没有对这次失误轻描淡写，而是从中吸取了功能相关性的经验教训。[8]

经验是：百胜餐饮集团鼓励放手一搏，不会惩罚失败——这才是一家真正的创新公司该有的样子。（记住格雷格的指导原则：聪明、用心和勇气。）

教训是：活动为什么会失败？我们如何才能避免更多代价高昂的失败？

为了找出成功的秘诀，对撞机实验室分析了在我们开发的预测性市场概念评估器（Predictive Markets Concept Evaluator）中测试过的1500多个世界各地的产品概念数据。这个工具要求数百名调查对象将资金（真实的或虚构的，取决于国家的博彩法）投资在他们认为最成功的概念上。如果他们与大多数受访者选择一致，可以将投资加倍。与普通调查询问个人偏好相比，这种方法更能预测人的真实行为。事实证明，人们往往会自我欺骗，告诉自己要买份沙拉，但一旦了解别人怎么做以后，判断又相当准确：跳过绿色蔬菜，直接去吃比萨。

不管怎样，我们测试了所有产品，找到了预测产品成功的首要因素。你猜怎么着？领导数据科学团队的格雷格·祖里克解释说："看到这个结果时，我们感到极为震惊。我们本来以为像'这款产品的颠覆性有多强'或'这款产品有多现代'这样的指标才是预测产品成功最有力的因素，但预测性最强的指标是独特性（例如，在预测成功方面，它的影响力几乎是'发自内心的兴奋'的5倍）。如果你的产品具有高度辨识性，成功的机会就会大大增加。"换句话说，是不是只有你的品牌才能做到？塔可钟的多力多滋玉米饼能做到吗？能。肯德基推出的手撕猪肉三明治呢？不能。事实上，从独特性的角度看，恰恰相反；而且很不幸，如果从成功的角度来衡量，情况也正相反。

与此形成鲜明对比的是塔可钟在2018年推出的薯条。显然，薯条一点儿也不像墨西哥卷饼。换句话说，薯条并不是塔可钟特有的，所以公司内部一直认为薯条产品就是禁区。如果没什么特色，就不要推出。但是塔可钟做到了。营销副总裁梅丽莎·弗里贝说："我提出要做薯条的想法时，办公室里的人都在翻白眼——又来了！都有过多少次这种无意义的讨论了！但后来我说，'不是要推出薯条，是要推出玉米片薯条'。突然间，大家都不翻白眼了。"玉米片薯条成为公司史上最成功的小食，短短几个月内就卖出了 5300 多万份。独特性再次造就成功。

练习：理解需求状态，尝试构建全新 CUO，使之成为品牌独特资产的逻辑延伸

今天你有多少种需求？来，一起算算肯的需求吧。他今天早上必须起床，多亏了亚马逊 Alexa 智能闹钟把他叫了起来。他还得穿戴整齐：下身穿前面提到的 AG 卡其裤、斯坦斯牌袜子和内衣，上身着 Harbor 冲浪店买的T恤，脚蹬耐克乔丹鞋 1 系列。他还要准备食物和饮料：他把日本煎茶装在追捧社交类摄影软件 VSCO 的女孩们常用的 Hydro Flask 保温杯里，用 To-Go Ware 竹制便携餐具装路上吃的鲍勃红磨坊的隔夜燕麦。紧跟着他还有一堆需求，和满足这些需求使用的产品：苹果手表、亚马逊有声书 Audible，还有一集《拯救美国》。他赶到办公室时，已经用了超过 25 种产品，他选择这些产品的原因多种多样，涵盖了 R.E.D. 的所有元素，其中功能相关性最简单直接：

◎ 我有一个需求。

◎ 你有产品来满足它吗？

    我们大多数人都有家庭，成员包括：父母、孩子、宠物。我们需要照顾这些亲人。我们也有兴趣爱好，需要自行车装备、手工艺品、一辆能带我们驶向郊野小溪的汽车，等等。我们还有信仰体系：环境信仰、政治信仰、社会信仰。和这些信仰保持一致（或不一致）的产品塑造了每个人的需求。来一个快问快答，写下过去一天里自己的每一个需求：促使你购买的需求，或使用现有的商品满足的需求。请一位来自不同背景的朋友做同样的事情。现在看看你手里的清单。每一个需求状态都包含一个CUO，换句话说，包含着一个品牌创造或推广产品的机会，可以满足你特殊时刻的特定需求。[1]

在这个例子中，假设你有一家咖啡店：

◎ 原因（why）：我需要一些东西让我保持清醒，一些东西令我沉醉，还有一些社交活动。

◎ 时间（when）：早晨、傍晚时分都需要吃点东西。

◎ 地点（where）：我需要在车里、在路上、在餐馆里吃点东西。

◎ 人物（who）：我需要为办公室、为一群朋友、为孩子准备一些东西。

---

[1] 为帮助你考虑CUO的所有不同维度，我们建议使用拜伦·夏普的"内容""时间""人物""地点""原因"等作为引子。

◎ 内容（what）：我需要一杯咖啡、一份点心、一份甜点。

了解哪些细分品类对塑造品牌来说最成功，对阶梯式扩大和发展 CUO 至关重要。以星巴克为例。品牌在现有的细分品类基础上有条不紊地做了大量合乎情理的努力。在早期扩张阶段，星巴克认识到美味午餐和零食对品牌长期成功至关重要。这二者都属于宽泛意义上的 CUO，也是星巴克忠实顾客在一天中访问咖啡馆的第二个原因（对一家咖啡连锁店来说，在早高峰结束后提高到店率尤其重要）。然而，星巴克可能认识到不可能一眨眼就从供应咖啡过渡到提供午餐。很少有人会购买星巴克午餐，这样做还很有可能不盈利。为了让咸味食品登场说得过去，必须一步步合情合理地推出新品。我们外部人士观察到的星巴克细分品类轨迹大致是这样的：首先，提供甜味的、类似甜点的饮料产品；然后在甜食方面下了大力气；之后才推出咸味早餐三明治；最后才扩展到咸味午餐和小吃。推广花费了几年时间，但这样做合乎逻辑，客户也能接受，每一个新品都有时间"适应"，成为消费者日常工作中熟悉的一部分之后，品牌才会继续推动下一个细分场景。

功能相关性结论

品牌增长就是扩大 CUO

想想丰田与迷你库珀。无论你需要坚固耐用的户外冒险车、对环境友好的电动车、彰显身份的高档车，还是不费吹灰之力就能从 A

地开到 B 地的实用车,丰田汽车几乎能满足所有使用场合。迷你库珀,直到最近还只适合没有孩子的群体,或空巢老人驾驶。他们住在城市里,不必操心携带大件物品。迷你库珀后来扩大了产品线,推出空间更宽敞的迷你库珀乡下人 SUV 车型,但品牌仍然只满足相对较少的 CUO。迷你库珀非常有特色,除非有更多合适的 CUO,否则不大可能大幅增长。如果品牌想要发展,就要尽可能多地满足 CUO,这一点丰田做得比迷你库珀更有成效。

惯常销售环境之外对 CUO 的发展持开放态度

对撞机实验室曾接受塔可钟的挑战,想出一个"价值上亿美元的点子",于是研发出了名为"为什么我们没有早点想到"的创意系列,塔可钟玉米薯片就是其中之一。三种口味分别为经典、温和、火辣(以及限时销售的"暗黑破坏神")。产品没有在塔可钟快餐店出售,而是在杂货店和便利店出售,每年的销售额 2000 万~3000 万美元。有时,功能上的创新会让产品出现在意想不到的地方,摆在那些通常不会考虑选择该品牌的人面前。

忠于品牌独特性

要尽可能地满足更多 CUO,同时保持品牌独特性。想想艾禾美(Arm & Hammer)小苏打吧。从 20 世纪 20 年代到 60 年代,小苏打一直是厨房常备物品,现在却沦落到要么被丢在烘焙架上,要么躺在数百万台冰箱里的某个角落发霉。艾禾美从宣传小苏打成分入手,围绕产品除臭功能相关性做文章，重新规划品牌，突出其独特性，系统地增加了洗衣粉、家用清洁剂、急救产品、牙膏和漱口水（等许多产品的）产品线。尝试一下艾禾美的方法，看看是否适用于你的品牌。但是，如果做得过火，势必会遭遇失败：旅行箱包品牌新秀丽（Samsonite）尝试推出服装系列，Cracker Jack（玉米零食）做了麦片（虽然听上去很美味，但当早餐麦片吃可能太甜了），胡椒博士（一种碳酸饮料）推出了腌肉味道饮料，Zippo（打火机品牌）认为出售同品牌香水是个好主意，其实都不然。

原始数据至关重要

要想深入研究品牌可以在哪些细分品类上找到出路还需要数据支持。具体来说，想要委托一项研究，光买现成的研究报告还不够，还要对该品类中每个可能的细分品类进行评估，同时衡量品牌在这些使用场合中赢面有多大。报告提供的信息不仅对品牌来说不够具体，还会令你失去宝贵的经验。在这项研究中，首先要在该品类中尽可能对使用场合进行细分。为了让大家有个概念，我们通常会列出大约130种CUO。许多都很微小，也有许多是重叠的。我们故意撒下一张大网，寻找意想不到的东西。如果CUO很小或者没有意义，也没有什么损失。这种创造性的练习本身就能让你开阔视野，因为你不得不超越你胜券在握的基本使用场合。

第七章
社会相关性：
用热点话题促进高效转化

4年前，在格雷格和对撞机实验室团队研讨本书中提到的概念时，我们共同讨论过社会相关性的概念（见下图），以及社会相关性到底怎样才能服务于客户并应用到整个百胜集团。肯解释说，衡量社会相关性有两个简单的方法：

◎ 比起品牌或专家的建议，人们更愿意相信一个朋友或网红大V的话。

◎ 内容重复次数越多，就越不容易遗忘，其积极意义就越大，人们也就越重视它。

社会认同

先讲一个社会认同概念方面的例子。社会认同是一种非常人性

R. E. D.

社会相关性：
一个品牌经常通过创造意想不到的噱头和宣传活动……成为社交圈热门讨论话题。

红牛	塔可钟
从高空往下跳	塔可钟酒店

谈论一个品牌的人越多，就越觉得这个品牌值得购买。

化的倾向，即如果大多数人都在做某件事，那么这件事一定是正确的。回想一下你最近一次徘徊在一个陌生小镇的街道上，寻觅午餐去处的情景。你是选择一个没人去的地方，还是选择门口站着一排人的那家餐厅呢？消费者假设其他人已经权衡了现有选项，做出了最佳选择。我们认为，这种认知倾向在一定程度上说明朋友、雇主、网红大V和名人对消费者购买意愿的影响高于政府和机构。[1] 由全球知名公

关公司爱德曼发布的爱德曼信任度晴雨表（Edelman Trust Barometer）年度报告显示，2017—2018年，企业信任度下降了10%（从58%下降到48%）[2]。在新冠肺炎疫情暴发后的头几周，公众无人听从专家或品牌商的建议，一窝蜂冲到商店里购买大量卫生纸和瓶装水，只是因为邻居们都在囤货。信任工作组（英国广告协会一下属组织）所做的一项研究更能说明问题：2018年12月，公众对广告的好感度只有25%，说明不信任度达到了75%！[3]

有一点要说清楚，我们并不认同广告奏效就等同于其内容一定可信。这压根儿不是广告的运作方式。相反，广告通过建立和加强记忆结构，在消费者的头脑中建立心智的显著性。这种心智的显著性会带来销售。但消费者不信任广告确实衍生了一个有趣的问题：那么他们信任谁？当他们需要参考某个意见以便做出决定时，又依靠什么来做出判断？答案当然是倚靠彼此。所以像Glossier这样的网红美妆品牌正在转向依靠其超级粉丝来推广产品，以刺激销售增长。[4]

想要了解网红能有多大的影响力，想想这个例子：2006年，汤姆·福特与美妆巨头雅诗兰黛携手，推出美妆品牌。品牌花费10年时间，不断推出超模代言的广告大片，销售额达到了5亿美元。[5] 2020年第三季度，科蒂集团（Coty，全球最大的香水生产公司）斥巨资收购凯莉·詹娜（Kylie Jenner）同名彩妆品牌51%的股份。这笔交易的品牌估值为12亿美元。[6] 在撰写本文时，凯莉·詹娜只有5年历史，在加州一个叫奥克斯纳德的普通小镇生产，大部分时间里只有8~12名员工。迄今为止，詹娜几乎只在她的社交媒体上营销化妆品系列，这说明她一直利用她的社会相关性，以最低的营销预算触达超过 2.32 亿的粉丝（显然，其中一些粉丝在多个平台上关注她，但仍然……）。截至本书写作时，詹娜卷入了关于公司的实际价值评估的纠纷中，尽管如此，能够达成这样一笔交易仍然说明，她是一个具有强大社会影响力的人物。[7]

可得性启发法

社会相关性发挥作用的另一种方式被称为"可得性启发法"。[8]每个人都会受到最近听到或看到的信息的影响，我们非常重视这些信息。而且每个人都会被过去的经验或偏见绑架，影响当下做出决定。广泛报道鲨鱼袭击事件会让在海边游泳的人数减少，导致溺水死亡人数下降。原因在于，鲨鱼袭击事件更令人难忘，与之相比，溺水事件的影响则明显不足，无法吓阻游泳者。美国各州和国家彩票公司把精力放在宣传之前的中奖者身上，提醒我们有人中奖，大家才会相信中奖概率比实际情况更大。当我们创造持续的社交对话，并将人们的注意力集中在我们的品牌上时，我们本质上是在让品牌感觉更重要，或者让人觉得"这就是我们该做的事"。可得性启发法是一种心理捷径。要知道人们都喜欢捷径，不知不觉默许一个可行的想法或信念可以节省我们可能在不合适的地方花费的时间和精力。

百胜集团（内部）流传着一个激活社会相关性的例子。在过去的 15 年间，肯德基一直在澳大利亚赞助大部分澳大利亚人疯狂喜爱的运动——板球。每年比赛期间,肯德基都鼓励球迷把独特的肯德基炸鸡桶戴在头上。没错,是把空的炸鸡桶戴在头上。数千人照做了。肯德基澳大利亚营销总监,也是这一奇葩文化时刻的共同缔造者莎莉·斯普里格斯解释说:"我们所说的肯德基桶头军,现在已经深入人心。每年我们都会生产专门设计的炸鸡桶,上面的品牌标识都是颠倒的,戴在头上时,就可以看到正面朝上的'肯德基'字样。板球在澳大利亚的收视率高得惊人。镜头扫过观众席时是一片头戴肯德基炸鸡桶的球迷,可想而知,激活这种社会相关性能带来多大的品牌价值。"

这项活动,包括全球数百项活动的成功,简单说就是完成了一项社会相关性任务:品牌必须出现在人们日常谈话中。人们对品牌关注越多,品牌使用率就越高。但是说起来容易做起来难,为了帮助营销团队更有效地做到这一点,我们列出了几个简单的规则。

◎ 让一个品牌成为聚会谈资;
◎ 以及,利用一个品牌的独特资产。

"聚会谈资"(party-talk worthy)是指某个时刻非常出人意料、非常重要、非常有趣,任谁听了看了都忍不住想和朋友、同事分享,不管是广告、营销噱头,还是一些完全荒诞的东西,如拉斯维加斯的塔可钟婚礼教堂。必胜客曾发布了一款名为"派顶"(Pie Top)的智能复古潮鞋,上面设有按钮,一键下单就能预订比萨送到家。为了庆祝电影《回到未来2》上映30周年，必胜客还推出了一款迷你比萨，看起来就像电影里马丁妈妈在水合器里放的馅饼。这两样东西都不是必胜客的主流产品，它们就是用来作为谈资分享的。有趣的是，"派顶"现在非常有收藏价值，在StockX运动鞋交易平台的价格有时能高达1000美元。

聚会谈资内容尤为重要。和朋友分享见闻时，每个人都想让自己显得又潮又酷又聪明，一副天下大事了如执掌的模样。没有人想显得乏味、呆板又落伍。这样一来，标准就简单了：你分享的见闻会不会成为别人扬扬得意拿来自我标榜、分享的谈资，还是只有公司里的呆子才会觉得你的想法很酷？

必胜客在中国台湾地区推出的"闪餐"令人意想不到，比如珍珠奶茶比萨、臭豆腐比萨或榴莲比萨，与朋友分享这些时，会感到自己像圈内专业人士。必胜客使用吸引眼球的爆款食材，加上限时限量供应的字眼，刚好符合成为热门话题的条件。

在中国大陆，必胜客抓住潮流特点，推出了"脏脏系列"甜点，在破坏中创造新美食。每一个用餐者都会立即把食物发到朋友圈。具备社会相关性，才能成为聚会谈资。[9]我们大多数人都希望自己看起来聪明而非愚蠢，富有而非贫穷，时髦但不极客。

充分利用品牌的独特资产就是：要创造与社会相关的内容，就必须利用品牌的核心独特资产，否则，本来很酷的聚会谈资很可能被错误地理解归类，反而成为助推竞争对手的有力武器。中国香港地区的必胜客推出了一款以宜家代表性食物为灵感的比萨——瑞典肉丸比萨。

与此同时，宜家和必胜客联名推出了一款实物大小的比萨桌，就是放在比萨盒子正中央的小支架放大版（见下图）。此番合作恰是巧妙地利用了品牌的特点（宜家售卖的瑞典肉丸、必胜客的"比萨桌"）而引发了轰动。

必胜客 × 宜家比萨

稍后会详细讨论这个问题，现在，让我们回到2016年春天的那个会议室。

那天，大家各自发表完意见后，格雷格思考了一会儿，最后他说："嗯，我想总统选举差不多结束了。"肯糊涂了，当时总统竞选刚刚开始，难道格雷格误解了社会相关性的意思？格雷格好像读懂了肯的想法，又说："不，我明白的。但如果社会相关性是真实的，且又是独特的，那么唯一的结局就是特朗普当选总统。"在场的每个人都笑了，大家都认为这是不可能发生的！但事实证明，特朗普团队将他无可辩驳、超乎异常的独特性和社会相关性发挥得淋漓尽致。特朗普的每一次令人震惊的发言都会立刻成为讨论话题，每一句粗鲁无礼的话都恰到好处地展现了他独特而傲慢的性格，每一条嘲讽的推文都在刷新人们对他特立独行行事风格的认知底线，这些都为他赢得了从微软全国有线广播公司、福克斯到互联网之外的数十亿免费播放时间。再想想那些用大量事实和经过核查的数据来反驳他荒唐言论的专家们吧。希拉里·克林顿在三场电视辩论里认真地与特朗普辩论，而特朗普的回答要么是陈词滥调式的恶搞，要么比他本已令人厌恶的行为更加不堪（与希拉里做的恰恰相反）。双方都不明白问题所在：如果你支持特朗普，那么他就是你的朋友、你的影响者、你信任的好斗的暴发户，他会告诉你"真相"，也能为无聊的政治话题提供一些新鲜的聚会谈资。而希拉里，或者任何一个善意的说客，都是迟钝、笨拙的蓝筹品牌，坚持让你相信他们希望你相信的东西，并以足够缓慢的速度发布信息和想法。

世界上很多性格迥异、极具社会相关性的领导人也是如此，比如巴西总统博索纳罗、菲律宾总统杜特尔特、委内瑞拉总统马杜罗、匈牙利总理欧尔班以及英国首相约翰逊。

美国女议员亚历山大·奥卡西奥·科尔特斯利用社交媒体，特别是 Instagram Live，举行 AMA（Ask Me Anything，可以问任何问题）式社交媒体对话，与选民建立联系，解读国会工作机制，展示她最喜欢的速煮锅食谱，制造聚会谈资，从福克斯名嘴劳拉·英格勒姆到科尔特斯的数百万粉丝，没有人不参与分享和讨论。最近，她开始玩热门游戏《动物之森》，访问支持者的岛屿，在他们的公告板上留下笔记或涂鸦，甚至还发表了毕业演讲。

共和党那边，新晋国会议员丹·克伦肖走进《周六夜现场》的周末更新演播室，对彼得·戴维森进行喜剧式回击，因为后者拿克伦肖极具特色的黑眼圈开玩笑。克伦肖对这位喜剧演员灵活而幽默的抨击极大地提升了这位新手政客的公众认知度，使他成了一个值得关注的人物。同样，科尔特斯利用自己的特点——千禧一代对技术的敏锐，对工人阶级的热情辩护，还有大胆的红唇——把自己打造成了全国性的人物，这是大多数第一任国会议员只能梦想的事情。

我猜编辑不希望我们在本书中过多地谈论政治，但没办法，这里必须得聊一下。2016年的大选和2018年的中期选举都非常引人注目，说明了社会相关性如何帮助一个小而精的品牌领先于规模更大、更成熟的竞争对手。事实上，作为一个新晋品牌，社会相关性是其少数几个具有显著优势的领域之一，所以，如果这一点也和你的产品情况类似，请仔细听。关键在于：如果谁能以一种令人难忘的方式发出独特的声音，谁就能率先拉动"我相信你"的杠杆。前提是把品牌的文化相关性、功能相关性、便利性和独特性做到位。如果能够发起并培养出一个有价值的社会相关性，那就更有可能塑造出一个品牌角色，令数百万潜在客户无法抗拒。

如果隶属于一个更大的品牌，那就需要从不同角度，更有创造性地思考如何使用公关资金。提示：不要浪费太多的纸张和时间来写新闻稿，或者去参加会议发表一些重大声明，而应该努力培育一个网络粉丝群体，让他们热切地关心品牌所做的事，并与朋友分享。比如那个塔可钟酒店的文化时刻，我们邀请的几乎所有有影响力的人物都写了关于塔可钟酒店精彩（又有趣）的评论和故事，浏览量达到了44亿次。一个相当小的投资带来了巨大的回报，而且，这样做也很有趣。

在我们深入探讨社会相关性具体细节之前，先来阐述一下社会相关性理论的起源，并进一步拓展前面提到的观点。

社会相关性的演变

我们在对撞机实验室开发的许多策略都是基于进化生物学和人类行为科学制定的。之前讨论过，早期人类在集体中找到了安全感，在共同的故事中找到了共同的身份。这个故事的另一条线索是，我们的祖先是如何开始从社会中其他智人的经验中学习的。如果部落里的每个人都使用一个特定的池塘，并且每天晚上都能从池塘安全返回，没有在中途被狮子、阿米巴虫或交战的部落所伤害，你就更有可能信任那个池塘。你的朋友信任你，你也信任你的朋友，相信他们的推荐是安全的。现在，假设你听说新出现了一个池塘！早期人类同伴没人在那里取过水。你也没有任何有关这个池塘的安全度信息。每天你都要花费很多时间找水。好处是新出现的池塘离你比较近。但你会很自然地对这个池塘感到紧张。假如有狮子出没呢？毕竟，狮子也要喝水，狮子不在那个池塘里喝水，也许就在这个池塘里喝水。与使用这个池塘可能带来的危险相比，尚未开发的新资源的潜在好处显得微不足道。于是，你会继续与可信任的朋友一道，在熟悉的、安全的水源地轮流取水。

时间快进一万年，我们的许多决定仍然是依据这个简单的标准做出的："我信任的人信任这个产品吗？"这也适用于冲动购买。越觉得周围的人信任这个产品，揣度或顾虑就越少，产生冲动性购买行为的可能性就越大。就像"他们有，所以我也应该有"这个道理一样简单。

如何制造社会相关性

第一个杠杆——"相信你胜过相信公司"——给了你和你的品牌一个机会，即"口碑媒体"（earned media）的机会。口碑媒体是指通过 Instagram 和 TikTok 等社交渠道创造的反响和口头传播。品牌在社交媒体和其他平台上出现的频率决定了它的热度。品牌必须以审慎的方式去制造这类热门内容，并支持那些独立完成内容分发的网红、大 V、意见领袖。我们无法预测什么内容会像病毒一样传播（任何想为你提供服务，保证内容会像病毒一样传播的人都是骗子），但可以持续宣传，让品牌犹如一个有机体一样引发（公众）讨论。这样做的价值是：消费者最有可能购买的就是头脑中印象最深刻的品牌。注意，付费广告和热门话题分享要相互配合。莱斯·比奈和彼得·菲尔德在他们颇具影响力的研究报告《焦点中的媒体》中指出："品牌只有同时拥有自媒体和付费媒体时，才会获得可观的在线口碑媒体。换句话说，为了引发分享和讨论，需要创造优质内容，并且需要通过某种付费广告进行推广。"

我猜你显然对"显著性才是王道"这一观点持反对意见，假设品牌是因为负面因素才令人难忘怎么办？我们会把你拉回我们的"池塘"。只要是客户信任的人信任你的产品，客户就更有可能选择使用你的品牌，你还会继续领先。

在前进的过程中，请牢记以下核心理念：
◎ 创造文化相关性时刻可以对品牌产生巨大影响。
◎ 随着"购买"注意力变得越来越难，品牌也需要"赢得"注意力。
◎ 经常制造热门话题的品牌更有可能增加其市场份额。
◎ 在一个充满不信任的世界里，营销行动比语言更有说服力。

实现社会相关性的 5 种途径

让品牌成为娱乐消遣的一部分

有一天，我们广告公司的一位创意人员在参加世界摔跤娱乐活动时注意到，观众对比赛间歇播放的广告报以嘘声，从那时起，他们想到了一个利用肯德基创始人山德士上校把世界摔跤娱乐活动的粉丝从在现场观看广告的烦恼中解脱出来的创意。于是，肯德基在 2016 年世界摔跤娱乐夏季狂欢节上播放了一个两分钟的广告片，由摔跤洲际冠军米兹扮演一只拟人化的大黄鸡，挑战（由摔跤手道夫·齐格勒扮演的）山德士上校，两人进行了一场摔跤比赛。有些观众讨厌广告片中的情节，但更多人表示喜欢。但无论爱与憎，大家都在谈论这件事。

这则广告已经成为当晚娱乐活动的一部分，而且，和当晚真正的比赛一样，无论观众支持反派角色（大黄鸡）还是正派角色（山德士上校），真正的赢家都是肯德基。时任肯德基美国公司的广告主管（现任必胜客美国公司 CMO）乔治·菲利克斯解释了他们是如何找到这样一个令人难忘的合作的。"我们在把肯德基与媒体进行融合时，制定了这样一条规则，即不要只是'贴个标签'或当成一次普通的赞助机会。合作的前提是，给肯德基带来一个独特的创意，同时又表明我们了解摔跤比赛的观众，这样就能提升粉丝体验的价值。"这种心态对品牌成为娱乐消遣的一部分至关重要，再加上独特的实施方式，于是成功了。

社会相关性的要素之一就是寻找令人吃惊和意想不到的消遣方式：社交软件 Tinder 创造了一辆碰碰车，让单身而且相互喜欢的人"撞到对方"。2016 年，爱彼迎与芝加哥艺术学院合作，在北岸挂牌了一间出租房，其设计和装修看起来都像凡·高在法国阿尔勒的心爱的黄房子。设计师们一丝不苟地重现了凡·高的笔触、弯曲的线条和生动的色彩，营造出沉浸在绘画中的体验。

以上几个例子都是品牌找到了一种意想不到的、无法预测的方式，成为娱乐的一部分。设计这些并不是专门为了销售终端产品，而是利用品牌基因来营造有价值的话题，促进更广泛的文化对话，提升品牌文化地位。这些都是"磁铁式营销"的绝佳例子：通过与众不同的作品，让人们对品牌产生兴趣。

所以，要制造一些动静。然而，说起来容易做起来难。不过我们为你准备了有趣的入门读物，帮助你开启你的社会相关性学习之旅。学习每一个部分时，都要问问自己，"我们的品牌在这方面表现如何？"我们将使用其他杰出品牌的例子，这些品牌都创造了聚会谈资和独特的文化时刻。

做一个优秀公民

法国鳄鱼品牌将其标志性的短吻鳄换成了世界各地濒危物种的图片，用于筹集资金和提高动物保护意识。美国最大户外用品零售商REI在一年中最繁忙的购物日（黑色星期五）关闭了所有门店，倡导以户外活动代替"黑五"购物。资产管理巨头道富环球投资管理公司在纽约华尔街放置了一座名为"无畏的女孩"的雕塑，希望以此呼吁客户公司的董事会能增加女性成员的比例。汉堡王搞了一个噱头，让在网上下单的顾客收到的汉堡都是受损的，以此来提高人们对校园霸凌的认识。

为客户提供便利

为客户提供意想不到的便利。宜家把一页婴儿家具广告做成了测孕试纸。阿迪达斯开发了一款运动鞋，可作为地铁通行证使用。

成为"挑衅者"

有时，你的品牌有机会激发或创造强烈的反应，无论是对自己的产品、产品交付问题的反应，还是在它们周围发生的更宏大的文化时刻。

2018年年初，一份新的配送合同导致肯德基英国的许多分店无法提供任何炸鸡。在断货高峰期，有646家分店关门歇业，可以想象，这问题得有多严重。[10]肯德基营销团队并没有放出一些类似"抱歉，给您带来不便"之类老套的公关话术，而是在平面媒体上印发了经典的肯德基炸鸡桶，把平时印着标志性首字母缩写"KFC"的地方改成了"FCK"。肯德基英国无所畏惧的CMO梅格·法伦解释说："顾客仍然因为买不到炸鸡而愤怒不已，所以陶尔哈姆雷茨区警察局的警察不得不发推文，恳求顾客不要再拨打英国的911投诉了。但是，首先得承认情况的确很糟糕，这样我们才能赶在一些负面宣传之前，制造一个与社会相关的时刻，以声援沮丧的顾客。"这一招奏效了。销售中断4个月后，总销售额恢复到了危机前的水平。

不要害怕大声说出客户所想。肯德基英国公司在2018年再次采取类似的做法。当时他们花钱在推特上宣传原来的薯条有多糟糕，为推出新的厚皮薯条奠定了基础。（迫使汉堡王回复说："奇怪的弯曲，但还行。"）知道顾客非常讨厌原来的薯条，肯德基英国公司就立刻推出了改良产品，让所有人，包括原来那些网络喷子，都感到非常高兴。

成为流行文化的缔造者

最后，利用品牌的力量，加上巧妙和出人意料的合作，共同创造流行文化时刻。塔可钟与大众时尚品牌Forever 21合作推出过塔可钟服装系列。膨化食品品牌奇多与 Forever 21 推出联名款"火辣辣"彩妆。专业彩妆品牌魅可从玛姬·辛普森身上获得灵感，仿效这位著名女主人的郊区魅力妆容，推出了"辛普森一家"主题限量彩妆。2019年，阿迪达斯与亚利桑那冰茶携手，带来一系列超棒联名鞋款，在纽约开了一家快闪店，出售 99 美分的运动鞋，同时销售罐装茶。鞋身印着一目了然的亚利桑那樱花图案以及标志性的粉色和蓝色。宜家英国和爱尔兰分公司与设计师维吉尔·阿布罗合作，策划了一系列凸显设计师滑稽风格的家居用品，例如印有"湿草"字样的阿斯特罗特夫草皮绿色地毯。宜家甚至为店面标识加上了引号，以纪念阿布罗标志性的标识风格。不要害怕做一些看似荒谬的事情，只要它有一定的逻辑，无损于独特的品牌资产，你就应毫不犹豫地接受它。

结论

2020 年年初，我们在接受过我们采访以及与我们有过合作的千禧一代和 Z 世代焦点小组中发现了一些有趣的现象。谈到自己的兴趣和近期痴迷的文化现象时，他们中许多人实际上并没有看过自己推荐的节目或电影，却会反复推荐，比如，"《男孩》很精彩，你应该看"。但是，被问及更多关于这部剧的情节、语气或角色等细节时，他们不得不承认："嗯，其实我还没仔细看过，但我听说它不错。"想想看，这些流行文化时刻具有强大的社会相关性和社会影响力，这些潜在的观众甚至在没有看过的情况下就敢为节目做担保。我们挖掘得越深，就越感到，承认没有看过这些节目并不丢人，[11]声称自己看过或读过一些实际上没有碰过的东西，才会一直陷入文化交流的旋涡。（视频网站Hulu 2016年进行的一项有趣的研究显示，男性比女性更有可能谎称自己看过某个节目。）仔细思考这句话时就会明白，它支持了我们所有关于社会相关性的理论，并把理论推得比我们想象的还要远。我们的焦点小组甚至不需要观看这些节目就把它们放在了一个重要地位，或成为他们心目中的首选。换句话说，这些节目和电影已经变得极具文化相关性、令人难忘和让人有亲近感，焦点小组甚至在没有任何个人体验的情况下就愿意担保产品内容或质量。如果还不确定社会相关性对你和你的品牌是否重要，思考一下这个悖论：如果这意味着你可以声称自己具有社会相关性，那么冒着被朋友揭穿的风险也是值得的。事实上，这非常重要，所以这种虚假的声明本质上并不可耻。社会相关性具有一种强大的货币属性（见下图），要确保充分利用它。

相关性概况

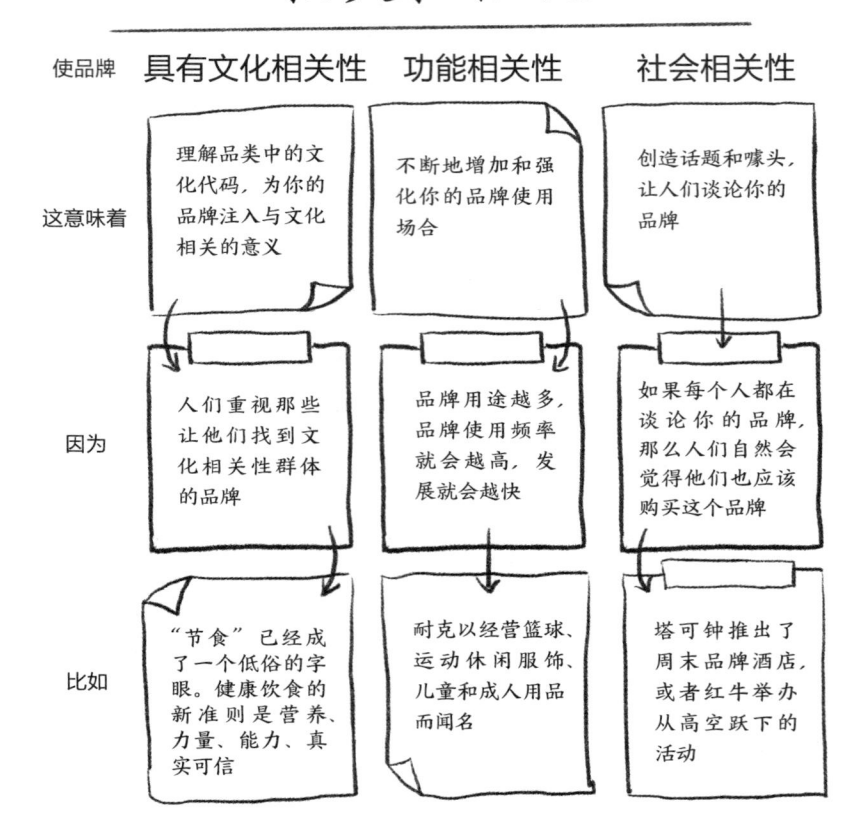

	使品牌 具有文化相关性	功能相关性	社会相关性
这意味着	理解品类中的文化代码，为你的品牌注入与文化相关的意义	不断地增加和强化你的品牌使用场合	创造话题和噱头，让人们谈论你的品牌
因为	人们重视那些让他们找到文化相关性群体的品牌	品牌用途越多，品牌使用频率就会越高，发展就会越快	如果每个人都在谈论你的品牌，那么人们自然会觉得他们也应该购买这个品牌
比如	"节食"已经成了一个低俗的字眼。健康饮食的新准则是营养、力量、能力、真实可信	耐克以经营篮球、运动休闲服饰、儿童和成人用品而闻名	塔可钟推出了周末品牌酒店，或者红牛举办从高空跃下的活动

第二篇

R.E.D.系统的
便利性

便利性让产品更容易获取，作用于零售、分销的各个环节。

第八章
两步降低用户购买门槛

方便才是王道。营销从整体来说，R.E.D. 的各个要素同样重要。这些元素都可以成为重要的杠杆，吸引客户参与并对产品感兴趣。然而，便利性的重要性是加倍的。如果把营销比作一艘船，我们认为便利性是船上最大的帆，独特性次之，而相关性（或者更确切地说，缺乏相关性）就像锚，会让你完全停下来。

简单易行的操作，比如取消应用程序密码输入、在用户资料中添加默认订单，或者开设肯德基汽车穿梭餐厅（参考澳大利亚纽卡斯尔肯德基的做法），都能让单个品牌或门店一夜之间实现增长。比如，塔可钟现任全球首席品牌官尼基·劳森与他人合作，共同创建了汽车穿梭餐厅，不断挑战销售纪录。TikTok 不需要用户名或密码就可以浏览，操作方便加上令人上瘾的内容，让它成为 2010 年以来下载量排名第七的应用程序。伙计们，2010—2020 年那可是整整十年啊，而 TikTok 只在最后三年才出现！[1]

降低便利性也可以减少伤害：吸塑包装增加了取药片的难度，间接降低了自杀率。² 没有了装满药片的大瓶子，而且把药片从泡罩里取出来需要很长时间，都可能阻止一些潜在的自杀行为。

相关性和独特性可以让品牌在心理上更受欢迎、更迎合时代，但只有便利性才能在一夜之间把竞争对手的客户拉到你身边。因此，便利性可以成为一种强大的颠覆性力量。接下来的两章将讲述如何充分调动便利性，发挥其力量。

R.E.D. 一个奇怪的特点是，最有力的部分也是最容易解释和理解的。还记得肯偏爱孚日巧克力，但他有吃士力架的习惯吗？之前我们讨论过，肯和我们99%的同胞一样，非常懒惰，才会把其他所有的考虑因素，包括味道、质地、有机与传统、价格等都归结为一个最简单的问题：哪种产品最容易买到？肯要想吃得健康，完全可以在方便的时候跑步去1英里外的商店买，但这不重要，重要的是，他想吃糖的时候，每次都会选择现成的、含有玉米糖浆的、部分氢化的零食。

这件事带来的启示是：方便才是王道。

如何将其付诸实践？答案是让产品在心智的显著性和购买的便利性方面比竞争对手更具优势。

所以，这一章我们就讲讲便利性。

我们或许应该详细说明一下，对那些愿意重新考虑自己做事方式的公司来说，这里有一些有趣的观察和诱人的机会。在对撞机实验室，我们把便利性分为两个核心理念。

容易获得

这是第一个理念，也很简单。在营销术语中，购买障碍被称为摩擦。产品容易获得意味着给消费者带来更多购买机会，它可以减少消费者在购买决定和实际购买之间产生任何障碍或摩擦。这可以是实际摩擦（如多次点击应用程序购买产品），也可以是心理摩擦（太多选择让人举棋不定）。本章最后会附上一个简单且有效的练习，叫作"便利性之旅"，供读者尝试。因此，浏览这一章时，研究一下消费者购买体验，挖掘一下消费机会，看看哪里产生了摩擦，阻碍了消费者选择购买你的产品。

容易受关注

这是第二个理念，我们将在下一章讨论，现在只要知道，"容易受关注"就是表示品牌是如何融入消费者生活的。消费者是否能看到或听到品牌释放的信息？更重要的是，当身处店铺或购物环境中时，他们是否还记得这些信息？这一章我们将谈论品牌在消费者中引发的情感反应。不过，在你激动地打开计算机，准备向我们发出一封愤怒的电子邮件之前，我澄清一下：情感反应并不等同于情感联系。我们仍然不喜欢把情感联系作为一种品牌工具，这一点已经强调很多次了。邮件先别发，不如我们换个话题，先来打个招呼。我们很想认识你，和你建立一种人与人之间真正的情感联系。

容易获得（见下图）是指消费者更容易得到你的产品。这应该是所有现代营销人员的首要任务，因为在 R.E.D. 的所有要素中，便利性造就了颠覆性创新的最大出口。首先需要弄清楚消费者在购买产品时遇到的摩擦。不需要重新配制产品、修改营销策略，或者把价格降到低于竞争对手的程度，也不需要花高价调查客户需求，尝试了解关键客户心理，你需要做的就是想办法提高产品在心智上的显著性和购买上的便利性。

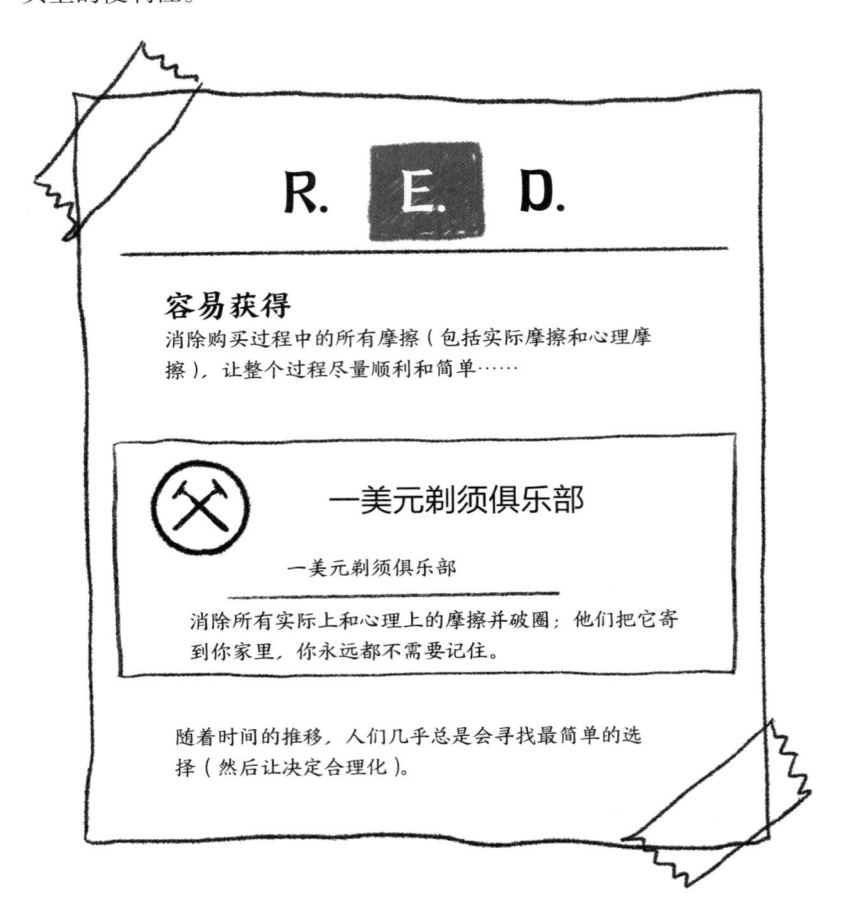

R. E. D.

容易获得

消除购买过程中的所有摩擦（包括实际摩擦和心理摩擦），让整个过程尽量顺利和简单……

一美元剃须俱乐部

一美元剃须俱乐部

消除所有实际上和心理上的摩擦并破圈；他们把它寄到你家里，你永远都不需要记住。

随着时间的推移，人们几乎总是会寻找最简单的选择（然后让决定合理化）。

亚马逊就像一个无所不能的庞然大物，控制着美国近一半的在线零售交易，原因何在？[3]它让世界上几乎所有产品都触手可及。在2020年4月新冠肺炎疫情的高峰期，全美各地实体店铺纷纷关闭，康泰纳仕等出版商忙着与经验丰富的作家解约，在住宿领域大获成功的颠覆者爱彼迎裁掉1/4的员工，航空公司的乘客比机组人员还少。相比之下，亚马逊的股价却在2020年7月13日创下了3200美元的历史新高。[4]方便才是王道：亚马逊在Amazon Go无人便利店使用的无人零售自动结账技术"走就得"（Just Walk Out）消除了结账带来的实际摩擦。[5]同时，亚马逊创新技术还消除了心理摩擦，带动了销售。例如，你购买每件商品后网页上都会自动出现与之搭配的其他相关产品，这样你毫不费力就能搞清楚，例如"刚买的那个垃圾桶要装多大的袋子"一类的问题。亚马逊的星级评价系统工作原理也与之类似，4.5星或以上的评价会立即消除心理摩擦，让消费者不再怀疑产品的有效性。谈到相关性或独特性，我们通常看不到大规模颠覆的可能性。然而，一个巧妙的便利性创新手段就可以在一夜之间改变企业命运。

无论在什么情况下，提供方便购物体验的公司大概率都会比竞争对手更容易赢得市场。这就是士力架击败孚日巧克力的原因。在本章最后，我们安排了一些练习题，帮助读者探索如何让产品更容易获得。但是请花一分钟想想消费者在购买你的产品时遇到的摩擦，有哪些机会可以让消费者需求和最终购买行为之间的摩擦降到最小，以便你把产品卖给更多人？

便利性的力量

家庭电影租赁发展是一个很好的例子，说明便利性可以成为一种与圣安德烈亚斯断层（San Andreas Fault）相当的破坏性力量。还记得以前周五晚上开车到家附近的百视达租赁新上映的片子吗？在发现没有一部真正想看的电影时，你会低声咒骂，找一部没有人想看的片子回家吗？然后是排队等候，除非支付20美元的滞纳金，否则收银员不会把片子租给你。如果那家伙不厚道，还会收你一些倒带费。一小时后，你和家人回到家，但好心情已经在路上消失了。回过头看，当时电影租赁业务被一家公司彻底颠覆改造的时机已经非常成熟。电影租赁过程中每一步都充满了极其可笑的摩擦，如无法在店铺间转换会员资格，以及必须提前预约才能租到新片，整个过程极其复杂。

可能不需要我来告诉你故事的第二部分：1997年，网飞诞生了，它采用了一种没有滞纳金的订阅模式，提供免费快递信封租赁、无须开车去实体店挑选、零互动交往，同时为消费者不断增加电影和盒装片选择。[6] 2000年，网飞提出把自己卖给百视达，但遭到了这家实体巨头的断然拒绝。[7] 结局大家都知道，百视达现在几近绝迹。（不过，你可能会惊讶地发现，百视达在俄勒冈州的本德还剩最后一家店，是满足怀旧需求的理想选择！）在便利性上的创新可能比R.E.D.其他要素的创新都能更快地改变世界。

网飞在营销方面鲜有失误，但当初宣布将其DVD（高密度数字视频光盘）租赁业务更名为Qwikster，并将流媒体业务和DVD租赁业务拆分为两个不同的订阅包，却误判了用户。在这一策略下，想同时享受两种服务的用户必须支付更多费用，并为两者分别排队。多年来网飞一直努力消除家庭娱乐领域的摩擦，却突然又在体验中增加了摩擦。用户非常愤怒，科技和娱乐博客大肆报道，Qwickster服务很快就消失了，这也再次证明，增加摩擦、减少便利性结果往往很糟糕。

坚持使用这种模式的还有由麦当劳商业发展团队于2002年创立的自助服务亭、光碟出租商红盒子（Redbox）。经历了多年的财富缩水之后，红盒子最近开始扩大服务，相信其低廉的价格将继续吸引不愿意支付更高流媒体租赁费用的用户（以及有兴趣尝试新视频游戏的用户，网飞不提供这些服务）。[8]

如何看待摩擦和便利性会有助于品牌变得更有创造性？在某些情况下，感觉像是（产品）优势的东西反而会有损购物体验。巴里·施瓦茨的《选择的悖论》(*The Paradox of Choice*)一书中有一个著名的果酱例子，该案例表明，购买中的摩擦来源于太多选择（比起在24种口味中做选择的顾客，在6种口味中做选择的顾客更有可能购买果酱。请注意，这项研究后来引起了激烈的争论，但我们倾向于，简化菜单会增加销售额。）[9]其他潜在的摩擦来源是必须经常购买，或对产品有太多未解的问题。DTC（直接面向消费者）营销已经尝试了不同的策略来解决这些问题，比如会员制（例如哈里剃须俱乐部和一美元剃须俱乐部）。在线有机食品供应商Thrive Market以批发价提

第八章　两步降低用户购买门槛 | 159

供最畅销的有机食品。眼镜电商沃比·帕克（Warby Parker）允许顾客在家里试戴 5 副眼镜，然后再做出选择。内衣电商 Third Love 使用详细的调查问卷帮助顾客挑选合适的内衣尺寸，省却了烦恼和找专业人员试穿（也是一个重要的功能相关性优势）。这些极具创新和颠覆性的品牌中，有多少能在新冠肺炎疫情中存活下来，还有待观察（瞧瞧你们，一帮睡在盒装床垫上的家伙）。有些想法很好，但无法及时扩展。大多数情况下，DTC 营销通过减少店面数量、降低暴露等摩擦，为消费者提供了一个绝好的机会，以可承受的价格获得质量更好的商品。但归根到底，DTC 营销依旧强大的根本原因和肯将继续吃士力架的原因如出一辙：购买的便利性以及我们与生俱来的惰性。

说到便利性，DTC 营销并不是唯一选择。仔细看看消费者的生活和决策过程，就会发现有无数减少摩擦的机会。例如，中国台湾的必胜客在网站上提供"公园送餐"服务，餐食可以送到大众常去的公园，那里有多个指定的聚会地点，这样消费者就可以在户外享用必胜客了。（题外话：台北的象山步道美得不可思议，已经列在肯的旅行清单里了！）中国香港的必胜客堂食非常受欢迎，让顾客用忠诚度积分兑换礼物，从而打发排队时间。新加坡必胜客允许顾客坐在餐桌前用自己的移动设备点餐和付款。后文我们会给出一些提示，帮助你在便利性上开发创新。

要想找个非常有创意的例子，请看肯德基中国区的"雨天弹出式菜单"。这个方案出色地解决了中国市场面临的主要问题。一旦下雨，外卖订单就会从每天 50 万份激增到 90 万份，让整个系统运转缓慢。为了满足需求，中国团队创建了一个弹出式数字商店，下雨时人们的手机会被自动激活。其高明之处在于，系统精心设计了一个菜单，让点餐时间不超过 5 秒钟，这样一来，餐厅能更快备餐，订单完成速度也更快。归根结底，消费者获得了一种难以置信的无缝体验，餐馆可以更快地提供服务，销售额也增长了 4%。

说回美国国内，哈比特汉堡在新冠肺炎疫情导致封锁几天内就开设了弹出式汽车餐厅，令人大开眼界。它还创新订购系统，找到了一种变通方法，允许顾客更轻松地取货。这种做法很快就在其母公司百胜餐饮集团内推广。

认知失调

如果你是科幻小说迷，想必已经看过不少西部世界式的科幻惊悚片，讲的是人类和机器人与自由意志抗争的故事。我们都愿意相信，命运掌握在自己手里，用每一个选择塑造人生，每一个选择都反映了人最真实的本性和欲望。这和我们对自己行为的许多想法一样，都是无稽之谈。就像 HBO 电视网播放的《西部世界》中的机器人德洛丽丝和梅芙努力探寻自己内心的声音一样，我们往往看不清楚自己内心的真实想法，以及造成这些想法的原因。在大多数情况下，我们都了解自己的内心需求（以肯的巧克力为例，他可以自以为是地喜滋滋地吃下去，因为他知道巧克力代表着精致、高雅、有机和公平交易，购买巧克力会让世界变得稍微美好一点）。然而，由于我们内心将便利性置于一切之上，所以很少做出真正想要的选择。

那么，当你做出的选择与自己的信念、价值观以及你在生活中优先考虑的事情相矛盾时，会发生什么？除非我们用合理化或否认的方式迫使这两种对立的想法协调一致，否则当大脑努力调和两种想法时，不适感会慢慢变得难以忍受。这种感觉被称为"认知失调"，在知道如何运用它的营销人员手中，它可以成为一个强大的工具。在肯吃巧克力的例子中，他可能会告诉自己，"我觉得士力架没那么糟糕，"或者，"嗯，我要少花点钱"。他现在有了选择士力架的理由。重要的是，你认为要花多少钱做广告才能让肯相信士力架真的好吃？必须用有说服力的广告和著名的广告代言人向他灌输多年，他才会考虑士力架可能没那么难吃。而简单调整一下思路，提高一下购买的便利性，肯就完成了说服自己"士力架没那么难吃"的所有工作，解决了内心的不适感，继续一天的工作。营销人员可以利用便利性赋予的力量来改变消费者的想法，这往往比做大量广告要容易得多，也便宜得多。然而，这么多营销人员对便利性视而不见。不要忘了糖果摆放在收银台的原因。（我们最推崇的营销专家之一，伟大的帕科·昂德希尔，在《顾客为什么购买》等书中不断提到，货架位置轻微调整如何导致销售的大幅增加或减少，根本原因在于便利性的提升和下降。例如，收银台附近摆放的糖果实际上是为排在第二或第三位的人准备的，而不是为排在第一位的人准备的，因为他太专注结账而无暇考虑买糖果的问题。）

本杰明·富兰克林效应

我们最喜欢的一本关于认知失调的书是亚当·费里尔与珍妮弗·弗莱明合著的《如何让他买》(*The Advertising Effect*)。费里尔原来是一名临床心理学家,后来转行做了市场营销,他用"本杰明·富兰克林效应"很好地解释了这一现象。据说,富兰克林向政治对手借了一本书,让他的最强对手"缴械投降"。富兰克林读完后,立刻把书还给了政治对手,并附上一封信,称赞这本书的质量以及借书人的鉴赏力。他的政治对手,也许某天晚上在壁炉旁读到这封热情洋溢的赞扬信,肯定会经历一些强烈的认知失调。毕竟,多年来他一直都在影射富兰克林不值得信任、贪污腐败等。在他看来,这两件事是不可调和的:与富兰克林就书的主题进行交流,和他认为富兰克林是一个不配与他竞争的人。结果,他不得不调整对富兰克林的看法,让内心接受借书的行为。后来,这位政治对手再也没有在公开场合说过富兰克林的坏话。

这个故事的启示是什么?很简单:行为必须与情绪保持一致。让不喜欢甚至讨厌你的人改变对自己的态度,进而改变其行为方式,是非常困难的。营销人员每天都在尝试这样做。改变人们的行动则简单得多。本杰明·富兰克林知道,哪怕从早到晚对政治对手大声疾呼,也不会改变他对自己根深蒂固的观念。然而,他可以创造一种局面,把对手逼得像一个盟友。总不能借给富兰克林一本书,然后还认为他是一个可怕的人吧?借书和交换愉快的信件是朋友间做的事,所以肯定……这样一来你们就是朋友了？

无论是富兰克林还是当代的营销人员，这种互动看起来就像下面这个流程图上的右侧一栏所显示的那样。（再次向费里尔致敬，他在营销领域首次明确了这个概念。）

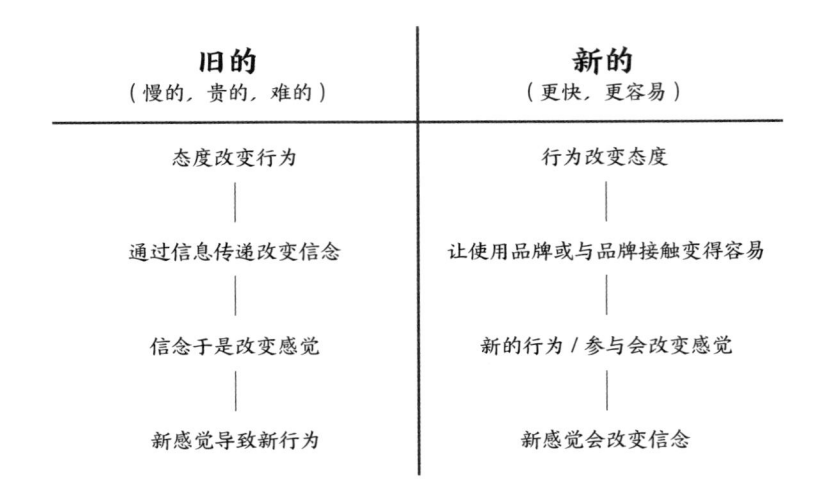

旧的 （慢的，贵的，难的）	**新的** （更快，更容易）
态度改变行为	行为改变态度
通过信息传递改变信念	让使用品牌或与品牌接触变得容易
信念于是改变感觉	新的行为/参与会改变感觉
新感觉导致新行为	新感觉会改变信念

这种方式用来思考营销角色着实令人迷惑又费解，它颠覆了大多数营销人员的所有想法。出于对这一见解起源的好奇，我们最近联系了费里尔。他现在在澳大利亚经营一家名为廷克贝尔（Thinkerbell）的广告公司。费里尔表示，作为一名临床心理学家，他经常与罪犯打交道。然而无论罪犯的行为多么令人发指，他们在事后总是能令人信服地将自己的犯罪行为完全合理化，这让他震惊不已。在那些与罪犯打交道的日子里，有一个想法在他的脑海中逐渐清晰：如果能让人们行动起来，他们就会为自己的行为辩护。这个想法很有力量。品牌越容易使用或参与，消费者就越有可能说服自己喜欢它。

快餐店中的便利性
以及如何将其转化为营收

行为主宰一切，情绪服从行为，而不是行为服从情绪。让我们把这个观念带到市场中。肯经常在早上通勤途中经过一个雪佛龙加油站时给车加油。为什么？因为他一个右转弯就能把车开进去，而且他知道有一个可以方便地开回繁忙街道上的出口。不管美孚或埃克森如何促销，一加仑减几美分还是给他一张优惠卡，与这种简便的交易相比，都不重要。

完善和提高便利性是快餐业实现"冷核聚变"的途径：有可能改变游戏规则的创新才具有消除购物摩擦、增强客户体验和提高销量的巨大力量。看看必胜客的创新举措——"无接触式"路边取餐。必胜客美国首席品牌官戴维·格雷夫斯介绍："推出这种方式是为了应对新冠肺炎疫情（只要开车到店门口，服务员就会出来把比萨放在你的后备箱里）。这样做不仅消除了多重摩擦（进店、排队等），而且在'恐惧'也跑出来增加摩擦时，我们能够让拿到晚餐的过程变得安全且可预测。"必胜客的竞争对手达美乐在澳大利亚开发的"零点击"应用程序一炮打响。只要下载它的应用程序，解决了个人资料设置问题，该应用程序就会在打开时为你订购比萨。不小心点错单也不用担心，还有90秒的时间来取消订单。

我们一直专注于创新自有品牌，比如前面提到的澳大利亚肯德基汽车穿梭餐厅。他们足足设置了5条车道，让顾客全速驶向挚爱的肯德基！他们只须在应用程序上提前下单，然后驶入其中一个收费亭取餐即可，周围弥漫着来自附近厨房的 11 种草药和香料的炸鸡香气。我们会比一级方程式赛车进站、换胎更快地完成你的订单，而且没有烧焦的橡胶味！

肯德基中国营销团队一直走在便利性创新的前沿，着实令人惊叹。其忠诚度计划拥有 2 亿会员，令人难以置信，会员只须点击几下就可以订购喜爱的食物。在 2018 年，肯德基中国借助一个数字创意将便利性提升到一个全新的水平：门店数量从 5800 家一夜之间增加到 58 万家，然后在短短几个月内超过了 200 万家。为了达到这一目标，肯德基中国让每个人都能够在微信上创建自己的肯德基商店。消费者还可以设计自己的数字商店，并在其中销售产品。作为奖励，他们可以获得额外的肯德基折扣和赠品。只需点击几下，消费者就可以订购产品，由于有定位功能，距离最近的店铺负责备货。突然间，每个人的微信都被朋友的肯德基店面填满了，点餐变得简单多了。

便利性：你对颠覆性事件做出快速反应的机会

便利性的奇妙之处在于，消费者行为的增量变化不可逆转，包括下载应用程序、在线订购、在自助服务机上下单等。在新冠肺炎疫情期间，我们有一个有趣的发现，很多曾经阻碍消费者养成新习惯的小摩擦，比如，创建一个账户和选择一个好记的密码，都因必要性而被抚平了。肯的妻子在他还在为塔可钟工作时就拒绝下载该应用程序，但当她发现这款应用可以帮她大量减少与他人的接触，最终也妥协了。现在她每天都在使用这个应用程序，或百胜集团旗下其他品牌类似的应用程序。她不是个例。在新冠肺炎疫情期间，食品配送应用下载量创下新高，新老客户增速往往超过了这些应用程序的配送能力。[10] 这里要强调一个重要的细节：肯的妻子已经度过了"（习惯养成）最困难的时期"，那么她的消费习惯也将发生永久性转变。人类非常受习惯驱动，除非有某种颠覆性事件迫使你学习新的习惯，否则现有习惯会一直存在。那么，新冠肺炎疫情之后还保留了哪些习惯呢？答案很简单：最容易的习惯。你认识的每个人都可能在疫情期间烤面包或将卷心菜和盐捣在一起制作成酸菜，但这些习惯都不是永久性的。其实，我们认为目前在家里做饭的热潮只是一种暂时的、与疫情有关的流行趋势。[11] 所有这些新的消遣方式都会让生活增加摩擦。而任何增加摩擦的东西在成为习惯之前就会消失。想想二战期间盛行一时的腌菜制作和胜利菜园，在欧洲胜利日之后，就迅速消失了。而让生活更轻松的事情将会坚持下去，使用数字化工具订购和送货也将继续下去，而且还会继续增长。

2020年春，麦肯锡中国完成了一项关于食品杂货数字化配送的研究。武汉疫情期间，包括当时中国大部分受疫情影响的地区，许多居民开始在网上订购食品杂货，等待派送。麦肯锡很好奇：人们是否会因为可以重回市场亲自挑选食物而感到欣慰，还是会继续使用新的应用程序配送系统？超过55%的受访者坚定地表示，他们将保留这种购买食品杂货的新系统。只要能让人们接受最初的决定，任何便利性创新都能坚持下去。而新技术的最大障碍就是学习曲线。[12]

格雷格和他的妻子卡洛琳就曾经历过这种情况。他们在当地市场购物多年，新冠肺炎疫情期间才改用电商平台 Shipt。现在他们夫妻二人不去线下购物反而继续使用 Shipt 购物，向便利性投降。这是一个全球性的现象，即使像生鲜杂货配送服务商 Instacart 这类应用程序也在努力适应基本配送服务商这样的新角色，而不只是满足一时兴起的需要。

微妙的平衡

"用便利性应对一切"模式有一点需要注意。在新冠肺炎疫情暴发前不久，对撞机实验室做了一项针对未来消费者服务指南的研究，从中我们得出了一个短语："人性化便利"。这个词象征着便利性和人类渴望与他人交往二者之间的冲突，这种渴望为一次零售邂逅增加了温暖、亲密与联系，但同时又不会增加摩擦。你的任务是在前进的过程中实现便利性，同时确保人际互动平衡。自动化是很诱人的，如果你读过尤瓦尔·赫拉利的书，就会发现自动化趋势似乎不可避免（可能会对人类产生可怕的副作用）。然而，我们对客户体验做过的每一项研究都表明，人类之间会更亲近。这并不是说不能重新安排这些从业者从事更有意义的工作，比如不单单是机械地接单，还要为消费者提供帮助，而是确切地说明，我们可能并不希望为了便利就把客户互动的每个方面都去人性化。将人的元素从每一步互动中移除永远都是错的。

便利性之旅

现在到你学以致用的时候了，评估一下你的品牌相对于竞争对手而言在便利性方面表现如何。这个练习将带你开启一个"便利性之旅"。

你将经历购买自己的产品和竞争对手产品的全过程。其目的是双重的。首先，比较购买自己的产品和竞争对手的产品过程中产生的摩擦。其次，找到两种情况下都存在的摩擦。是否有机会创造一个颠覆性创新，消除摩擦，塑造自我竞争优势？这项练习可以针对在商店或网上销售的产品进行，零售商也可以。你需要寻找实际摩擦点——特别是你还是一个零售商（在下单过程中过多的点击、要做多个选择等等）——和心理摩擦点（在下单过程中产生困惑、恐惧或怀疑，诸如，"这是适合一家四口的冷冻餐吗？""哪个版本更好？超强，超级，还是额外？"）。可以填写以下评分表，用于评估购买过程（见下图）。

◎ 首先，确定想要测试的主要渠道，可以是产品网站、实体商店、销售产品的零售商或聚合网站、便利店、杂货店等等。
◎ 为你的产品和竞争对手的产品测试相同的渠道。例如，如果你决定测试配送，将用竞争对手的配送体验测试你的品牌的配送体验。
◎ 接下来，选择要与之进行竞争比较的品牌。将你的品牌和竞争对手的品牌都写在得分表顶部的方框里。

◎ 现在到了最有趣的部分。作为一个"真正的"消费者，先用你的品牌，再用竞争对手的品牌来体验整个购物过程。

◎ 当你经历消费者决策过程的每一环节时，作为该品牌的消费者的你要记录一下自己经历了多少摩擦或痛苦。

便利性之旅图表

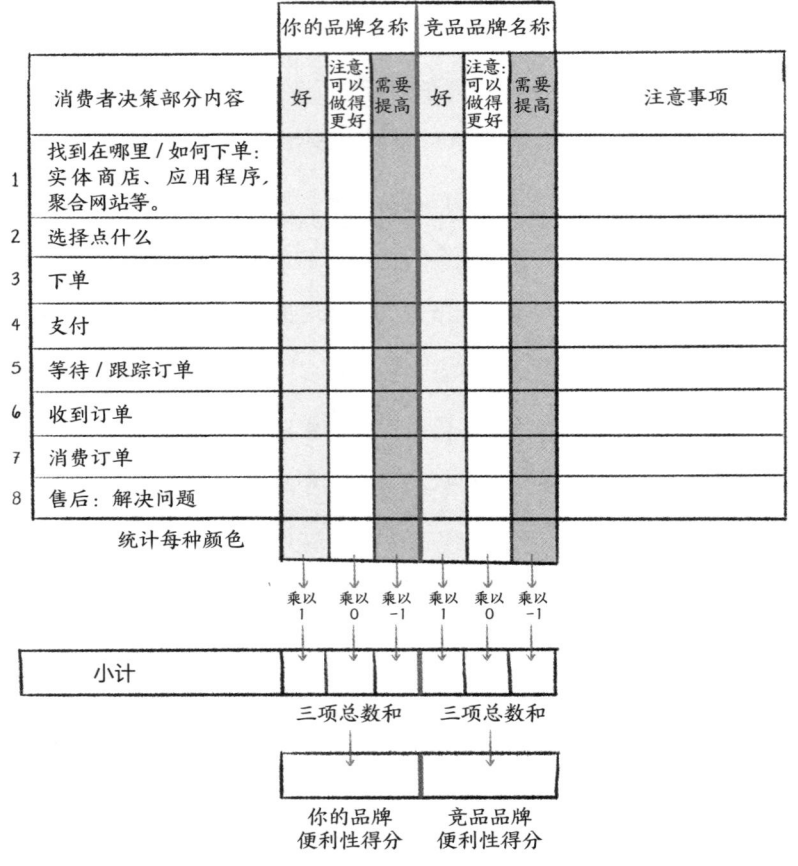

	消费者决策部分内容	你的品牌名称			竞品品牌名称			注意事项
		好	注意：可以做得更好	需要提高	好	注意：可以做得更好	需要提高	
1	找到在哪里/如何下单：实体商店、应用程序、聚合网站等。							
2	选择点什么							
3	下单							
4	支付							
5	等待/跟踪订单							
6	收到订单							
7	消费订单							
8	售后：解决问题							
	统计每种颜色							

乘以 1　乘以 0　乘以 -1　乘以 1　乘以 0　乘以 -1

小计

三项总数和　　三项总数和

你的品牌　　　竞品品牌
便利性得分　　便利性得分

填写评分表，通过打钩（√）来记录，选择下列哪种情况最能代表你的体验：

第一列：没有或几乎没有摩擦。该品牌做得很好。

第二列：有些摩擦。该品牌可以做得更好。

第三列：在一个或多个点上发生严重摩擦，订购过程中出现严重怀疑或者愤怒情绪。该品牌肯定需要在这方面做更多工作。

将减少心理摩擦提升到新水平

在上面的练习中，我们简单介绍了心理摩擦的概念。消费者在购物过程中有时会感到不舒服而停顿，并产生疑虑就是心理摩擦。在听起来相似的选项中产生选择困惑、知道别人站在你后面排队时产生焦虑感等都是心理摩擦。我们联系了罗里·萨瑟兰，想了解他的观点。罗里曾任英国奥美集团的副董事长，也是该公司内部行为科学部门的联合创始人之一。他向我们介绍了优步在减少心理摩擦方面所做的最大创新。

"为什么使用优步比乘坐出租车压力小？竟然不是因为接乘客的速度！现实情况是，如果你四处寻找出租车，往往会比优步更快地找到一辆车。但作为人本身，我们在可预测性中找到了极大的安慰，这正是优步带来的魔力。用优步叫车，不仅知道车子什么时候来到，还可以在地图上看到车子的实时位置。这样一来，由不可预测性带来的不适就消失了。"[11]

这才应该是你在购物过程中寻找的减少心理摩擦的创新举措。从罗里的《创意有魔力》(*Alchemy*)开始阅读是个不错的选择，但我们也建议花一些时间阅读维基百科上的"认知偏见清单"。信不信由你，这个清单可以方便又全面地找到人们的各种怪癖。

颠覆及重构便利性

产品中有大量的创新点等待着被发现。有时，要发现这些问题，需要从侧面入手，在看似较小的元素中寻找机会。20 世纪 80 年代，塔可钟和其他所有的快餐店都在努力削减成本，改善顾客体验。团队考虑了包装、配方和人员配置等方面的情况，以及调整订单的组合方式。然后一个人拿出计算器，算了算，说："我们正在浪费数百万个工时来完成苏打水订单。这是为什么呢？这只是在拖延订单。把机器转过来，让顾客自己点饮料，这样可以节省几百万个工时（随着时间的推移，现在已经变成数十亿个工时了）。"一阵惊愕的沉默。这一分钟顿悟时刻带来颠覆性的转变，彻底改变了全球快餐业品类。几乎每一个国家的消费者都立即喜欢上了这种操作，他们喜欢自己定制混合饮料，回去续杯，自打饮料，还能降低安全卫生隐患。

那么，如何在自己的业务或品类中复制这种顿悟？

第一步很简单：召集整个组织的人员。如果是一个小企业，只有你和你的配偶或者合作伙伴，那很好！如果你是大公司中的一员，那就把一线员工、产品开发人员、派送经理、营销和公关团队成员以及 IT（信息技术）专家都召集起来。如果这些成员能够相互交流、分享见解，那就更好了。（记住对撞机实验室的理论，即最大的创新来自不同小组之间的相互碰撞。）讨论贯穿整个消费者决策之旅，从消费者想知道"晚餐吃什么"到第一时刻完成购买。在白板上，或使用便利贴，记录下每个细小的摩擦瞬间。可能是一些简单的事情，比如很难核实一大笔订单里每样东西是不是都在袋子里，或者点的餐在开车回家的路上从座位上掉下来，车里会有一股难闻的气味。还可以考虑帮助忙碌的父母计算出一份定制餐的完整营养成分。一旦确定了摩擦来源，就可以针对竞争对手尝试同样的练习，并将你的产品表现与竞争对手加以比较。

随后想出不同的办法来跳过这些步骤。

每一刻出现的摩擦都蕴藏着机会。回顾一下苏打水的例子。回过头来看，真是惊人又简单，它创新性地解决了点餐过程中的烦恼。有意思的是，在柜台后面售卖苏打水的传统方法并没有什么问题。顾客接受了这一现实，员工也习惯了这样做，除了在点饮料时多花了几秒钟，其他都不是问题。便利性就是在"运转正常"的事情中挖掘机会。和一线员工谈话显得尤为重要。另一个启示是：便利性创新举措往往是互利的，既能为销售产品的人简化操作，也能为购买产品的人改进产品。在消费者购买决策中，是否可以将员工的部分责任以一种互利互惠的方式转移给消费者，让他们感觉到服务有所提升？想一想信用卡的使用，经历了从最初把卡交给柜员，发展到不与任何员工接触的情况下完成整个刷卡和签名的发展历程。

这是一项不错的投资吗？

假设你发现了一个提高产品便利性的机会，下一步就是：是否对此做出回应。有一个非常简单的方法来回答这个问题：如果产品品类出现了颠覆性革命，产品便利性从根本上得到增强，就应该立即投入资金（参见百视达和网飞的例子）。像美国外卖平台 PostMates、丹麦外卖网站 Just Eat 和德国 FoodPanda 这样的聚合网站在餐饮业是有争议的，但是套用这个公式发现，美食聚合平台正在让订餐变得更容易，说明聚合订购和配送理念是一种创新，如果能有合理的盈利，大有可能在现代世界中占有一席之地。如果观察下来发现，人们更关注精心策划的菜单、复杂的个性化点餐，以及定制化展示，那就不要想在这上面赚钱。总之，要让投资变得更有价值。

关于便利性提问

◎ 消费者在购买产品时遇到了什么摩擦？
◎ 如何预测和减少摩擦？订阅模式或者预测订购是否可行？
◎ 你能简化定价和费用以消除对成本的焦虑或困惑吗？
◎ 你能识别出让消费者终止购买决定的特定阻力吗？如何用足够吸引人的内容来填补这一空白，以继续购买过程？
◎ 能和其他品类结盟"搭个便车"吗？例如，塔可钟与来福车（Lyft）合作，推出了深夜路上零食服务。
◎ 如果消费者是在公共场所而不是在家里或工作场所，你还能直接送货给他们吗？

◎ 你能创建一个默认选项来加快下单过程吗？

◎ 你能根据用户的喜好为他们预先选择产品吗？例如，阿联酋航空与音乐服务平台 Spotify（声田）合作，根据乘客的播放列表为他们选择完美的旅行目的地。

◎ 你能让消费者在零承诺的情况下体验你销售的产品吗？例如，可以模拟家中家具的应用程序，或与芮谜（Rimmel）和其他品牌合作的化妆品，"先试后买"。

◎ 你能否为产品创建特定的销售媒体，比如通用汽车仪表盘内置的电子商务市场？

◎ 你能减少消费者的等待时间吗？

结论

最后一个例子说明了便利性的力量。脸书旗下即时通信软件 WhatsApp 在 2020 年注意到了一些问题：有人使用该应用的"消息转发"功能将阴谋视频发送至整个联系人列表。这些消息多是围绕妖魔化有关新冠肺炎疫情的人和实体，犹如病毒式传播。WhatsApp 意识到他们面临着一个问题——如果他们确定要进行消息审查，将面临另一个不同的问题（脸书选择了审查，决定将类似内容标记为阴谋或未经证实的新闻）。WhatsApp 没有审查转发的信息，而是调整了设置，任何被归类为"高度转发"的链接只能转发给个人用户，无法转发给群组。在消息转发中设置障碍，能够减缓阴谋内容的传播，让真相有机会赶超谎言。公民愿意接受多大程度的控制还有待观察，但教训很清楚：如果加大分享难度，分享就会更少。

因此，摩擦可以双向使用。减少摩擦，加快进度；增大摩擦，减缓速度。在新冠肺炎疫情暴发期间，亚马逊采取了与WhatsApp非常类似的方法。太多居家隔离者订购了从厕所高尔夫到培根牙线一类的东西（没错，产品本身和它们的名字一样），亚马逊不得不放慢速度，优先考虑运送更重要的物品，如温度计和生物危险品处理袋。亚马逊真的就此放慢了运输速度，为"重要的"厕所高尔夫订单增加了几周的交货时间，甚至取消了一些降低消费摩擦的积极销售策略，如"订购此商品的客户还订购了以下商品"。即使没有经历这场疫情，通过创新影响消费行为的时机也已经成熟。

第九章
增长潜力来自轻度用户

我知道,人们会忘记你说的话、忘记你做的事,但永远不会忘记你给他们带来的感受。

——玛雅·安吉洛

  本章讲述的是我们所说的"容易受关注"(见下图)这一特点。容易受关注主要是指媒体的功效:广播、电视、网络、户外和印刷广告的组合是否能提高品牌知名度;创意是否有突破性,是否令人难忘;最要紧的是产品是否会成为消费者下次购买时心目中的首选。在本章中,我们将讨论如何使你的产品在消费者心里扎根。

  为什么这一点很重要?假设你是做服装的,具体地说,假设你主打的是跑步运动服,普通顾客每年只会购买你的产品一到两次,那么,如何确保顾客在市场上购买跑步短裤时,会想到你的产品?社交媒体销售代表会告诉你,需要针对那些在某个时刻正在买短裤的人投放高度细分的广告。他们会承诺,把你的品牌信息传递给一个非常细分

R. E. D.

容易受关注
1. 利用大众媒体与所有品类的用户建立联系。
2. 突破引起情感反应的创造性思维……

TikTok
世界上最大的数字平台之一,正在电视上做广告

……因为
1. 随着时间的推移,广告会在许多人的心目中构建起记忆结构,当需要时,记忆结构就会被激活。
2. 引起情绪反应的信息能更好地被记住。

的群体,比如40多岁、对时尚有独到眼光、目前需要短裤的女性跑步者。

很不幸,这种高度针对性的细分营销策略通常都是无稽之谈。在一家市场咨询公司的帮助下,我们对世界各地的多家公司进行了深入分析。[1] 这类咨询公司会收集你所有的销售数据,通过一些相当先进的模型,仔细地将你的销售数据与你的媒体支出进行匹配。分析一个

又一个国家之后，我们发现了同样的情况：平均而言，我们使用影响广泛的媒体产生的 CPM（千次曝光价格）大约为 5 美元（5 美元等于每千人成本，一般来说就是，向 1000 人发送一条信息是 5 美元），而使用高度定向媒体通常需要花费 25 美元才能触达一个所谓更精细的千人群体。在加拿大一个案例中，CPM 高达 118 美元！问题很明显：使用定向营销策略，我们平均要支付 5 倍的费用，但媒体的效果只有两倍左右。我们不敢说自己是数学天才（肯的数学几乎和格雷格的拼写一样糟糕），但也清楚这笔买卖的确不那么划算。要花 5 倍的钱去触达人群，那么这个广告就必须至少有 5 倍的效果才有意义。

在我们对定向营销进行的每一次全球分析中，我们没有发现过一个合理的投资回报率。很明显，当我们进行精准定位时，给媒体投资施加压力就很荒谬。我们不可能从额外销售中获得足够的收入来弥补 500% 的媒体成本。先别急着说 25 美元高得离谱，你可以用更便宜的细分广告方案，计算一下实际成本再下结论。考虑到必须使用的营销技术、广告技术的价格，以及创造这些复杂广告所花费的额外工时，你很快就会发现 25 美元的费用还被低估了。

高度定向的媒体推销几乎从来得不到回报，主要是因为它的成本太高。那么广告和营销界为什么还对这种方法情有独钟呢？有两个原因。

◎ 错失恐惧症（FOMO）。看到竞争对手和营销同行都在这样做，所以认为这一定是正确的，如果我不这样做，我的老板会怎么说？说我很守旧，还是不了解营销新世界？

◎ 营销领域已经深陷短期销售和广告刺激带来的快感，我们称之为诱惑。如果你太努力、太一心一意地追逐这个目标，从长远来看，品牌就会被拖垮。

我来解释一下。

广告通过增强受众对广告信息的记忆，在人们的头脑中搭建记忆结构，这样一来，需要某种产品或服务时，过去感知过的广告形象或者信息就会再现，相应的记忆结构就会被激活，人们就会在想起竞争对手之前想到你的产品或服务。你应该针对所有品类的受众群开展风格一致的活动，创建并长期巩固这些记忆结构。这样，广告风格越是令人难忘、协调一致，记忆结构发挥的作用就越大。你的品牌在越多人的头脑中建立了记忆结构，你产品的销售量就越大。

然而，高度定向的媒体承诺的完全是另一回事。它们秉承的宣传理念是：与其在很多人的头脑中建立记忆结构，不如在正确的时间向正确的人提供正确的信息，受众自然就会购买你的产品。业界绝对喜欢这种海市蜃楼式的想法！首先，兜售高成本媒体覆盖率的人赚了一大笔钱，之后那些出售极其昂贵的分析工具来创建高度细化目标的公司也会大赚一笔。品牌首席财务官终于知道在媒体上花的钱到底做了什么，可以在晚上睡个好觉了。至少短期内，CMO 也会因为自己是个"现代营销人"而觉得是个赢家。但是，几个月后销售开始下滑时，整个"纸牌屋"就崩塌了。为什么？你基本上停止了品牌塑造，停止了在消费者头脑中强化记忆结构，而是把关注点放在了短期内激活越来越少的消费者身上。再这么下去你就要卷铺盖走人了！

为什么通过高度定向媒体投放广告对长期销售额增长这么危险？肯德基澳大利亚出色的媒体营销总监安吉拉·理查兹说：

> 高度定向的媒体承诺的核心是零浪费，或者至少是更少浪费。换句话说，定向媒体投放承诺只触达对你的产品感兴趣的人，而不会触及其他任何人。（也就是说，媒体资金不会被"浪费"在其他目前对你的产品不感兴趣的人身上。）请记住，即便广告信息触达了这些人，这种损耗也不是真的浪费！

安吉拉这段话的意思又回到了上一段：长期销售和真正的品牌增长来自在许多人的头脑中建立的记忆结构。精准定位只关注那些在那一刻市场上可能出现的少数人。因此，高度精准目标投放所认为的浪费（消费者现在不在市场上）根本就不是浪费！他们三个月内将会购买你的产品。（或者说，在你决定不再给他们发大众广告信息，而把所有的钱都投入脸书的定向广告之前，他们已经这样做了。）所以在你进行营销组合归因分析时必须小心，效率太高不见得是件好事。

现在假设出于某种原因，你愿意出 5 倍的价格做定向传播。所有内容均使用精准传播方式，这样仍然行不通吗？行不通！还记得在第五章中我们谈到了道格拉斯·霍尔特有关"成功品牌有其独特核心价值"这一观点吗？耐克已经不仅仅是一家普通鞋类公司，它还代表着迈克尔·乔丹、代表着"Just Do It"（想做就做）的精神。耐克属于酷爱运动的人群，象征着打破常规、思想前卫的运动员。正是这种特殊意义造就了耐克，使之成为一个极具价值的品牌。这种意义产生于文化中、社交媒体中、宽敞又嘈杂的公众场合中，当然，也产生于广泛传播的广告中，触达文化社会和广大公众。它可不是吉姆在Instagram上发布信息说"这双鞋很舒服，适合他10号半的平足穿"那么简单。

什么才是有效的？

如果定向精准营销不是增加销售的黄金券，那么什么才是呢？我们在世界各地所做的几乎每一次分析中，咨询公司都得出了同样的结论：抛弃那些目标狭窄的25美元CPM，这样的投资回报率没有任何意义，转而投资成本更低、覆盖更广泛的媒体，方能驱动品牌的长期增长。即使意味着"浪费"，我们也相信，低成本媒体的目标是所有（或几乎所有）消费者。

肯德基澳大利亚是一个非常成功的品牌，格雷格和凯瑟琳都曾经亲自经营过。当地团队大都将成功归功于他们的媒体策略。安吉拉强调：

> 多年来，我们有意识地改变了媒体和传播规划。我们真正将媒体视为一种品牌投资，目标是未来两年内可能会成为我们

消费者的人。为了创造共同的文化意义和心智的显著性，我们需要没有直接购买机会的受众了解我们，这样，当他们想享受美味的炸鸡时，我们才会是他们想到的第一个品牌，也是他们看到的最后一个品牌。

那么，高度针对性的媒体是否有作用？就这一话题，我们联系了我们最喜欢的一位作家、曾在世界几家大型媒体机构担任战略主管的香恩·比格利恩。香恩承认，高度针对性的媒体确实有用，但他警告说，进入这个领域必须睁大眼睛看问题，带着试验和学习的愿望，树立明确的目标。

一般来说，个性化并不是品牌的必然选择，特别是当购买是偶然的且参与度较低时，这也是大多数消费者品牌面临的现实。如果购买行为更有计划性，决策过程更复杂，那么个性化就能在一定程度上发挥作用。同样，获取成本很高的品类可能更容易证明消费者所付出的成本是合理的。以汽车为例，只要解决客户正在研究的几个理性因素就可以把他们搞定。那么这也意味着CPM越高就越有意义。关键是要密切关注个性化的实际成本：技术、创造性工作、为实现这一目标所花费的时间等。要经常问自己："这事值得做吗？"如果不值得，那就不要做。

现在，营销人员又抛出了下一个观点："我们不会以那些牵着金

第九章　增长潜力来自轻度用户 | 183

毛犬的 38 岁郊区妈妈为目标群体，那样 CPM 要花 45 美元。但是我的调研结果告诉我，20% 的消费者承包了 80% 的销售！把媒体资源集中在这些重量级用户身上不也是理所应当的吗？"拜伦·夏普质疑了按照 80/20 法则（众所周知的帕累托法则）行事的有效性和概念。如果你的营销策略建立在这一理念上，那么瞄准脸书上的忠实用户便是明智之举。如果其他 80% 的人每年只购买产品一到两次，为什么还要担心他们呢？相反，应该把所有的精力都放在那 20% 的人身上，正是他们为你带来了大部分的销售额。这与上面的定向目标论相似：瞄准一个更小的细分市场，据说会带来更大的利润。

虽然看起来合乎逻辑，但这种想法往往是个陷阱，会把品牌推向困境。利用夏普的计算方法很容易看出，如果测量准确，轻量级用户对品牌增长至关重要，往往占销售额的 50%。但还有另一个更微妙的原因，即只瞄准重量级用户从长远看会导致品牌衰败。

最近，我们与一个健康保健领域知名品牌合作。多年来，该品牌一直靠把大部分产品卖给一小部分用户维持生计。我们称这些买家为"极端用户"。品牌多年来一直发展得很好。随着健康保健业的不断发展，整个品类逐渐脱离了"健身狂"式的硬核锻炼模式，转向了"Goop-y[①]，植物药，蔬菜汁"的健康生活方式。这个健康品牌一下子感觉进退两难，几十年来，他们一直在为极端用户量身定制产品、传递信息（也可以称为文化相关性），忽视了其他潜在客户群

---

① Goop（顾普）是一家美国清洁产品公司，定期向社会提供有关新时代的建议，比如自律、消除白色食品等。——编者注

体，忽视了该品类中所有新兴的文化代码。蓬勃发展的健康社区本想从他们的商店里购买大量产品，但品牌却无意中在社区中变得不友好、不受欢迎。这个品牌掉进了我们所说的"帕累托陷阱"，并揭示了只追求重量级用户的危险副作用。总有一天，趋势会改变，极端用户会淘汰，取而代之的是那些对你的产品组合、营销、信息或品牌传播反感的人。（我们认为，这也是林肯和凯迪拉克等传统汽车品牌一直在困境中挣扎的原因。）

最重要的还是上面提到的：依赖20%的潜在客户，而忽视80%（或50/50，取决于你相信的帕累托法则的数字）的人群，说明你主动避开了只会花一小部分时间（相比重量级买家）购买你的产品的轻量级买家。不过，这些轻量级买家今天已经成为你业务中一个非常重要的部分，并且可能在明天变得更加重要，因为他们中的一些人将变成重量级用户。用户每年都在变化，尽管大多数营销人员认为他们的购买行为始终保持一致。

适度购买法则（the Law of Buyer Moderation）解释说，重量级用户往往会变成轻量级用户，而轻量级用户往往会变成重量级用户。[2]为什么？因为生活总在改变。前一年你还是单身，玩得很开心，经常坐飞机、租车、喝龙舌兰酒、周游世界；下一年你有了孩子，一整年都没坐过飞机。并不是我们幸灾乐祸。与其依赖极端用户，不如瞄准所有的潜在用户，加深品牌认知。一旦搞清楚了这个概念，花5倍于正常价格的资金，通过精准营销瞄准可能的买家就不那么合理了。相反，你需要以低成本的方式将难忘、独特的品牌信息传达给买家，让这些潜在客户建立起一套与你的产品有关的记忆结构，需要时就可以触发用户消费行为。也就是说，你要支付尽可能低的成本，触达你的产品品类中尽可能多的用户。

然而"敌人"并不是社交媒体。付费社交媒体的CPM可能比电视广告还低，这取决于你所在的国家。潜在的敌人是那些不断向你推荐超定向营销的人。这些人大多会推荐数字媒体或那些很酷的广告技术与市场技术小工具，还会过度承诺回报。但随着时间的推移，特别是从长远来看，事实证明大众媒体拥有更高的投资回报率，这也是电视广告在大多数情况下仍然占据主导地位的原因之一。美国证券交易所（AMEX）的高级营销副总裁在2016年向《广告时代》解释说，电视对营销仍然至关重要，一天的广告带来的销量相当于两周的数字营销。[3] 更有说服力的是，2020年世界上最热门的数字工具TikTok，目前正在播放的62秒广告是在……你猜对了，电视上。

那么，问题来了，什么时候以及如何使用一对一营销才是合适的？我们认为广告和媒体至少有两个主要作用：一个是在很多人心里建立记忆结构；另一个是转换，或立刻触发消费行为。对一小部分消费者来说，一对一营销很好地解决了后一种作用，而且你可以只投入一小部分预算来做这件事。塔可钟的媒体总监萨莎·沃尔夫以一个有潜力的洗碗机销售为例解释说：

如果你的产品做得很好，但有人真正需要洗碗机时，你的产品却不在他的记忆结构中，你很可能会因此错过销售机会，因为规格和其他功能信息在那时可能很重要。如果你只关注转换，你也会错过。但是如果二者兼而有之，并保持适当的平衡，你可能会解锁一些有趣的东西。

什么是适当的平衡？这取决于你的产品品类和其他媒体所发挥的作用。但我们坚信，几乎所有情况下，绝大多数媒体都能够让所有类别的买家建立这些记忆结构。如果你拒绝细分市场的海市蜃楼，以大众媒体为中心，就会有更好的机会确保品牌信息触达潜在客户。

这仅仅是等式的一半。让他看到电视广告或网上宣传还不够，你需要在他头脑中留下深刻的印象，让他记住你的品牌，当他的跑鞋磨破了，或者洗碗机最后一次颤抖着罢工时，他最先想到的就是你的品牌。

让人印象深刻

我们在本书中反复提到了显著性。"显著性"这个词的词根是拉丁语动词 *salire*，意思是"飞跃，跳跃，跳舞"，一个突出的想法、记忆或图像会实实在在地跳到你的脑海中，似乎是自发的，不知从何而来。事实并不是这样。我们将在接下来的篇幅中探讨大脑为什么以及怎样单独记住一些东西。在本章中需要考虑的是，一个想法或一个图像很容易出现在脑海中时，大脑就会提高这个想法或图像在你脑海中的重要程度。因为这段记忆很容易获得（或突出），你就认为它很重要。同理，你的洗碗机坏了，此时，一个慈祥的美泰克（家电品牌）人物形象跳入你的脑海，你相信自己已经在相关产品上做了很多功课。现在你把这个牌子的洗碗机放在了所有其他品牌的洗碗机之前。[4]

情感反应是营销法宝

一旦你理解了显著性，接下来就会想到，"我如何打造一个突出的广告活动？"这个问题的答案在于记忆是什么，以及人们为什么更容易记住某些时刻。通读全书时请记住一点：R.E.D. 系统对情感的看法与大多数营销策略不同。我们不关心建立情感联系，我们只关心创造情感反应。

我们对记忆如何运作的理解仍在不断发展。[5]人们普遍认为，体验恐惧和焦虑等痛苦情绪的能力给我们带来了进化上的优势，提醒我们注意危险，迫使我们比其他情况下更加谨慎。温暖的情绪，比如爱和喜悦，让我们彼此联系在一起，增强社会结构，使我们在一个危险的世界中保持安全。一项研究表明，即使是心碎也是一种进化优势，教我们在面对感情创伤时保持韧性和毅力。[6]在 R.E.D. 框架下，哪些情绪影响我们不重要，重要的是我们正在受到它的影响。

不管何种原因、方法，生活都是由我们的情绪和我们对外部事件的情绪反应塑造的。因为精神上更容易接受，也更容易回忆与情绪反应相联系的记忆,这些情绪也会随之影响我们对生活的记忆。

回想一段你深感恐惧的记忆。比如,有几分钟内找不到孩子了,这几分钟可真是太痛苦了。你可能会回想起周围的环境、夏日的声音和气味,还可能会重温心跳加快、手心出汗和大脑高度警觉的身体感觉。心理学家称这种现象为闪光记忆:我们清楚地记得自己在做什么、吃什么,或穿什么,这些细节通常与情感上的重大(通常是令人震惊或惊讶的)事件有关。我猜你第一次听到2001年9月11日飞机撞击世贸大厦的消息时,很清楚自己在哪儿;但你还记得2001年9月10日上午你在做什么吗?[7]可能记不得了。

有些记忆可能是永久的,比如孩子出生、对新冠病毒的恐惧、父母去世、赢得世界杯,或欣然接受求婚。而其他所有时刻,比如漫长的通勤、晚上的剩饭、和伴侣愚蠢的争吵,都会随着岁月的流逝而消失。只有那些与明确的情绪反应(不是一般的快乐或悲伤)有关的时刻才会持久。营销人员可以利用这种心理,在客户的脑海中创造一个持久的记忆。如果能将你的广告与情感反应联系起来,那么广告认知度就会提高。可能是她的凯膳怡厨房料理机老化了,发出的第一声不祥的响声提示了她,她很容易就想起了你的广告内容。她记得,自己突然间被广告语逗笑了,或因为一个凄美的故事感到一丝悲伤,还有可能对她认为品位低下的笑话感到厌恶,也有可能广告片主角让她想起了前夫从而引起了她的愤怒。这些都不重要,重要的是,她记得你的品牌,而且就在她的洗碗机再也无法工作的时候,她正在搜索栏中输入你的品牌名称。

如何触发情感反应

"容易受关注"就是要知道人类非常懒惰，人们往往会购买最方便获得、头脑中印象最深刻的产品。

现在你已经制订了正确的媒体计划，并希望通过创意引发情感反应，我们接着谈谈下一个最棘手的问题：如何令你的产品与众不同。独特性是构成显著性的第二个要素，它非常重要，所以我们把它分成了一个单独的字母（D）和一系列的章节。一些现代营销理论家将便利性分成两个概念，即心智的显著性和购买的便利性，然后到此为止。但我们发现这样做有问题。这样一来，营销人员往往会低估独特性的重要性。他们会认为，只要借着一个伟大的媒体计划，创造一个引起情感反应的突破性信息，他们就已经是在尽其所能创造有效信息了。这就是那种在世界各地的广告节上获胜的内容：一个个精彩、古怪又热闹的电视广告片。但是这大多意味着商业上的失败，因为它们忽略了最重要的部分：独特性。

我们将独特性定义为独一无二的、可拥有的，最重要的是，对独特品牌资产的可持续使用。没有这一点，所有聪明的媒体和突破性的创意都不会有用。人们看到你的广告会笑，但他们不会记得是谁做的广告。事实上，全球大多数广告都被错误地归因。这就是没有特色造成的影响，也是我们把 D 单独作为一个分支的原因。它非常重要。

第三篇

R.E.D.系统的
独特性

独特性更容易抢占用户心智,形成忠诚度,让品牌拥有持久生命力。

第十章
独特性比差异化更重要

曾几何时，产品只出现在货架上。消费者选择很少，往往只能在几种麦片或其他商品之间的很小范围内挑选。有些品类虽然增加了额外功能，但并没有被广泛宣传。从19世纪到20世纪40年代，谷物、主食和其他易腐物品经常被装在印花棉袋里卖给农妇，农妇可以重新将这些棉袋当作衣服或被子布料使用。产品制造商和营销人员终于意识到，他们可以通过宣传自己的品牌优势以实现产品的差异化，从而鼓励消费者购买他们的麦片或其他商品。这听起来挺有道理，但很多人都知道——可能你也知道——消费者购买行为是非理性的。

拜伦·夏普应该是挑战差异化营销战略最著名的营销大师了。他认为，品牌在追求差异化时，忽略了消费者更容易被独特性而不是差异化所左右这一事实。你可能已经意识到，我们非常喜欢拜伦·夏普。夏普的观点已经开始奏效，营销人员也越来越接受这样一种观点：想通过理性推销产品特性吸引消费者并不能带来销量。本书中，我们发展了夏普的观点，加入了对撞机实验室的逻辑，让这一观点变得更实用。营销人员一边努力提高品牌认知度，使其在市场上脱颖而出，一边却仍然把精力花在解决错误的问题上。他们犯的错误在于过分关注"做什么"，而不是"怎么做"。

◎ 你要传达的信息是什么，你做的产品案例，是情感营销、文化营销，还是理性营销？

◎ 产品独特性如何？分享信息的方式会让品牌脱颖而出吗？

在接下来的章节中，我们将分解独特性包含的元素：独一无二、可拥有和一致性。首先看看那些通过塑造独特性获得成功的品牌经验。反过来看，为什么有一些营销人员仍然依靠提炼问题、焦点小组讨论和调整信息，却忽略了真正重要的元素，即如何表达它。在过去60年的营销生涯中，我们与数十个著名品牌合作过，它们的营销人员大多无休止地纠结于信息的精确传递，然后把传递信息的责任丢给广告代理机构，自己则天天掰着手指头盼着好结果。

前面提到过，我们与波特兰的广告公司W+K密切合作。该公司久负盛名，在业界打造了一些相当出色的广告，比如欧仕派、肯德基、耐克和百威淡啤Dilly Dilly，这样的例子不胜枚举。它还分别在2018年、2019年和2020年被评为《广告时代》年度最佳创意代理公司。其中的一个重要原因是W+K坚持强调独特性。该公司出色的战略总监之一布里顿·泰勒在解读公司成功原因时说道：

说到做广告，我们可以从几个不同方面入手。消费者洞察也行，类别洞察也行，但 W+K 的特别之处在于，它几乎总是从品牌入手：这个品牌的真相是什么？它有什么特别之处？它的最佳时期是什么时候？我们接到一项新业务时，通常会在做其他准备之前深入研究资料，寻找品牌的真相和魔法。一旦找到了，就要弄清楚如何采用一种全新有趣、具有挑衅性的方式把它带进生活。这是我们与众不同的秘诀。

坦率地说，这其实只是广告中的一个基本手段，我们很难想象，竟然很少有广告公司能做到这一点。你都不知道，我们的客户提出"一个全新的、令人兴奋的品牌发展方向"时，我们双方已经举行了多少次会议，而这个方向与品牌最初的成功毫无关系。澳大利亚肯德基的 CMO 克里斯蒂·伍里奇说："一致性虽然很难做到——我们比消费者更容易对自己感到厌倦——但从长远来看，这样做是值得的。"不过，只有一小部分广告专业人士明白这么做的重要性。看到一个新 CMO 从一个品牌起步，又立即抛弃了品牌独特性，会让人感觉格外沮丧。促使 CMO 做出这种决定的往往是他们自私、短视的心态，从长远来看，这样做对品牌没有什么好处。

本书开头我们谈到了想在对撞机实验室做一些不同的事情。我们的一个新理念是，与众不同胜过平淡无奇。如果你花了几周或几个月的时间，想要提炼出完美的信息，试着发现所能想到的最深刻、最晦涩的消费洞察，你永远都不会与众不同。我们经常看到一些品牌花了几个月的时间完善信息，之后把信息交给代理机构，然后它们会收到各种选择方案，但一圈下来，它们的作品已经变得平淡无奇，毫无价值。

又回到了我们之前讲过的"Y"（参见第二章）。如果你认为消费者是理性的，那么花几个月的时间完善信息是有意义的；如果你认为消费者是非理性的，且受到一系列偏见和启发（潜意识的思维捷径，比如"什么品牌让我印象深刻"）的影响，那么那几个月的摸索就是浪费精力。在几乎所有情况下，为独特性付出更多的精力和努力都是值得的。

一种方法是专注于营造品牌调性，让品牌保持独特、引人注目。看看行李箱品牌 Away Bags。它在本质上与竞争对手（如新秀丽）一样，创造了一个极其独特的品牌调性：迷人、年轻、时尚、全球化。但请记住，他们在描述自己产品的功能时，兜售的优势与传统的行李箱品牌基本相同。Away Bags 不太在意宣传产品的工作原理，而是探索相对独特的全球旅行者生活方式，这令品牌凸显出与众不同的气质。

塔可钟确立了一个非常明确的品牌调性：叛逆者、探索者和娱乐家。墨西哥风味的快餐本身就很独特，这一点也有所帮助。迪士尼这个品牌，犹如神奇王国，比之销售的任何一个产品都重要。只需向消费者提及迪士尼，他们就会通过记忆结构想起迪士尼是什么，它能提供什么样的体验，以及他们是否想去那里。

独特性至关重要。80% 的营销人员花了大部分时间追求品牌差异化信息，诸如为什么你会选择一个传统行李箱品牌而不是 Away Bags，选择另一个主题公园而没去迪士尼。其实他们更应该学习这两个品牌的成功经验：创造独特的品牌认知，让消费者立刻记住产品。回到 Y：这是认知和回应 Y 的另一个好机会，它让消费者产生情感触动，让品牌脱颖而出。

R.E.D. 系统由众多元素组成，单靠独特性是不够的。独特性发挥作用还必须靠相关性和便利性辅助。几年前，格雷格在塔可钟推出了一个"火山玉米卷饼"新品促销活动，取得了巨大的成功。他们决定推广彩色食品的想法，推出了黑杰克玉米卷，用胡椒杰克奶酪来增加辛辣味。他们以迷人的黑白调色板为背景，拍摄了一个精致而又复杂的广告进行促销。黑杰克玉米卷饼卖得很好，而整个塔可钟却没有增量。这意味着促销成功地吸引了现有的塔可钟消费者，但没有打动更多消费者的心，也没有提高现有消费者的购买量和购买频率。

黑杰克玉米卷非常独特，却没有文化相关性。一般的塔可钟用户很乐意尝试新品，但新品并没有把用户和任何特定群体联系在一起。这款新品不那么讨喜，社会相关性低，而且还需要额外动用人力去拼装售卖，我们的特许经销商都很不喜欢它。然而，这仍然是一次宝贵的学习经验。塔可钟每年会做十次左右的促销活动，每次促销活动完成，他们都会认真地复盘，以便了解哪些成功、哪些失败。这种做法得到了回报，使我们能够理解黑杰克玉米卷没有引发市场增量的原因：非常独特，但又无关紧要。最后，我们采用了玉米卷外壳"彩色""调味"的核心理念，将之与多力多滋融合，制作了塔可钟多力

第十章 独特性比差异化更重要 | 197

多滋玉米卷饼，结果大受欢迎。（要是你不知道该优先考虑 R、D 还是 E，我们会在最后一章列出一个简单的策略帮你解决这个问题。）

所以，保证品牌独特性的同时也要确保其相关性，要不断增加而不是减少便利性。

第十一章
建立消费者的记忆结构

本书中，我们探讨了 R.E.D. 系统的几个不同要素：相关性是指确保产品与消费者的需求和生活相关，并与最能代表消费者的群体保持一致。便利性是指确保产品既容易辨识又方便使用，在消费者心目中占有一席之地。最后一个元素是独特性（见下图）。独特性是指要确保产品脱颖而出，不会被误认为是同类产品中的其他竞品，同时在视觉和情感上保持一致。

独特性的三个要素是：

◎ 独一无二（尤其是在你的产品品类中）；

◎ 可拥有（可以事实上长期拥有）；

◎ 一致性（视觉上和情感上，跨越接触点和时间）。

这些元素叠加在一起，造就出一个突出、好记、与情感反应一致的独特形象。独特资产有助于品牌在消费者心目中建立记忆结构，这

R. E. D.

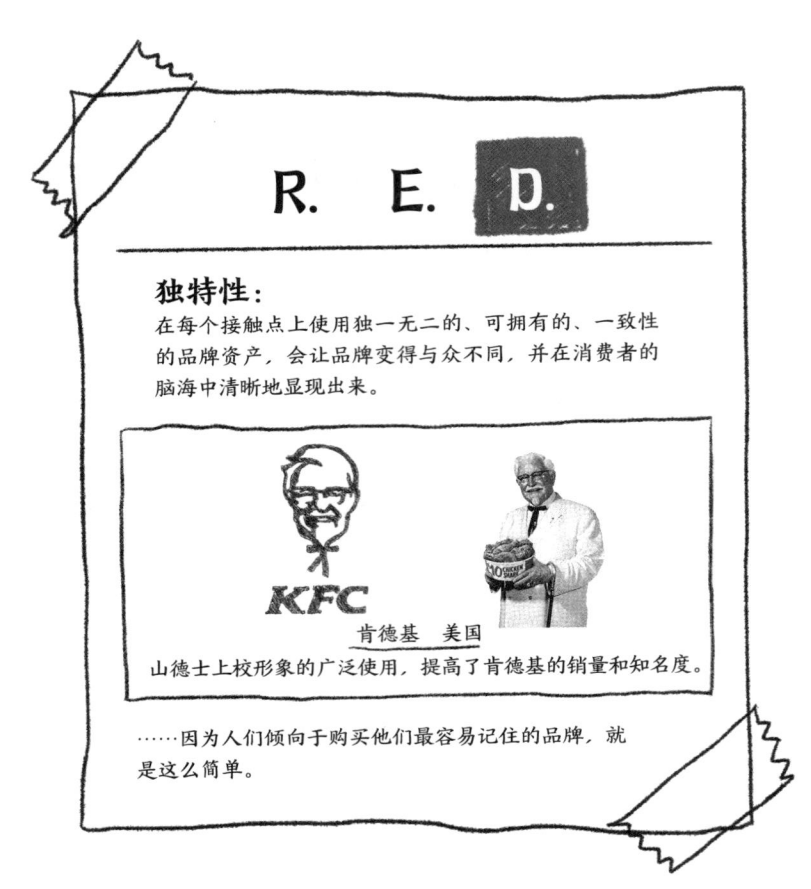

独特性：
在每个接触点上使用独一无二的、可拥有的、一致性的品牌资产，会让品牌变得与众不同，并在消费者的脑海中清晰地显现出来。

肯德基　美国

山德士上校形象的广泛使用，提高了肯德基的销量和知名度。

……因为人们倾向于购买他们最容易记住的品牌，就是这么简单。

一点是成功营销的关键，却一直被营销人员低估。

　　营销中的记忆结构是指消费者对一个品牌的长期认知和熟悉程度，这种认知和熟悉要经过几年甚至几十年的积累才能形成。它是由特定的独特资产触发的，可以是一个产品的外观，比如一个复古可乐瓶，一个芭比娃娃，从迷你库珀到保时捷的任何一辆汽车的轮廓；也可以是一首广告歌词，一句口号，一个始终不变的角色，不管演员阵容有没有发生变化；还可以是一种声音（打开斯纳普饮料瓶时，发出

"砰"的一声），甚至是对产品的感觉。例如，想象一下你手里拿着的法奇那橙味汽水玻璃瓶，能够感受到诱人又粗糙的"果皮"纹理（瓶子独特的形状本身就与众不同）。[1]

学者们投入大量资金来研究所谓的感官营销。他们讨论是否应该用"吵闹"的包装，包装像薯片这样"吵闹"的产品；判断是否有可能只需要简单地听一下拉下拉环时逸出气体的嘶嘶声，就能区分可口可乐和百事可乐，调查冰冷的啤酒是否比冰镇啤酒更有吸引力。然而，采用 R.E.D. 方法要简单得多：唯一的衡量指标就是品牌资产是否独一无二、可拥有和具有一致性。也就是说，这些元素是否在消费者头脑中建立了记忆结构。一些标志性品牌和产品利用独一无二的、可拥有的和一致性的品牌资产成功建立了消费者品牌记忆。

英国维珍大西洋航空公司。这是我们最喜欢的案例之一，我将在下一章中进行更详细的解读。在发展早期，维珍航空依靠创始人理查德·布兰森的搞怪魅力推销品牌。更贴切地说，维珍抛弃了传统的安全象征，彻底颠覆了航空公司的传统形象：柔和的灰色和海军蓝的配色方案，给人以精致而奢华的感觉；相反，他们创造了一个充满魅力的世界，空乘都身着（由朋克挑衅者薇薇安·韦斯特伍德设计的）猩红色制服，采用紫搭红配色方案，让经济舱也弥漫着 54 俱乐部一样的颓废气息。维珍航空虽然规模较小，但在乘客心目中却有着巨大的影响力。它的很多客户都是休闲旅行者，最多一年坐一到两次飞机，这些乘客不会把注意力放在获得里程或身份等常旅客优惠上，这样一来，品牌独特性和突出性就变得更加重要。[2]

肯德基。 我们将在接下来的篇幅中详细谈论肯德基是如何重新焕发活力成为一个品牌资产的。先来分享一个简单的例子：肯德基在印度的广告归因错误率约为 40%。换句话说，只有 60% 的人看了这些广告，并能正确识别出是肯德基的广告！这意味着浪费了几乎一半的媒体资源。不仅如此，这反而帮助了竞争对手。肯德基印度出色的 CMO 莫克什·乔普拉说道："印度的品牌广告没什么特色，基本上就按照快餐业基本分类代码运作——四个朋友、一个笑话和食物。" R.E.D. 系统一经采用，他们很快就发现了品牌在独特性上存在的问题，并从根本上改变了营销方法。团队推出了一个印度版的"山德士上校"，把标志性肯德基炸鸡桶加大了一倍，强调品牌的配色，结果广告归因率飙升到 88%。效果立竿见影：肯德基印度消费者最佳印象得分达到了该品牌历史上的最高水平。[3]

记忆结构

作为品牌顾问，我们从营销过程开始到最终活动完成都会参与其中，通过与内部团队合作，完善其销售内容，帮助广告公司参与进来，最终促成作品。我们与客户一起审查创意，就可能被忽视的细微调整和差别提出建议。尽管我们尽了最大努力，但仍然会把大量时间浪费在担心情感联系上（不是一件事），这非常令人讨厌。同样令人尴尬的是，大家很少担心独特性问题。我们理解年轻的营销人员并没有被灌输独特性的理念，他们认为这是创意人员需要担心的事情。而创意人员则更关心创造一些新东西，让今年的广告与去年有所区别，比如改变配色方案、换角色，或想出一个新口号。2010年，盖璞将其logo（标志）从经典的蓝色方框和海维提卡字体组合改成更"现代"的风格。瞬间，愤怒反对声此起彼伏。新造型持续了一周之后，盖璞就宣布回归其最具特色的品牌资产了。可口可乐和新可乐（New Coke）也是如此。

市场营销并不是为了整合或理解独特性的重要性而建立的。独特性往往是营销中最重要的元素，却常常被研究方法论完全忽略。纯果乐（Tropicana）在2009年重新设计商标时就吃了这个亏。他们去掉了独特的"橙色吸管"设计。品牌重塑惹怒用户，同时遭到嘲笑，这种情况持续了几个月后，纯果乐匆忙恢复了标志性外观。随后，纯果乐时任总裁承认，品牌低估了吸管和橙色对超级忠实用户的重要性，消费者对品牌形象的热衷"并没有体现在调查里"。[4] 扰乱独特性，后果自负！

　　这样做往往是为了改变而改变，会稀释品牌个性。营销人员通常辩称，这类改变让品牌更具相关性，但我们认为这纯属胡说八道。两者需要协同工作，但独特性胜过相关性，要小心改变才是。许多创意人士发现，他们的目标是让客户满意，最有效地满足品牌需求，但同时内心也期冀：如果能创作出一些看起来不错的东西，没准还能拿一个难以捉摸的金狮奖，借此享受戛纳夏日荣光之旅呢。这么说吧：如果你的广告作品得了金狮奖，很可能你会与过去一刀两断，又提出一些不必要的新要求损害品牌。如果你能一直坚持自己独特的品牌资产，同时又在戛纳获奖，你才真的值得去趟戛纳。你已经做出了一些既有特色又有突破性的东西。（戛纳只奖励品牌的突破，但销售的增长是对独特性的奖励！）客户，即品牌，很少优先考虑调性和内容的一致性，但一致性会让你脱颖而出。

　　忽视消费者现有的记忆结构，为建立一种完全不同的品牌身份培养情感联系，这种做法很荒谬。清空大脑一秒钟，思考一下，"我的家人今晚想吃炸鸡"，你会想到什么？我敢打赌，对大多数人来说，肯定是山德士上校，白色西装一闪而过，还有其他独特的资产，比如炸鸡桶、配色。不管肯德基是不是你最喜欢的炸鸡品牌，哪怕当地有一个你喜欢的小店，能做出令人称赞的烤鸡。当它进入你的大脑，大脑会去寻找最容易获得的记忆，也就是引起强烈情绪反应的记忆。把情绪反应想象成一个链条，把记忆从潜意识深处拉上来：不管你对食物有什么个人偏好或信仰，山德士上校都会出现。

独特性 = 正确的归因

目前为止，我们只谈了独特性的一个主要好处：制作一个真正有特色的广告是确保消费者正确地将你的作品与你的品牌联系起来的最好方法。错误归因是广告行业的一大问题。尼尔森公司 2016 年的一项调查发现，75% 的消费者在观看广告后的第二天无法正确认出广告和品牌。同时，对撞机实验室从 2019 年开始进行的一项特别研究显示，一个独特性很强的广告将在 95% 的情况下被正确归因。[5]

由此看来，建立长期记忆结构非常重要。如果潜在客户在购买产品前一天看到了你的广告，那当然太好了，但是如果她进行了错误归因，在你和你的竞争对手之间做出选择时，脑海中很有可能第一个想到的是一个更有独特性的品牌。假设你是达美航空或美国航空的 CMO，客户昨晚看到了你的新广告，广告强调了乘坐一架干净、整洁、高效的波音 777 客机访问伦敦很有乐趣，也许还强调 Wi-Fi（无线局域网）连接流畅，抗病毒清洁产品有效，或者腿部空间更大。之后，客户又看到了维珍航空的广告，镜头看起来像詹姆斯·邦德系列影片片头字幕，乘客们斜靠在一个巨大的马提尼酒杯里，蜷缩在云朵中。你难道以为，认真地宣传准时出发、强力消毒剂和空中流畅逛脸书，会对维珍有什么影响吗？2017 年澳大利亚的一项调查发现，人们印象最深刻的电视广告往往是"无品牌／无广告"，这说明 57% 的受访者不记得他们喜欢的广告，66% 的受访者甚至记不起他们不喜欢的广告——这说明大多数受众对他们所看到的广告完全不感兴趣。[6]

如果新广告没有将客户和产品联系起来，那么你不妨重新梳理一下过去做过的事情，看看能产生什么效果。

现有记忆结构来源于独特的品牌资产，往往具有惊人的力量：2010 年，英国仙女牌（Fairy）洗洁精在品牌 50 周年纪念日时重新回归了复古包装。在英国儿童电视节目《蓝彼得》（*Blue Peter*）中，仙女洗洁精的红色旧瓶盖、白色不透明瓶子经常拿来搭建火箭、汽车和其他玩具。一项调查发现，40% 的成年人会因为复古瓶回忆起童年。这些人还记得他们用仙女瓶做了什么：53% 的人做了一个玩具火箭，40% 的人做了一个笔筒，22% 的人做了一个花盆，这一点令人印象深刻。[7] 这种持续了几十年的记忆结构是无价的。为什么你要把那些独特的童年记忆、想象和冒险（所有这些都是在安全的厨房里，在妈妈的慈爱陪伴下发生的）当成"新事物"呢？

我们将在之后章节中详细讨论，但现在，请务必相信独特的品牌资产是最有价值的资产之一。记住我们的 Y 在路上。再一次，你要做出选择。你可以围绕"消费者需要经过深思熟虑才会做出购买决策"这一过时的想法来制定策略。或者，你可以选择另一条路，围绕"消费者是因为你的产品具备心智的显著性和购买的便利性才选择购买"来制定策略。

独特性的敌人

这个问题无法委婉地表达，不如直言不讳：有时，牺牲独特性和忽视独特性品牌资产的往往来自高层——为了重振一个陷入困境的品牌，请来一位新任 CMO，他在巨大的压力下需要推陈出新，迅速为品牌带来突破。格雷格指出，CMO 和其他团队一样，都会感受到遵守羊群规则的压力。CEO 也一样。一位 CEO 看到竞争对手卖力营销时，也会倍感压力，转而向 CMO 下达任务指标，CMO 同样不得不执行。要摆脱这种已经渗透到组织最高层的群体思维是非常困难的。

我们为新任 CMO 提出的第一条建议就是，深入研究资料，寻找现有的独特品牌资产。（请继续关注本章末尾，我们将引导你通过练习分辨哪些独特的资产值得一用。）大多数老品牌已经存在了几十年，旧广告、标志、废弃的颜色方案或字体，其品牌资源极其丰富，尚待挖掘回溯。若继续寻找品牌亮点，深入挖掘品牌资源，还有可能将一个品牌概念变成一个脍炙人口的品牌神话。运气好的话，没准会找到一些值得深入挖掘的人物。比如用娱乐化的方式、现代人的"语言"讲述创始人——一个脾气暴躁的老家伙和他传奇的幕后品牌故事。在练习中你还会看到，区分出哪些资产将帮助你增强或恢复品牌的记忆结构时，需要考虑各种标记。不过，现在主要考虑它们是否独一无二、可拥有和具有一致性。

恢复现有品牌资产可能会引发争议。一方面，品牌有可能背负着公司其他业务包袱，正在苦苦挣扎；另一方面，公司有可能认为自身的文化和社会相关性不足，不值得复兴。不过如果你有远见、有毅力，又勤奋，就一定会摒弃旧思路，找到新方法。

2014 年 1 月，凯文·霍奇曼接任肯德基 CMO 一职时，也有过深入挖掘品牌资产的经历。凯文的营销生涯极具传奇色彩，他曾与乔治·菲利克斯和 W+K 公司一起，推动了欧仕派的复兴，这是另一个凭借其独特资产——男子气概、航海主题以及将毛衣系在肩上的永恒时尚感等——重振品牌的例子。他来到肯德基时，发现品牌营销淹没在茫茫的营销海洋，被福乐鸡（Chick-fil-A）甩开一大截。当时的营销策略主张突出一切，唯独品牌独特资产缺席。

前几任 CMO 遵循主流智慧，看重品牌情感联系，认为必须找到新方法才能解决肯德基问题，思路已经严重偏离了轨道。结果其营销活动毫无特色，没有记忆点，毫无吸引力，对销售没有产生丝毫影响。之前推出的无骨鸡肉产品广告思路大错特错，以"我吃了骨头！"为传播口号，风格过于诡异奇特，根本无法引起公众注意。时任市场总监向《今日美国》承认，肯德基"正在抛弃我们的拳头产品并彻底改变它"。[8] 当时，肯德基既不重视家庭餐，弱化了标志性全家桶（甚至调整颜色，采用现代化图形设计），还希望扩展多个新品系列，进一步远离核心产品。时任 CMO 自信地预测，无骨鸡肉预示着未来趋势，不久之后肯德基所有的产品都将永远去骨。

但是，为什么这样做呢？显然，品牌正在苦苦挣扎以期摆脱困境，但团队采取的每一步举措都在让肯德基远离其独特品牌资产，远离了解和喜欢它的顾客。回顾过去十年间，无论是上校形象、"11 种香草和香料"、全家桶、红白相间的配色方案、"吮指回味，自在滋味"（It's Finger Lictin' Good）等宣传语，还是经典炸鸡腿，这些独特品牌资产都没有在广告中得到丝毫关注，这显得很奇怪。

受访顾客说,他们不喜欢吃有骨头的食物,愿意为体验无骨多付一点钱。这种反馈既不能提高品牌的知名度,也不能让品牌在潜在顾客心目中保持领先地位。

肯德基没有坚持独一无二的、可拥有的和一致性原则,而是把宝都押在一个勉强说得过去的品牌相关性的升级上,不遗余力地从其独特的品牌资产中剥离出来。(社会相关性很重要,但要想让人们记住哪个品牌做出了改进,品牌本身仍然要保持独特性。)现在,我们已经在全球范围内实施了 R.E.D. 策略,有些事情在今天不会再发生。当时所做的每一个改变都是聪明人出于好意完成的。根据目前对市场营销的了解,我们搞清楚了为什么肯德基当时的策略不起作用。

凯文和乔治当时假装不知道百胜餐饮集团的规定,即山德士上校不能出现在任何广告中。领导层中有些人认为,这样做不能体现对上校的尊重,但另一些人认为,让上校过多露脸会让人觉得肯德基很老旧。不管怎么样,凯文都很想知道这个品牌和它的历史。因此,继任 CMO 后,他做的第一件事就是要求看品牌档案。他来到存放上校档案的小屋时,惊讶地摇了摇头。接下来的几周,凯文和来自 W+K 的创意人员翻看盒子里上校留下的营销材料。他们发现了成箱旧曼陀林唱片、鼓槌用具,还有上校许多奇怪的爱好、嗜好和以前工作的证据。他卖过保险和排骨,在加油站工作过,尝试过多种职业,直到 60 岁时才发明了肯德基炸鸡。原来上校这么异想天开!换句话说,上校本身就是一个丰富多彩的人物,但许多顾客认为他是虚构的。

凯文感到,上校本身就有一个与众不同的资产宝库。他古怪、善变、风格独特，绝对独一无二。上校天生就是一个营销者。上校明白，越独特，越能脱颖而出，看看他的白色西装，漂白的头发和胡子，都是如此。他雇了一支乐队录制圣诞专辑。原因呢？谁知道呢！翻看资料时，凯文和团队发现，上校是多层次的，在营销活动中能很好地发挥作用。上校自身囊括了很多独特的品牌资产，他形象的不同侧面可以用来代表肯德基家族的不同产品。

在肯德基的全盛时期，也就是品牌发展最快的时候，餐厅里的每一件商品上都有上校的头像，为什么现在却放弃了这种做法呢？你还能想到有哪个品牌这样做吗？同样，经典的红白条纹唤起了童年的快乐回忆，不知为何，颜色被现代化了，变成了酒红色，让设计失去了所有的乐趣和活力。最后，市场营销人员连炸鸡桶也抛弃了，因为这样吃炸鸡感觉很土。凯文认为他们面前已经拥有重启品牌的一切。这次是为新用户重塑肯德基独特品牌资产。

上校归来

凯文、乔治和来自W+K公司的精英们设计了一场广告活动，以现代化方式对上校进行了再诠释，把上校塑造为一个风度翩翩、侃侃而谈的怪人。一开始诺姆·麦克唐纳扮演上校。最后，W+K建议定期重塑上校的角色，既可以让消费者猜测谁将接替这个独特的角色，也可以让特定的演员代表特定的产品、营销策略和产品开发。（例如，乔治·汉密尔顿曾出演一个"特脆"炸鸡的广告。后来，杰森·亚历山大出演了一个模仿20世纪90年代情景喜剧的角色。）注意：即使演员阵容改变了，角色仍然保持不变，说明广告和品牌的核心特色保持不变。

一切蓄势待发，只剩最后一个问题。凯文打破了百胜集团的神圣规则：不许使用上校形象。就像恐怖片中小孩主动提出要去地下室看看发生了什么，凯文把自己置身于一个价值数百万美元的大麻烦里，不小心就会毁掉他的职业生涯。在百胜内部，新方法引起了争议，有人反对凯文做一些明显违反百胜规则的事情。很多高层认为，"这广告不能播出去，会永远毁了这个品牌的"。在第一个广告播出之前，格雷格问我们的想法。当时我们以为只是征求我们的意见，所以格外积极。大家都没意识到，我们的回答将决定这个广告能否播出。"真是太神奇了！"这些广告都很好，风格怪异、形式独特、不走寻常路，取得彻底突破。广告还具有文化和社会相关性。广告期间，上校的角色不断被辨识度高的明星和源源不断的新角色重新塑造，映衬了当下的潮流和趋势。当然，这些广告辨识度也很高。我们当时全力支持它，原因很简单，它非常有特色，而且只能代表肯德基。上校的形象极具标志性，从广告的第一分钟开始就清楚地知道它在宣传什么。此外，凯文和广告公司还重新启用了宣传语"吮指回味，自在滋味"，利用其他视觉和音频队列，通过重塑上校形象，对这个经典美国角色进行了现代化再诠释。

虽然有各种担忧，但多亏了百胜创新的勇气，广告还是如期启动了。几乎在同一时间，我们也听到了少数人的声音，认为广告破坏了上校的形象，对我们的做法感到厌恶。在他们眼里，上校不过是一个虚弱的老人。喜欢这些广告的人并不是品牌大使，因为与肯德基有深度联系的人已经很少了。格雷格趁此加大了宣传力度。他在年度大会上站起来说："我愿意被讨厌，或者被喜爱，但不愿被忽视。"这话说得好，不久之后，销售额就突飞猛进。经历了10年的销量下滑后，肯德基的销量开始回升。深入研究过上校古怪背景后，百胜集团支持凯文开展新的广告活动，加大投入，让这些广告变得更有趣、更古怪，甚至更有特色。

格雷格的关键经验后来被推广到全球的每一个角落：为了被讨厌而努力，没关系。如果一小部分受众厌恶你做的事情，那么说明你做事大胆，受到了关注。如果你的作品只是个数字墙纸，那就是在浪费时间和金钱。如果你坚持使用独特品牌资产，以一种与文化相关的方式让它们受到关注，让产品更容易获得，你就会在成功之路上越走越远。

第十二章
学会做吸睛的磁铁式营销

上面的故事中有很多元素是难以复制的，也是无法控制的。百胜餐饮集团非常支持他们的创意和营销团队。凯文非常勇敢，他有着敏锐的直觉、坚定的信念，相信自己一定能够实现大胆又前卫的想法。没有如此坚定的信心，没有公司的大力支持，想对市场策略重新透彻思考将异常艰难。但这是能做到的。首先，确保你的品牌资产满足以下几点：

◎ 独一无二、可拥有和一致性。

◎ 独一无二、可拥有和一致性。

◎ 独一无二、可拥有和一致性。

　　重要的事情说三遍吗？对，这件事非常重要。

　　利用我们在上一章中提到的维珍航空品牌策略来分析一下你的策略是否具有独一无二、可拥有和一致性的特点。这里我们把维珍航空的做法与规模更大、历史更悠久的竞争对手美国航空、达美航空和英国航空进行比较。

下图不是拿来让你区分不同风格的，它汇总了以上三家传统航空公司现有的平面广告。它们都采用银搭灰、蓝搭红配色方案。风格也类似：低矮的银色机翼下是雪白的山峰，或旅行目的地的完美图像。它们都提到了同样的元素：飞行地点、旅行乐趣、可靠性、安全性或服务。这些都不是负面的属性，只是太普通，特色不足，没有任何意义。

现在把这幅图与维珍航空的景点拼贴图（见下图）相比较。这些图片虽然在书中看是黑白的！但兴奋、强烈、饱满的感觉仍旧扑面而来：每个广告都设计了一整页的紫色和红色配色方案，上面印着公司标志性的瘦小字体，搭配醒目的红色制服，没有一寸空间浪费在兜售诸如可靠性、安全性之类的常规特点上。

维珍航空很独特。其他航空公司主要以蓝色为主色调，维珍航空则在平面广告中大胆采用独特的紫色配色；其他航空公司广告凸显企业风时，维珍航空则走了一条性感路线；其他公司严肃认真时，维珍航空则表现得机智诙谐。维珍航空是可以拥有的：维珍创造的世界只属于维珍。维珍航空也保持了风格统一：广告在视觉上和情感上保持一致风格。每个广告都突出相同的优势：颜色、色调和情感。

因为辨识度非常高，维珍很容易受关注到。当然，事物都是不断发展变化的，新冠肺炎疫情的肆虐正在彻底重塑航空业的未来。就在我们写作本书时，理查德·布兰森正在为澳大利亚维珍航空寻找买家，提议抵押他的私人度假胜地内克岛，以获得英国政府的贷款，拯救他的维珍航空。

镜像与磁铁

前面我们提到了镜像式营销与磁铁式营销。这一概念在讨论独特性时才真正发挥作用。维珍用的是磁铁式营销。再来看看其他例子。这一边，各式各样的啤酒广告为你和朋友们度过一个愉快夜晚营造气氛：镜像式营销。另一边，墨西哥多瑟瑰啤酒（Dos Equis）举办的"世界上最有趣的人"活动代言人都无法预知下一次会面临什么样的冒险：磁铁式营销。想象一下宣传各种黄油和人造黄油的蓝色、绿色和黄色平面广告：镜像式营销。再想象一下丹麦黄油乐派克（Lurpak）广告的极端特写镜头和暗黑背景：磁铁式营销。

镜像式营销反映了消费者期望看到的事物，让他们从广告中看到自己的日常生活，找到共鸣。营销人员会以和客户建立感情的名义推销这种策略。谁不喜欢和好朋友坐在一起喝啤酒呢？这种方式虽好，但如果记不住啤酒的名字，你到底要怎么买？

磁铁式营销的重点放在品牌上。营销旨在创造一个独特的、可拥有的、一致性的世界，像磁铁一样吸引着消费者。看看多瑟瑰的广告，它创造了一个只能存在于"多瑟瑰宇宙"中的环境。在这个环境中，一位男士，风度翩翩，侃侃而谈，备受美女的青睐，加之他英俊潇洒、玩世不恭，是房间里穿着最上档次的人。我们不知道你是怎么想的，但我们在城里的夜晚看起来更像啤酒广告所展示的。那么既然明知自己不是那个最受瞩目的人，为什么还会有人去那种环境消费呢？其实我们清楚，无论我们喝多少杯多瑟瑰，也不会变成房间里最有趣的人，但关键是，我们记得住这个广告，才会点这个牌子的啤酒（如果还能长点见识，那就更值得去做）。

当突破性还不够时

有一点希望你在推广过程中特别注意。缺乏灵感时，人很容易在独特性上使劲，希望将之发扬光大。本书开头提到过，在对撞机实验室，我们努力挖掘独特的想法，更相信其宝贵价值，尤其是当它与一些"正确"但乏味的想法形成对比时。然而，与众不同与单纯不对劲之间存在着天壤之别。百事旗下饮料品牌激浪（Mountain Dew）为其橘子味能量饮料推出了脑洞大开的《小狗小猴宝宝》广告，但这并没有促进激浪销售的增长。广告创意很独特（它的特点是设置角色，是一个小狗、猴子和婴儿的混合体），但对激浪来说不那么真实，且与品牌之前的一切营销努力完全不一致，似乎是凭空冒出来的，与其他现有的营销没有逻辑联系，只是单纯感觉不对劲。

同样，起亚汽车的 *Walken Closet* 广告创意很有趣，突破想象，但跟品牌本身挂不上钩。

这两个广告都很独特，但在归属性和一致性等更细微的方面都存在问题。突破性很重要，它是引起人们注意的第一步，但独特性是将突破与品牌联系起来的桥梁。这个想法的细微差别可能很难理解和执行，这一点我们都明白。但要是团队鼓励你朝着感觉过于奇怪的方向前进，你就需要通过独特性标准来衡量，即独特的、可拥有的和一致性。只有在工作明确符合这些条件的情况下，才能向前推进。

格雷格和他的团队使用阿克模型（有时也被称为品牌识别模型）来帮助确立塔可钟的独特性。这个想法是由戴维·阿克在他的《品牌领导》一书中提出的，在我们眼里，这个模型非常有价值。由于其复杂性无法在本书中详细展开，并且如果你正在努力发展正确的独特性，我们建议你阅读这本书并进行练习。

在塔可钟，我们能够使用阿克模型来确定任何塔可钟产品都必须包含的核心关键属性。这些内容包括：

◎ 墨西哥式的灵感

◎ 中间偏左的政治信念

◎ 创新和提升

◎ 诱人的食物

对照上面的清单检测每一个想法，淘汰不满足条件的，足以筛选甚至淘汰那些看起来不错的创意。阿克模型也促进了好主意变成伟大想法。有一段时间，每个快餐品牌都在提供牧场沙拉酱，格雷格迫于形势也在塔可钟提供牧场沙拉酱。他指着模型上的第一个属性说："牧场沙拉不是墨西哥风格的。"提出这个想法的营销实习生（没错，实习生）想了想，换成了牛油果牧场沙拉酱。牛油果牧场沙拉酱令塔可钟在品牌文化转变上大受欢迎，现在已经列入常驻菜单。

寻找独特品牌优势

以上所有的磁铁式营销都是利用独特的品牌优势制定一个独一无二的、可拥有的、一致性的策略。其他类似的广告还包括百威啤酒的"Dilly Dilly",阿比汉堡店(Arby's)推出的新标语"我们有肉"(We Have the Meats),以及美清痰化痰片的一坨有毒的绿色黏液卡通形象。这些品牌都很聪明,确保了它们的限时优惠活动忠实于品牌的独特性,而不是试图通过将其作为一个完全不同的品牌(有全新的外观、感觉和想法)来产生影响。阿比汉堡店在这方面做得尤为出色。在它的平面广告里,即使是限时优惠也始终与品牌调性保持一致(见下图)。

关键是这些团队都能从品牌的本质特征中分离出独特元素以吸引顾客。那么,你是怎么做到的呢?

在上一章中,我们看到了肯德基通过筛选实物档案,找到具体对象,以新眼光看待旧优势:山德士上校。当然,只去"搜索你的档案"还不够具体,我们一起来分析一下你到底要找什么。

建立独特的品牌优势：旧与新

创造独特的品牌优势有两种方法：第一种是像凯文和他的团队那样。撸起袖子，打开 20 世纪 80 年代中期某个时候被搁置在仓库里满是灰尘的箱子，仔细研究品牌历史，唤醒一些长期休眠的记忆结构，以期激发品牌活力。

这种方法可能不适用于你的品牌，原因有很多，比如品牌或产品相对年轻，手头的资料有限；品牌之前已经存在了一段时间，但以前的团队从未创造或持续使用过任何优势；又或者，品牌特色是刻意创造出来的，与你的品类或社会不再相关。例如，减肥品牌慧俪轻体多年来一直在与它最具特色的品牌资产——品牌名称做斗争。正如我们在相关章节中提到的，节食已经不再流行，所以拥有一个持续提示卡路里限制的品牌名称和一系列资产对他们没多大帮助。因此，他们宣布更名为 WW，换用新的标志和新的品牌形象设计。

第二种选择是创造独一无二的、可拥有的、一致性的品牌特色资产，而且有很多方法可以做到这一点。比如讲述一个动人的品牌起源故事。和凯莉·詹娜一样，特斯拉传统营销预算是 0 美元（不过谁知道把那辆车送进太空要花多少钱）。特斯拉最独特的品牌资产是创始人埃隆·马斯克，以及他创造的口碑。

如果没有一个有魅力的品牌创始人，就要努力创造属于你自己品牌的独特资产。贝弗利·德克鲁兹在英国必胜客表现得非常出色。她上任时，必胜客已经连续 5 年走下坡路。她与对撞机实验室合作后，很快发现必胜客面临的主要问题是独特性。那些给人感觉普通的广告对品牌和销售没多大帮助。很快她开展了一个名为"现在就送"的活动，扭转了品牌颓势。贝弗利解释说："关键是要持之以恒。我们的做法是突出品牌个性——角色、俏皮、语气挑衅、自信大胆，加上"现在就送"的口号。我们的广告归因率大幅上升，销售紧随其后。新冠肺炎疫情暴发前，我们的销售业绩从 –1% 增长到了惊人的 15%（之后涨得更高）。"

在本章中，我们将详细讨论这两种方法：恢复现有的独特资产和创造新的独特资产。

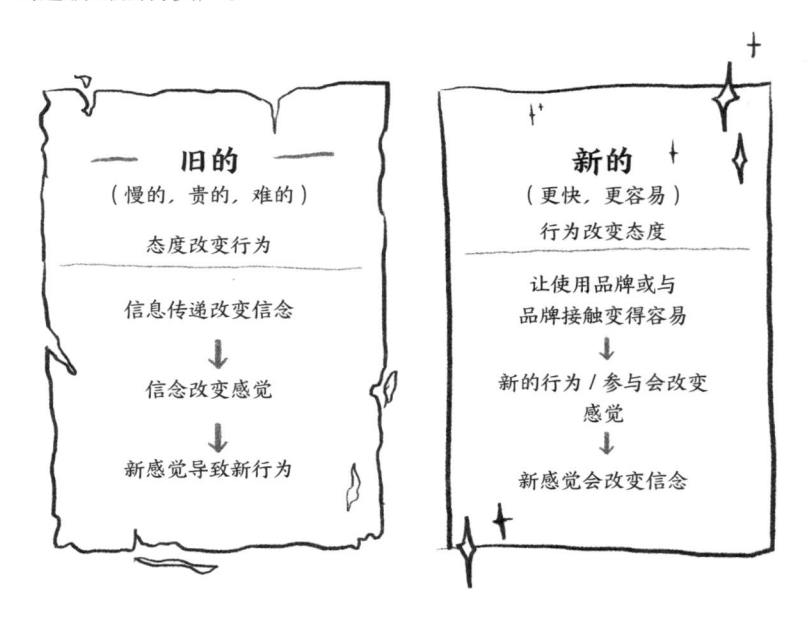

—— 旧的 ——
（慢的，贵的，难的）
态度改变行为
↓
信息传递改变信念
↓
信念改变感觉
↓
新感觉导致新行为

—— 新的 ——
（更快，更容易）
行为改变态度
↓
让使用品牌或与品牌接触变得容易
↓
新的行为/参与会改变感觉
↓
新感觉会改变信念

恢复现有的独特优势

重新筛选品牌优势其实是个体力活，去浏览现有的所有材料和所能找到的纪念品。我们可没开玩笑。还记得之前说过，新上任的CMO有一种改头换面、重新来过的冲动吗？这种本能和广告本身一样古老。假设你有一个50年历史的老品牌，档案中一定会有一些活动和营销材料，现在的员工都没见过，也没有人记得。当然，其中绝大多数都是垃圾，但也许在这堆垃圾里你会发现一些珍宝。一些原创作品现在看来仍然真实动人，或许会给人以启发。山德士上校的原创作品就是如此。

另一个很好的例子是芭比娃娃。这个标志性的产品诞生于1959年，她的职业生涯颇具传奇色彩。每个小女孩都梦想拥有一个芭比娃娃。然而，到2014年，品牌开始萎缩，销售额下降了16%。芭比娃娃不幸从"全美最佳女孩节日玩具"桂冠上跌落下来（输给了迪士尼动画《冰雪奇缘》中的艾莎公主）。这种情况以前从未发生过。不是女孩们自己不再想要芭比娃娃，而是她们的母亲不愿意再购买这样一个身材苗条得荒谬的娃娃。你的目标消费者是否喜欢你的产品并不重要；如果你的独特性让真正购买产品的人感到不安，这笔买卖就做不成。

该品牌团队重新诠释了芭比创立者露丝·汉德勒的一句话，帮助芭比扭转了颓势。汉德勒说过，芭比代表"女性赋权"。借着这句话，该品牌团队围绕着一个进步向上、更吸引人的娃娃形象对品牌进行了重塑。

广告创意公司回溯了芭比娃娃的整个历史，展示了这款娃娃多年来在各种职业生涯中取得的成就。各种各样的芭比娃娃，高大、弯曲和娇小的都加入了这个阵容。一项在Instagram上发起的#TBT（Throw back Thursday，意思是"周四老照片"）活动凸显了芭比几十年来充满力量的职业生涯。针对千禧一代母亲的电视广告表明，这些芭比娃娃可以让她们的女儿尝试未来的角色、职业和创意愿景。到2015年年底，芭比娃娃的销售情况有所好转，此后一直保持持续增长。注意，美泰公司并没有将芭比娃娃与女权主义式的目标联系起来，相反，广告重新设计了她的文化相关性，用其独一无二的特征，再次吸引了小女孩和她们的家长。

因此，要挖掘品牌尚未开发或者最近还未充分开发的价值。可能包括挖掘一些角色，比如玛氏（M&M）最初在20世纪50年代使用过的会说话的糖果角色，在90年代中期由其创意合作伙伴天联广告公司重新启用。[1] 天联的任务是重振如今在糖果货架上默默无闻的玛氏巧克力豆。[2] 创意商赋予每种颜色以个性，包括给迷人的"绿色豆"穿上白色齐膝长靴，掩盖她脚踝的缺失。天联没有使用动画，而是用CGI（计算机生成图像）将角色活灵活现地表现出来，并在超级碗上介绍这6种糖果。这些广告和角色瞬间走红。玛氏偶尔也会暂停播放玛氏豆电视广告，让观众觉得经常看到这些动画角色"不是理所当然的"，这种做法立即遭到了消费者的反对，他们想知道这些人物去了哪里。20年过去了，玛氏糖果仍然是玛氏的形象和核心，也证明了独一无二、可拥有和一致性的做法每次都会得到回报。

考虑潜在品牌的特点时更要深入挖掘。在澳大利亚，新加坡虎牌啤酒利用其街头啤酒传统，赞助一个街头食品节，加倍宣传其作为新加坡街头啤酒的完美形象。最近，虎牌啤酒赞助了一个重大项目，用于支持全球野生虎数量翻倍的目标，这样做有助于巩固另一项独特的品牌资产——老虎——在消费者心目中的地位。[3]

世界上几乎每家航空公司都希望发扬光大航空业辉煌时期的独特品牌资产，以此重振旅行的激情，而大多数航空公司仅限于将飞机重新粉刷成复古的颜色。（最近，英国航空公司重新喷涂了三架747飞机20世纪50—80年代的标志性设计。）有趣的是，捷蓝航空作为肯尼迪机场环球航空酒店的少数股东之一，耗资2.65亿美元，对埃罗·沙里宁的标志性建筑纽约TWA（美国环球航空公司）航站楼进行了"疯狂"改造，将之升级为TWA酒店，让人仿佛穿越回20世纪《广告狂人》的生活中。捷蓝航空的乘客现在可以坐在酒店大堂，也就是原本的候机大厅里等待起飞，这里充满了各式各样的TWA元素，还包括一座洛克希德星座客机改造的鸡尾酒吧。这或许表明，自己的品牌历史不够深厚，借鉴前人的辉煌历史也有可能受益匪浅。[4]

评估现有品牌资产

集齐品牌资产后，就需要考虑哪些可用、哪些不可用，首先需要进行一项品牌独特性调研。通过这项研究，我们向消费者展示出包括标志、色彩方案、角色，甚至是广告语或标语等在内的品牌资产。在这类研究中，品牌被撤掉名称，调查者只依赖品牌本身带来的冲击做判断。想象一下，必胜客标志性小屋顶下面没有写着"必胜客"；温迪logo上雀斑脸娃娃旁不写"温迪"。然后按三个维度打分，即三个A（见下图）。第一个A（awareness）衡量的是这一特性的认知强度（用气泡的大小表示），即有多少人知道这一优势。第二个A（attribution）

衡量它的归属强度，表示人们正确地将这一特点归属于该品牌，不会与其他品牌混淆。第三个 A（attention）表示注意力强度，用来衡量优势的颠覆性和吸引注意力的程度。任何落在右上象限的优势都具有高关注度和高度可拥有性。泡沫很大代表这是一个广为人知的优势，会立即给品牌带来好处。如果泡沫很小，哪怕既独特又具突破性，也很少有人知道它。随着时间的流逝，投资这些品牌资产会更有价值。

测量你的独特优势

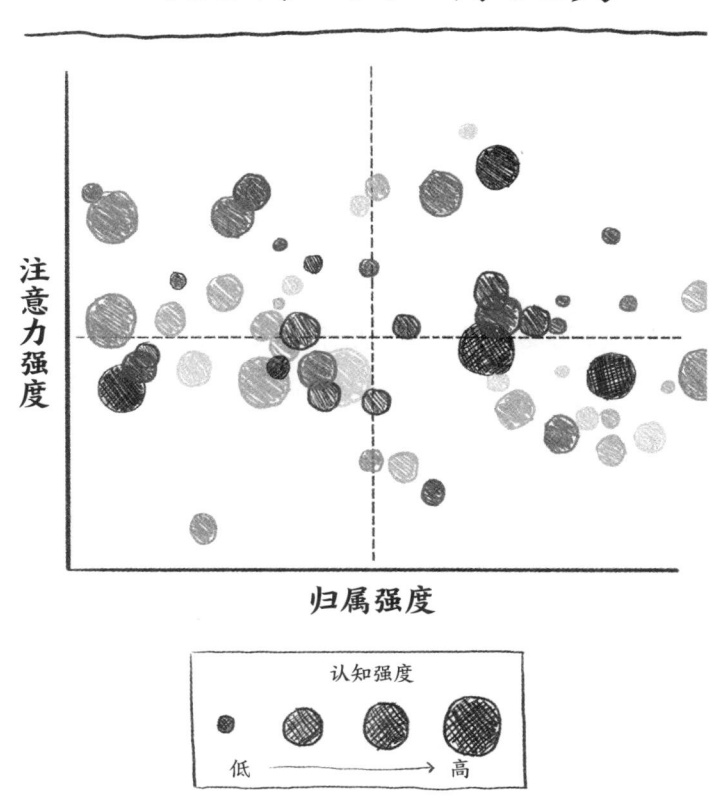

注意力强度

归属强度

认知强度

低 ——→ 高

创造独特品牌优势

假设你在查阅资料的时候没有淘到宝，我们经常遇到过类似情况，要么这是个新品牌，要么就是调研后发现，这个品牌从来没有拥有过灵魂、故事或任何与众不同的东西。下一步就是从头开始创造全新独特的优势资产。有很多品牌在这方面都做得很成功。万事达卡围绕"无价"策略展开了长达数十年标志性的市场营销活动。百威啤酒通过其"Dilly Dilly"系列广告创造了新的流行语。彩虹糖（Skittles）通过"尝颗彩虹糖"营销活动创造了一个完整的彩虹糖世界；这些广告片都很疯狂，情节难以预测，里面的角色只受制于糖果的颜色。

我们至少已经明确了 10 种创造全新独特品牌优势的方法。

1. 创建一个角色。我们最喜欢的角色你已经知道了：上校。和前面提到过的一样，上校完美体现了一个形象鲜明、难以磨灭的品牌角色。其他在 R.E.D. 系统框架内表现出色的品牌角色包括老虎托尼、"世界上最有趣的人"、盖科公司吉祥物金沙日光壁虎、欧仕派男人、米其林人、（厕所喷雾）噗噗丽女孩贝瑟尼，还有一个我们以前最喜欢的角色——熊猫奶酪。现在停下手头的事，赶紧去 YouTube 上看看它。

2. 打造特色品牌世界。打造一个与众不同的品牌世界，让品牌活起来，体现出它与众不同的外观、感觉和美感。和品牌一样，这个世界需要体现出所有与众不同的元素：独一无二、可拥有，以及一致性。美妆品牌 Glossier 和苹果是两个截然不同的品牌，但都创造出一个非常吸引人的品牌世界。彩虹糖的世界是通过情感风格一致的广告片来实现的。(也就是说，无论是气急败坏的女巫对她困住的彩虹糖失去耐心，还是青少年互相感染彩虹糖痘症，这些广告片都采用严肃的方式处理那些看似极不可能发生的情况)。

3. 创建风格一致的广告框架。我们认为，构建独特品牌资产的最有效方法是为广告创造一个标准化的框架或故事结构。这些框架节奏独特，即使观众以前没有看过特定的广告片，也能预见到。万事达卡通过"无价"营销四部曲掌握了这一点：首先列出某项活动、事件或时刻所需的物品并为其定价，然后展示人物享受这一时刻的情景，随后描绘出无法用价格标签衡量的情感时刻；最后以经典的"无价"标签结束。士力架广告中沿用类似套路，一位老人与一帮年轻人比赛骑摩托车，然后重重地摔在地上，这时一位年轻人扔给他一块士力架，吃了之后，老人竟神奇地变成了年轻时的自己，再次全然投入运动，此时画外音响起："横扫饥饿，做回自己。"在 YouTube 上看一下贝蒂·怀特参演的士力架广告。或者 2015 年超级碗天联广告公司为士力架创作的广告《布雷迪家族》。统一的广告框架要求每次都拥有一个相同的结构（我们的大脑会在重复中找到安慰，正是这种坚持才能真正建立独特性）。必须每次利用相同的故事、相同的张力和相同的创意，融入不同的元素，以区别于同系列中其他广告活动。最后，每次必须明明白白地使用这一结构。不要试图隐藏你的框架，否则你会失去独特性。创意广告公司在几年后会厌倦这种方法，然后像丢弃一条产品线一样把它丢掉，因为你已经厌倦了它。

第十二章 学会做吸睛的磁铁式营销 | 227

4. 创造有黏性的口号、标语、广告歌词。 盖科公司的"15分钟可以为你节省15%或更多的汽车保险费用",肯德基的"吮指回味,自在滋味",以及Frosted Flakes麦片的"真是棒极了!"都是超级独特的经典广告语。广告歌词也可以是独特的、可拥有的、经久不衰的。美国国家农场保险公司多年来一直重复使用"就像一个好邻居"的曲调……断了任何想换现代曲调的念想。所有这些广告词、口号和标语都令人难忘,每次听到都会刷新我们的记忆结构。但是别只想着自己的口号。肯德基澳大利亚有一个非常成功的价值营销,已经运行了好几年。时任营销总监安娜贝尔·弗里本斯表示:

> 每个电视广告都有相同的故事弧线,通过重复来连接记忆结构。一条商业广告的套路是:主人公今天过得很糟糕,他看到了肯德基的超值优惠而无法拒绝,这给了他满足社会期待的信心。他大喊:"闭嘴,把我的钱都拿走。"随后,日子就好起来了。这个梗也许只有澳大利亚人才能看明白。但广告本身黏性太强,已经成为一种喜闻乐见的说法,也让其中传递的价值观令人难忘。

5. 拥有独特的声音。 想想塔可钟复原伦敦大本钟的钟声,英特尔处理器发出的声音,还有20世纪福克斯公司电影的片头曲,哈雷戴维森公司花了多年时间保护V型双缸发动机的声音。这些声音都是相关品牌所独有的,引发人们对它们产生即时联想。声音难以置信地令人回味，并在消费者心目中持续创造出数年的深刻记忆结构。美剧《法律与秩序》中的"咚咚咚"声非常有辨识度，被《周六夜现场》节目模仿。由此可见，设计广告创意既要考虑主题曲和音乐片段，也不要忘记产品实际发出的声音。你的产品发出的声音，也许是一种特定的嘶嘶声、噼啪声或其他独特的音频提示。

6. 拥有一个产品或服务。这一点比较棘手。产品只有在所属品类中"拥有"一个特定的位置，才会显得与众不同。例如，塔可钟在美国拥有类似墨西哥风格式的食品：无论何时为墨西哥卷饼、墨西哥煎玉米卷还是墨西哥玉米粉饼（Quesalupa）做广告，我们的产品都显得非常独特。肯德基全家桶与众不同，虽然其他品牌也会提供桶，但一桶鸡的概念与我们的品牌有着不可忽视的联系。这一条只在产品或服务几乎百分之百归属于你的情况下才行得通，通常如此有特色的产品非常罕见。如果你所在的区域内有多个炸鸡连锁店或比萨品牌，你的独特性就要体现在包装、秘密配方或餐厅外观和设计上。另外还有一些品牌拥有自己的空间，其产品名称已经成为其品类的通用名称，舒洁（Kleenex）面巾纸、高乐氏（Clorox）杀菌漂白清洁产品、Q-Tips全棉棉签，以及英国的胡佛（Hoover）清洁机具。如果以上方法都不适用，那么这个方法就不适合你，你必须通过本文讨论的其他方法来创造独特性。

7. 以独特的方式制造噱头。说到红牛，你会想到什么？驾驶小型飞机穿越充气障碍物，还是赞助跳伞运动员从太空的边缘跳下？红牛几乎赞助了所有极限运动领域。搞营销噱头、办实体活动、推数字营销，红牛都能挖掘出独特优势，当与文化挂钩时，还能创造热点，提高品牌关联度，把气氛拉满。再强调一次，一致性和可拥有性才是关键。只有当风格统一，调性一致，同时还能和品牌挂上钩时，营销噱头才会发挥作用。借助始终如一的语言风格（"红牛给你翅膀！"），长期支持极限飞行运动，红牛这方面做得很好。类似的做法还有模仿老电影《死侍》的电影海报，将汽车送入太空（特斯拉），等等。

8. 拥有独特的目标。 我们不喜欢目的性过强。但有一个例外。品牌若能够以独特的方式创建一项活动并将其融入自身商业版图中，对赢得公众的关注、建立目标受众联系大有裨益。这样一来，这项活动日后就会演变为一种独特的品牌优势。只有在它独一无二且可拥有的情况下，优势才会起作用。它应用于每一个（或几乎每一个）广告和客户触点中，而不仅仅是在企业完成社会责任的情况下。在这方面做得很好的品牌包括巴塔哥尼亚、汤姆鞋的"One for One"（"买一双，捐一双"）活动、多芬的"真美"行动，以及REI在黑色星期五关门的做法。重要的是不要把你和一个普通的活动联系起来，而是以一种独特的方式找到对你的品牌有意义的东西。

9. 拥有独特的形态。 看看你的品牌和产品外形。例如，标志性的可口可乐瓶、大众甲壳虫，或波音747飞机。匡威（Converse）的全明星运动鞋是独一无二的、一致的、可拥有的。龟甲万（Kikkoman）酱油瓶和金拱门也一样。要考虑适合自己的图案和印花：通过博柏利标志性的格纹能立即识别出哪些产品属于博柏利家族（或仿冒品）。在百胜内部，我们认为卷饼品牌 Crunchwrap 拥有一个强大的外形优势，你见过六边形的玉米饼吗？我们还将独特的字体、配色方案和其他标志物包含在"独特的形态"之中。

10. 拥有独特的仪式感。想想奥利奥饼干的"扭一扭，舔一舔，再泡一泡"。或者雅乐思巧克力饼干（Tim Tam）"一咬、二蘸、三吸"的独特吃法，这些特定品牌特有的小仪式，代代相传，成为食用者的本能行为。

星爆粉冰饮

还有最后一件事要考虑：有时候，要想收获独特创意，就得问自己一个看似愚蠢的问题。格雷格获得突破性想法的方法之一就是问了团队一个看似愚钝、似乎只会得到毫无意义答案的晦涩问题。为什么呢？因为它能让人们——尤其是那些为了想出一个新点子陷入困境的人——能以一种全新的方式思考。

2014 年，格雷格和他的团队正在交谈，当时他问："我们喜欢吃什么，喜欢喝什么？"其中一个回答是，"我们想吃糖。喝了它怎么样？"嗯，这是个有趣的想法，又似乎没有什么实际意义。到底要怎么制作一种喝起来像糖果的饮料呢？第二周，格雷格碰巧参加了一个会议，遇到了玛氏糖果公司的人。他做了自我介绍，双方简单地聊了几句，然后他问："嘿，你们有兴趣做一款星爆饮料吗？"对方回答得很有逻辑、很合理："我们不做饮料，我们只做糖果。我们从来没有真正想过这个问题。"后来大家很快都意识到，这实际上是一个兼具突破性和独特性体验的非常棒的想法，对两个品牌都有好处。

不久，玛氏公司批准了这一概念，询问格雷格喜欢哪种口味。所以要了解产品的不同方面如何令品牌与众不同大有好处。玛氏公司说，在星爆产品系列中，按消费者受欢迎程度排序，最受欢迎的颜色是深樱桃红和草莓粉。玛氏鼓励百胜选择樱桃红，因为它是常年最受欢迎的口味。因为玛氏不生产饮料，所以我们联系了百事公司的朋友，让他们帮助我们将糖果的口味和颜色与饮料的口味和颜色相匹配。他们做得很好，口味和颜色与真正的糖果一模一样。他们在摄影棚里拍了照，经过团队仔细挑选，评选出最佳口味。问题是，这将是塔可钟在不使用电视广告的情况下推出的第一款产品，客户将通过社交媒体了解这款饮料。因此，颜色在 Instagram 或 Snapchat（阅后即焚）上显示的效果至关重要。哪种口味在工作室里看起来不错，并不重要；哪种在户外拍出来好看才重要，因为这样才会激发顾客对外分享。

格雷格和他的团队拿起饮料，开车到拉古纳海滩，把饮料瓶放在沙子上，寻找饮料在加州阳光和波浪下的各种逆光效果。樱桃红看起来不错，草莓粉看起来更棒。草莓粉颜色很独特，通过持续使用成为优势产品，并且在玛氏和塔可钟的营销支持下成为赢家。2014 年星爆粉冻推出时，销售量比预测高出 3 倍。在这一成功的基础上，塔可钟又推出了彩虹糖（也属于玛氏糖果）草莓冷冻饮料。这两款产品都很有特色。它们不再单纯是一种冷冻饮料。它们是联合品牌,以独一无二、可拥有和一致性的方式脱颖而出。格雷格问了句"我们喜欢吃什么,喜欢喝什么?"收获了两个伟大的想法。星爆和彩虹糖的融入让两种饮料更具相关性(因为你对味道有了预期),因为糖果也可以"喝"了。

第十三章
让头脑风暴聚焦成清晰定位

发现品牌独特性是一项独特而复杂的挑战，原因很简单：想要与众不同，必须有突出特点，有时还必须采用独特的方式才能办到。这在个人层面已经很棘手了，如果是在一个有多个层次和复杂审批手续的组织中呢？几乎不可能。但，你必须这样做。一个品牌，没有独特性就注定失败。包括其他的 R.E.D. 元素，如果终端用户不能准确地回忆起哪个品牌或产品承诺简单易用，也没注意到产品的社会、文化和功能相关性，那么无论你的创新构思多么好，都很难获得关注。

如何创建一种结构和文化来支持独特性？在对撞机实验室，我们有自己的策略，我们将在下文分享。为了支持我们的想法，我们采访了几家大公司的关键人物。我们想弄清楚哪些策略能够支持独特性，哪些方法会扼杀创造力，把人推向模糊、乏味的工作。我们一起起草了一份文化指南，帮助你创造一个利于发展独特想法的环境。格雷格坚定地认为，首席营销官要时不时（或经常，就像他自己一样）亲自参与小组研究。当然，你的手下可能会说："为什么不直接读报告呢？"要是你没有亲眼目睹研究小组讨论产品，没准就错过了重要线索。焦点小组成员表现积极时，会给出面部表情、肢体语言，也会悄悄地叹息，表示气愤或无聊。最终塔可钟建立了一个内部研究设施，这样我们就可以直接从测试厨房里为实验对象提供食物，方便营销团队其他成员的进入和观察。

其中一些步骤的执行需要高层支持，所有这些都需要对执行工作的团队有信心。第一步——保证能把公司里最聪明、最多样化的人才聚集在一起，就很不简单。请记住对撞机实验室的辍学博士规则：不被特定的证书限制，尤其是学位证书。这个世界有很多才华横溢的人没有时间、金钱、关系或兴趣去攻读 MBA。

◎ 为那些不走寻常路的人保留一席之地，不要因为他们意想不到的出身而低估他们的想法。

◎ 仔细琢磨"对撞机"这个词。所有最伟大、最疯狂、最创新的想法都是在多元化世界和多重背景碰撞时产生的（如麻省理工学院著名的 20 号楼是一所临时搭建的建筑，办公空间排序随机、错综复杂，也让不同学科领域的个体有了更多无意中相遇的机会。这里的空间很容易被打乱和重组，便于联合办公，适应不断发展的合作和共享项目）。想要与众不同，有一点尤其重要，就是拥抱与众不同。

◎ 办公室里充满不同的观点，大家都分享各自的文化和生活经历非常关键。要是同事或员工中没人制造惊喜，也提不出不同意见，那就要问问自己为什么要用僵化的同质性来限制团队潜力。

◎ 在一所"好"学校接受传统教育是件好事，但对地球上大多数人来说，几乎不可能实现。那些普通大学毕业的学生和常春藤盟校毕业生有着同样（甚至更多）的头脑、动力和抱负。不要低估他们，告诉人力资源部门你正在积极寻找具有非常规背景的新员工。（若是要求他们参加实习项目，一定得给他们一笔生活补助，以维持生活。）

这些听起来像是肯和格雷格心血来潮，部分是的，但建议既务实又有创意。你不知道自己忽略了什么，有人看到了它，才能给你指出来。尤其是通过头脑风暴寻找突破性创新时，有人提出不同意见至关重要，不如给那个提意见的人一次机会。

独特的组织：文化和结构的独特性

每个人都能立足自己的岗位，对自己工作区域内的文化施加影响，并非常自信地与上级分享自己的创造力。这些都是一家重视独特性的公司的特征。你越能调动创意团队和高管团队的积极性，效果就越好。始终如一，尽你所能。即使你只能改变业务运作上的一个小小的方面，也总比什么都不做要好。

我们采访了世界各地的许多营销部门，他们一直在创造与众不同的营销方式。我们也采访了一些不太成功的团队。基于此，我们创建了如下构建支持和培育独特性组织的公式。

目标和品牌理解一致

◎"每个人对我们要完成的任务都有不同的想法。"

◎"如果你仔细观察目标，就会发现它与相关性无关，而是与独特的外观、感觉、基调、世界和形象有关。不是每个人都明白这一点，很多人仍然认为这是一种情感联系或信息。"

◎"我们需要一种共同的语言，同时理解什么是独特性。"

这三句话来自三个不同的失败的营销部门。从整体上看，最大问题是每个团队的成员始终不在同一频道上。归根结底，你工作的核心就是营造激励氛围，鼓励员工追求独特性。从 CEO 到基层员工，每个人都应该知道独特性的价值。如果他们不知道，就告诉他们。

避免过于复杂和死板的简报

◎"我们先着手做了一个广告，后来我们又要操心为单个产品做简报。"

关键在于：如果你在为每一个产品或者服务做简报时不能跳出来看问题，而只是拘泥于单个的产品或服务，就永远不会创造出一个与众不同的广告。这是独特性的一个基本点，很容易被忽视。每一种产品、服务、电视广告或任何东西，在外观和感觉上都不尽相同，因为它们都有自己的思路。相反，如果你先开始着手准备一个长期广告策划，然后再考虑逐个击破，就会更容易成功。为策划做简报，而不是为产品做简报。

一个厨房容不得俩厨子

◎"我们的 CMO 和广告公司的创意总监进行了思想交流。"

营销和广告行业的创意会议总是因为太多人和太多"魔鬼代言人"而臭名昭著。这样说虽然是善意的，却暴露了市场营销中一个巨大问题：人类的本能是确保每个人都能对手头的事情发表意见和建议。我们认为这一点在生活的大多数方面都值得赞赏，但在创意方面却是致命的。我们希望每个人都有自己的观点，但坦率地说，这对独特性没有帮助。还记得对撞机实验室的规则吗？即，最好努力去做一些不完美但有趣的东西，百分之百投入其中。但这在所谓的民主氛围中是不会发生的。

这一点虽有争议，但多年来已经证明是正确的。伟大的营销活动不是由一个委员会创造的。如果有一群人，每个人都有不同的计划，都想创造一些大家都支持的东西，最终只能以毫无特色、一片混乱收场。当 CMO 或广告总监和负责客户事务的公司创意总监在同一愿景上达成一致时，才会产生真正与众不同的广告营销活动。

为两位"厨师"安个头衔：品牌营销经理和广告代理创意总监，

同时告诉他们这个项目并不生长在一个民主的环境中。

拥有一个清晰的创意愿景

◎ "如果没有一个清晰的创意,中级或初级员工都不知道该做什么。"
◎ "我们有无数的想法,但没有优先顺序。目标是什么?我们需要重点。广告代理会给我们12个创意,我们会告诉他们全部执行吗?不,我们不能并行处理所有的想法。"

　　一旦两位"大厨"确定了方向,就需要将其有效地传达给组织其他成员。之后,要让每个人都能自信地完成分配的任务。这时,公司里的每个人都要亲身体验创意。不是每一件作品都由 CMO 和创意总监共同完成。双方将创意和独特优势融合在一起,就可以稍微放松一下,让手下的团队来运作。制定明确的指导方针,对品牌理念进行清晰的定义,并列出"是/不是"的清单,这样才不会被结果惊到。

不要太理智

◎ "有时候会有很多的图表、框架、策略和复杂情感联系。不要总想着琢磨出一个创意,真正的挑战是弄清楚它到底在说什么。"
◎ "看看这些图表!到底是关于什么的?我是说,为什么?"

　　请记住,你认真地进行文稿演示时,房间里有一半的人是铁杆的右脑分子。即使他们在智力上理解这些视觉效果,但很可能他们并没有立刻以迫切或令人信服的方式加以解读或诠释。不要让你的团队淹没在数据中，尝试用更多叙述性的形式。分享想法、见解和故事。记住，独特性与数据无关，所以从转储数据入手没有意义。你要讲故事，分享经验。希望这个过程中能有一些直觉、情感的闪现和意外发现。

减少审批层级

◎ "我们的宣传活动很棒，但有很多层内部审批，最终活动被淡忘了，结果很糟糕。"

◎ "这是委员会的决定……在会议上，广告代理机构从 15 个客户那里得到反馈是很常见的。真是发自内心的痛苦！"

◎ "总的来说，我希望减少开会人数。我明白我们要给初级员工一个在会议上发言的机会，获得一些经验。但在办公室转一圈，让每个人都能发表意见的话……那随便一个人的观点就会把一切都搞砸。"

限制决策人数。相信 CMO，减少审批的层次。如果 CEO 对每一个创意都要签字，那么你的组织就有问题了，你就不可能快速、大胆地采取创造性行动。

记得之前说过的欧特力的例子吧。我们询问了他们的创意总监约翰，如何能够在一个组织中创造出这么大胆的作品，他说：

> 我们没有营销部门，但我们有一个创意部门，自己做简报、做创意，然后等它足够完善时就批准执行。除了 CEO 托尼，公

司里没有人可以阻止我们做任何事情。我们与托尼有个协议，只要我们做的是世界级的，哪怕他不喜欢，也不能阻止。这让我们有机会创造一些独特的、值得拥有的东西。消灭营销部门的办公室政治，就会产生一些有趣的东西。

使用正确的 KPI 来衡量成功

◎ "我们使用了错误的 KPI（关键绩效指标），这些 KPI 并不能正确衡量我们的要求，比如品牌声誉。消费者仍然认为我们是这个领域的领导者，但这并不代表我们与众不同。"

你在用什么 KPI 来衡量你的成功？如果使用错误的绩效指标，很容易使自己的目标大打折扣。较为传统的文案测试方法要求消费者运用他们大脑的理性面。这对创造一个突破性的、与众不同的广告来说只能起反作用。这是大多数文案测试的一大缺陷——要求消费者以一种不自然的方式来判断一个广告。你的受访者正以合乎逻辑的眼光理性看待这个广告。他们想取悦你，才会努力地去分析广告效果。而他们在外面看到你的广告、店铺设计或产品创新时，才不会这样看待、处理和回应。

使用正确的 KPI 来衡量独特性。当然，最终的 KPI 是增加销售额。但是，不经意地在脑海中闪现的印迹是非常有价值的。我们也相信在广告投放后进行（去掉所有商标和品牌名称）测试，并向受访者提出三组问题。（1）你见过这个吗？（突破性）；（2）这是什么品牌？（归属性）；（3）信息有说服力吗？为什么？（相关性）。如果得分太低，销售额没有增长，我们的一些营销团队就会撤下广告。这是痛苦的，也是重要的学习经验。

把握巧妙的机会

我真的相信大机构会受到现状的困扰，让 CMO 承担风险并带领组织走向新方向是困难的，因为让品牌融入其中，不得罪任何人或冒失败的风险更安全，特别是在你的品牌已经得到认可时。保持现状，不去冒险的诱惑总是存在。要成为一名优秀的营销人员，不能害怕失败，这比任何功能都重要。

——百胜集团首席执行官　戴维·吉布斯

没有什么比恐惧更能扼杀独特性。没有人愿意为一场成本高达数百万美元的惨败买单，或者做了一个连"太糟糕了"这种反响都换不回来的方案。在我们的行业中，最大胆、最具特色的广告活动从曝光伊始就备受争议。想想欧仕派男人吧。他并不含蓄，相反，他很荒唐，很夸张，很独特。看看他所取代的原先设计中的一张图片：一个体格健壮的家伙，骑着山地自行车穿过一条咆哮的小河。去掉标语和产品形象，这可能是一个从啤酒到人寿保险的任何广告。现在，看看那个老辣的家伙。现在回头看我，再回头看看他。哦，等等……认真点。看，以赛亚·穆斯塔法骑在马上。这么做是有争议的。让宝洁公司同意这个创意并非易事。当时可能有很多人非常担心,这会扼杀欧仕派仅有的一点市场份额。然而,欧仕派采用这项广告策划方案已经持续了10多年。如今,策划方案里甚至还包括欧仕派男人与他的Z世代儿子的关系,以及古怪父子之间意料之中的误解。

不要受恐惧支配,让工作方向模糊不清。坚持下去,要对自己的创造力有信心。如果它是独特的、可拥有的,并且具有一致性,那么它就是正确的选择。

避免"解剖青蛙"

◎ "一旦经过程式化,任何有趣的张力或创造力都会消失。然后不知何故,人们仍然期望它大胆地创造奇迹。"

◎ "之前有很多人参与,有很多观点、很多研究、很多见解,但到了最后,只剩下软弱无力、平淡无奇的东西了。"

广告中有一个由来已久的"解剖青蛙"的比喻,许多广告公司创意人员都认同。品牌购买了一个有创意、有特色、有突破性的广告,随后他们开始过度思考,对广告进行拆分、调整、切割、移动,到最后就变成了一个怪异的弗兰肯斯坦[①],最终毁了他的创造者。就像拿起一只青蛙,解剖,再把它缝合在一起,然后期望青蛙还能跳起来。

要想与众不同,就不要解剖青蛙了。找到核心理念,完善它,强化它,加倍努力,但不要解剖青蛙。

---

① 弗兰肯斯坦是同名小说中的人物,是一个作法自毙的科学怪人。——编者注

第四篇

R.E.D.系统的综合运用

为了应对变化的市场环境,我们还要掌握好R.E.D.策略的关键思维和工具。

第十四章
搭建坐标轴，评估品牌价值

资产映射

既然你已经对独特性和它的运作方式心里有数了，让我们来评估一下你的品牌在独特性方面表现如何。我们最终的想法是通过高质量的咨询公司、使用真实的消费者数据来实现独特性。以下这个练习可以同时让你在此期间进行快速诊断。

让我们开始吧！

◎ 首先，想想品牌有哪些独特的优势，并将其填写在第一列。这些品牌优势可以是角色、品牌世界、广告框架、广告歌/标语/口号、声音、产品、噱头、动机或形状/配色方案/字体。但不需要填满所有15个空格。

◎ 其次，要根据三个关键因素（3个"A"）对每项独特的品牌优势评分（1~10分）。

归属强度——人们能在多大程度上将其正确归因于你的品牌？

注意力强度——突破性如何，能引起多少关注？

认知强度——有多少人了解这一品牌优势？

◎ 最后，根据表格上给出的分数，在象限上标出品牌优势。

在深入研究之前，让我们先看一个例子。凯蒂猫（Hello Kitty）虽然只是三丽鸥公司旗下众多角色中的一个，但凯蒂猫既独特又知名，基本上可以视为一个独立品牌。看看下图中这些凯蒂猫品牌图片，你认为哪些代表了凯蒂猫独特的品牌形象？我们如何为凯蒂猫这个品牌做这个练习呢？

我们首先列出独特的品牌资产：凯蒂猫本身、工装裤、标志性Hello Kitty字体、黄鼻子、标志性蝴蝶结、泰迪熊（随身携带的泰迪

熊）等等。

接下来，我们对3个"A"打分。首先让我们来看看凯蒂猫本身。毫无疑问，它的认知强度非常高（10分），我们敢说，大多数从事这一领域的人都见过它。它的归属强度也很高（10分）——在众多卡通角色中，它会脱颖而出，不会被误认为是另一个角色。我们认为她在注意力强度方面也很出色（10分），与简单的颜色相比，面孔、人物和地点往往更吸引人的注意力。

我们再来分析一下凯蒂猫品牌中的另一项优势：蝴蝶结。蝴蝶结在某种程度上已经成为一种标志、一种资产，经常用来代替凯蒂猫本身。

因此，我们将这个蝴蝶结的认知强度排在非常高的位置（9分）——受众对这个标志性的蝴蝶结的了解几乎与凯蒂猫本身一样多。它的归属强度如何？虽然其他品牌和人物也有标志性的蝴蝶结，比如米妮老鼠和贝西·约翰逊，但每一个蝴蝶结都有其独特之处。基于此，我们把蝴蝶结的归属强度位置排在了前列（8分）。我们认为，注意力强度居于两者之后（6分）：蝴蝶结不完全是一个特征，但也不只是一种简单的颜色。

让我们再来分析一下凯蒂猫的另一个品牌资产：乔伊老鼠。它是凯蒂猫的朋友，一只蓝色的老鼠，有时会和凯蒂猫一起拍照。你可能会想，"啊？什么老鼠？"如果给你看它的照片（我们不会这么做，因为不想事先知会你！），可能有一半人会想，"哦！我想我以前可能见过它。"问题是，它的认知强度很低（3分），甚至根本没人知道（除非你是真正的凯蒂猫粉丝），特别是它不和凯蒂猫一起合影时。那它的归属强度在哪儿呢？它会不会被误认为是其他角色或其他品牌？至少目前我们是这么认为的，所以将它的归属强度排在较低的位置（3分），注意力强度排在较高的位置（6分）。

我们会对列出的每一项资产都这样操作，最终的表格将类似于下表，我们将把其转化为映射图。归属强度是横轴，注意力强度是纵轴，而认知强度是泡泡本身。

资产	归属强度 （1~10分）	注意力强度 （1~10分）	认知强度 （1~10分）
凯蒂猫	10	10	10
红色蝴蝶结	8	6	9
乔伊老鼠	3	6	2
工装裤	4	4	5
字体	2	3	3
白色外形、胡子、黄鼻子	10	8	10
红色	2	2	2
粉色、红色、白色组合	6	3	5

在独特的资产映射图上绘制品牌优势分布，创建可视化诊断，可以帮助你确定哪些资产很强大，哪些是机遇，哪些应该谨慎操作。以凯蒂猫为例，我们从练习中学到了以下几点：

右上象限：这些是你的主要资产，在每个接触点使用它们将提高沟通效率。包括：

◎ 凯蒂猫本身；

◎ 有胡须和黄色圆点鼻子的白猫造型；

◎ 蝴蝶结。

图表内容：

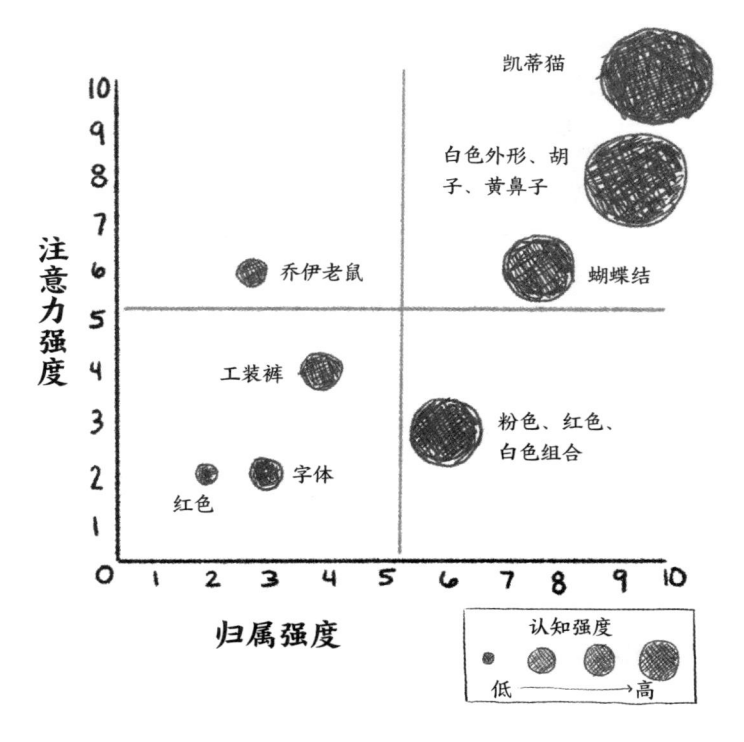

纵轴：注意力强度（0-10）
横轴：归属强度（0-10）

数据点：
- 凯蒂猫（约 9-10, 10）
- 白色外形、胡子、黄鼻子（约 8-9, 8）
- 蝴蝶结（约 8, 6）
- 乔伊老鼠（约 3, 6）
- 工装裤（约 3-4, 4）
- 字体（约 3, 2）
- 红色（约 2, 2）
- 粉色、红色、白色组合（约 6-7, 3）

图例：认知强度 低 → 高

左上象限：这份资产能够吸引大量关注，却不能轻易与你的品牌联系起来。注意：不要在品牌特定语境之外使用，否则，你可能在不知不觉中强化了竞争对手的记忆结构。包括：

◎ 乔伊老鼠

右下象限：这明显是独特优势，很容易让人想到你的品牌特征。问题是，它们并不能吸引太多的注意力。将它们作为辅助资产，与其他更吸引眼球的资产相结合会更好。包括：

◎ 粉色、红色和白色组合

左下象限：这些都是有问题的品牌资产，它们既不吸引眼球，也不容易与你的品牌联系在一起。考虑放弃它们，或只与归属性更强的品牌资产结合使用。包括：

◎ 红色；

◎ 工装裤；

◎ 字体。

注意：右上象限的小气泡都是潜在的金矿，独一无二，引人注意。如果投资它们，提高其公众认知度，品牌会在未来几年得到回报。

这项工作对你和你的品牌来说是一个巨大的机会，可以帮助你从资料库中发掘出宝藏。这也是一个帮助你甄别哪些资产值得投资、哪些最好放在一边的机会。一个品牌可能因为品牌资产过于庞杂，很难进行有效架构和维护，而资产太少也可能面对同样的情况。选择真正想要长期投资的项目才能确保成功。一定要混合使用品牌资产优势，不要动用所有的视觉资产。想想声音和文字，独特的气味，甚至是标志性的客户服务行为。

第十五章
始终用 R.E.D. 视角解决营销关键问题

总之，就是这样！之前对撞机实验室和百胜集团采用 R.E.D. 系统来打造营销策略，让销售实现了指数级增长。我们希望你也能做到这一点，希望这个项目让你具有坚韧不拔的精神，迎接未来几年的商业挑战。谁知道从现在到本书出版那天，全球经济将经历怎样的曲折。我们确定的是如果你的口袋里装着 R.E.D. 策略，就会比大多数人更有可能在风暴中幸存下来。那么，从哪里开始呢？

格雷格有句经典名言，每当一个品牌陷入动荡，没有人知道如何着手解决问题时，他就会与大家分享。这句话很简单："不要试图煮沸海洋。"意思是，公司处于危机中时，产品、营销、店内体验等一切似乎都构成了问题的一部分，这时候，需要反其道而行之。与其派出团队来尝试一次性解决所有问题，不如花点时间，想想作家查尔斯·杜希格提出的所谓关键问题。拱顶石是恰好位于拱门顶部的石头。一旦有了拱顶石，石匠就可以放松一下：他知道拱门现在结构稳固，将保持直立；他可以开始处理其他建筑任务，或景观美化，或去吃午餐。

杜希格提出的经典案例是一度境况不佳的铝业巨头美国铝业。时任美国铝业 CEO 的保罗·奥尼尔认为，工作场所安全是需要解决的最重要问题。你可以在《习惯的力量》[①]一书中读到完整的描述，但现在你只需要知道，奥尼尔顶着巨大的压力把他所有的努力都放在了改善美国铝业公司员工的安全上。他的做法最初引起了股东们的担忧，因为股东们认为销售额将继续下滑，股票价值也将继续下跌。美国铝业有很多很多问题，工人安全问题并不是亟待处理的头等大事。恰恰相反，保罗解决的正是美国铝业的最关键问题，并一举扭转了公司颓势。这块拱顶石的作用有点像推倒了一组多米诺骨牌，暗含着隐喻。保罗强调工人安全问题，让管理者与员工建立了更多的联系，继而产生了更多关于如何提高效率的想法，带来了更好的创新，等等。

我们在使用 R.E.D. 时也采取了类似的方法。首先退后一步，弄清楚什么是核心问题，做出什么样的改变才会带来最直接的投资回报。我们这样做是因为只有取得一些成功，得到一些动力，才能自由探索更多解决方案。老板会松一口气，团队也会变得更加自信。成功带来成功。如果把注意力放在解决关键问题上，成功机会就会大得多。

---

① 该书简体中文版由中信出版社于 2013 年 3 月出版。——编者注

说起来容易做起来难。要鼓起勇气大胆专注解决问题可没那么容易。但是，如果能鼓起勇气，那么问题就变成了：什么是关键解决方案？这是一个大问题，所以我们不会轻易地迈出这一步。我们花了几个星期时间集中精力研究，采用的方法称为"四个C"。别担心，这不是一个必须以R.E.D为基础建立的复杂框架，而是一种非常简单的方法，保证你在寻找关键问题和解决方案的同时，看到业务的各个面。

4个C（好吧，是三个C和一个B）

3C战略三角模型是日本著名管理大师大前研一开发的经典商业分析框架。《经济学人》杂志曾称他为"世界五大管理大师之一"，20世纪90年代初，他还写过一本书论述这一方法。大前研一先生的"战略三角模型"由3个C组成：公司（company）、客户（customer）和竞争（competition），他认为这三个要素必须成为"所有战略思考和规划的基础"。我们在对撞机实验室增加了第四个要素：文化（culture），希望你能从前文中了解到，我们认为这是决定成功的关键要素。此外，我们并不认为我们正在谈论的是公司（company），我们谈论的只是品牌（brand），因此把它改为"B"。所以，我们提出的"3个C和1个B"并不像原来的那样朗朗上口（对不起，大前研一先生！），但对实现目标更起作用。我们姑且称之为"4个C"。"4个C"帮助你提出所有需要回答的问题，让你完全了解品牌状况。

所以，如果现在做 4C 练习，我们可能会问：

◎ 消费者（consumer）。现在消费者的生活中发生了什么（改变）？新型冠状病毒是如何重塑他们对世界的信心的？他们是在经历恐惧、焦虑，还是希望很快恢复正常？塑造生活的其他因素是什么？潜在的经济衰退可能会对他们的行为产生什么影响？然后，我们寻求回答有关消费者心态的更温和的问题。看看那些爆红的电视节目，社交媒体上广泛分享的表情包或主题，能从中学到什么来帮助你搞清楚消费者心理呢？

◎ 品类（category）。我们这类产品中哪些品牌最火，哪些正在衰落？这些品牌有什么前景？为什么在增长或萎缩？我们能从中学到什么？哪些 CUO 在增长或者下降？为什么？

◎ 文化代码（culture code）。在我的产品类别中，主要的文化代码是什么？我的文化代码与它们合拍吗？例如，第五章中的 2011 年塔可钟案例讨论了美食主义是如何影响快餐的。如果你今天身处新闻行业，很可能会从这里入手，开始解构文化寻找（和拒绝）真相和事实的复杂过程。

◎ 品牌（brand）。最后，你的品牌发展得怎么样了？从遥远的过去开始说起。对消费者来说，这个品牌曾经代表了什么？现在又代表什么？为什么会改变？与你的竞争对手相比如何？它能赢得正确的品类使用场合吗？它符合文化代码吗？还是说它没有抓住要点？为什么？

挑战

如果时间充裕，我们要拆解各种复杂因素，比如在南非肯德基的案例中，每一个 C 都处于急剧变化的状态，那么 4C 分析可能需要花上长达 12 周的时间。如果有必要，也可以在一两个星期内完成。这种情况下，我们会兵分几路，让每个团队成员都踏上自己的 C 探索之旅。一个人会深入研究人口统计学和心理变化来回答消费者的 C，而另一个人则去研究竞争者的 C，通过看旧广告，研究它们的定价结构，做深入的社会媒体分析，寻找整个行业的出版物来分析每个品牌的优势和劣势。不过，我们都是为了文化代码而聚集在一起，并安排与相关学者和文化专家进行小组讨论。我们需要在这些重要的文化背景下解构每个个体代表的 C。

大约一周后，我们聚在一起进行了一次长时间内部头脑风暴。每个人都会做分享，大家展示后，我们还会举行一个小型头脑风暴会，讨论刚刚看到的内容可能会如何影响品牌。随着讲解和讨论的深入，对 C 的理解会越发深刻，最后，我们已经能很好地掌握影响品类和品牌的主要因素。这是一个混乱的过程，且是有意为之。毕竟，对撞机实验室并非浪得虚名。我们同时从多个角度研究这个问题，同时提出多个假设。分析新数据，评估其与形势的相关性，要么将其纳入，要么将其搁置一边。诀窍在于，要在一个我们信任的框架内完成这一切，即大前研一先生的 3C 模型。这可不是病急乱投医，我们希望实践出真知。

进行头脑风暴时，我们往墙上贴了 4 个巨大的便利贴：消费者、品类、文化代码和品牌，代表 4 个 C，我们讨论每个 C 时，都会在对应的便利贴下面贴上一些较小的便利贴。头脑风暴结束时，每一栏至少有 20 个可能的答案。然后，把对我们的情况最重要的见解圈起来，做上标记，或者放在一边。很多时候，我们并不能百分之百地确定已经做到了，所以构建了多个 4C "故事"，做了更多研究，以便搞清楚哪个才是正确的。而有些时候我们又会很有信心，确信已经破解了 4C 难题，这时我们会向自己提出一个宏大的问题："什么是拱顶石挑战？"这个时刻很艰难。市场上有很多因素，直觉告诉我们要解决所有的问题，但在这么多年的实践中，我们从未见过一个营销部门可以同时兼顾所有的事，又能把每件事都做好。所以我们强迫自己争论，对假设进行压力测试，直到找到需要解决的首要问题为止。同时安排整理好其他事宜，排好优先级，作为下一步工作放在一边。

整个事情的关键在于分析视角。当然我们的视角是 R.E.D.。研究每一个 C 时，都会问自己："这是一个文化相关性问题，还是一个功能相关性问题？是因为 CUO 扩展得不够多吗？"也许这是一个便利性问题，而竞争对手的分销做得比我们好。也许分析一下品牌 C，我们会意识到自己的广告没什么突破，所以没能获得关注。或者我们在研究品类 C 时，可能还会发现，竞争对手已经开发出了更独特的品牌资产，而独特性是品牌目前面对的核心问题。

我们知道你在想什么：一步一步来，做一个 R.E.D. 分析，省去 4C 这一步，不是更简单吗？我们很乐意回答"是"，但其实不是。二者代表不同的方向：4C 告诉你往哪个方向看，R.E.D. 告诉你要找什么。好处是：4C只是一个简单的映射图，仅仅是帮你找到四大象限，在使用方式上没有额外的科学法则。4C确保我们深入了解同行业竞争对手、消费者生活、新兴文化代码以及品牌本身。R.E.D才是问题的核心，告诉你想要的答案。

一旦找到关键问题，就要优先解决。别想着同时解决很多问题，这样会分散精力。如果确实是个跨部门问题，应该在全公司范围内发起行动，扭转业务面。假设我们找到的关键问题是客户发现订购过程太复杂、访问速度太慢，可以将解决方案定义为"简化过于复杂的菜单和订购过程"。现在，整个团队从运营、市场到信息技术等都设立了共同的目标。为实现目标大家紧密团结在一起，彼此鼓励，相信这种转变是可行的。之后，每个参与品牌传播的人都初尝到成功滋味时（在我们的案例中，成功意味着转化率上升、销售额增加），大家就会一起庆祝改变的发生。

记不记得我们无比相信坚定地采取行动要比踌躇不前、追求完美更重要？这也是个基础性的问题。你要寻找的是大胆行动后的多米诺骨牌效应。选择一个问题，然后坚定地解决它，就会开始多米诺骨牌效应。一旦团队看到了前进的动力，感受到进步，就会重新振作起来，也会更有希望。当一个沟通顺畅、高效、状态更好的快乐团队出现时，你才会明白这一点。

在第五章，我们举了一个经典的塔可钟例子。我们意识到，塔可钟当时已经与文化严重脱节。让我们来看看百胜集团旗下的另一个案例：西班牙的肯德基。

50 岁的老品牌

　　肯德基已经在西班牙经营了 50 多年，但到 2018 年，品牌陷入了严重困境。销售额在下滑，新上任的营销管理人杰西·库贝罗和巴勃罗·卡拉维亚承受着来自各方的巨大压力，必须迅速扭转局面。他们聘请了对撞机实验室进行一个加速项目，经过几周挖掘，我们开始对情况有了清晰的了解。通过消费者分析，我们并没有发现任何意外。当然，当时西班牙经济很困难，但我们的价格与竞争对手是一致的。同样，品类分析也很平常：许多低价品牌正在蓬勃发展，但没有什么惊人之处。当时的文化代码是"社会化"，西班牙人喜欢一起吃饭，而当时正值金融危机。仔细观察品牌 C 时，我们发现了一个问题：前几年的广告毫无独特性，可有可无，而且一致性不足，因此，消费者几乎不承认肯德基在西班牙的存在。我们采访的几位消费者甚至问我们："肯德基？那是一家卖……炸鸡的，对吧？"肯德基的受关注度竟然如此之低？记住，我们在西班牙已经待了 50 年了。

　　如果解决了缺乏独特性的问题，相应也就解决了一个必然存在的问题，那就是知道肯德基的消费者会觉得这是个低质量品牌。（记住，知名度意味着如果大家都在谈论你的品牌，它反而会更容易被记住，消费者会认为，因为这个品牌是好的，才会有人大肆谈论）。杰西和巴勃罗是典型的百胜营销人员：直观敏锐、行为大胆、行动迅速。一周后我们坐下来聊，我们提出："你们的问题不是质量或文化相关性，而是独特性。"他们立即同意调整努力方向，解决这个问题。他们能敏锐地感受到关键问题。他们没有反复思考、测试，或者没完没了地进行团队讨论，也没有做更多定位工作，而是邀请了西班牙三家非常年轻、非常有创意的广告公司来帮助他们实现这个独特的想法。

几周后，三家公司都提出了富有创意的解决方案，这些方案都不重视定位，而注重独特性。其实我们想说的是，肯德基的炸鸡很好，但却制造了很多噪声。我们允许广告代理商使用上校标志，和任何品牌独特资产。最终，我们选择了一条以唱歌跳舞为表现方式的主题广告片，人们唱着一首很荒谬的歌曲"小鸡，小鸡"。这首歌很好听，也很荒唐，但很快变得与众不同，脱颖而出，在接下来的三年里为品牌带来了两位数的增长。

关键是：肯德基西班牙打了一个漂亮的大胜仗。加盟商们都很高兴，又开始忙碌起来。总经理和区域领导终于可以喘口气了。他们不再给杰西和巴勃罗打电话，强迫他们尝试新东西。"突然间，我们得到了全世界的信任，可以做更大胆的尝试，"巴勃罗解释说，"初步成功消除了即时的防守压力，反而让我们在市场上成了进攻方，这更加令人兴奋。"

这才是关键性收获：动力才是一切。

取得了一次小小的成功后，上至担心自己要被解雇的老板，下至被客户搞得筋疲力尽的一线员工，都可以放松下来，喘口气了。成功让他们看到，改变是可能的，更重要的是，有负责推动改变的人。农民有句老话，让移动的拖拉机转弯更容易，这句话千真万确。一旦有了动力，各种机会就会随之出现。

第十五章　始终用 R.E.D. 视角解决营销关键问题　│　261

当然，我们说得比实际情况简单得多。挑选一个关键问题，确定其优先次序，这需要勇气，特别是当品牌在摇摆不定，管理层、股东和加盟商都在发火，要求看到效果的时候。但从经验来看，如果你能花一分钟做一个 4C 分析，找到品牌信念，把大部分资源放在同一件事上，你就会获得回报。

同时，必须对合作机构坦诚相待。关键解决方案必须能够团结周围的人，约翰·肯尼在第五章举了一个米凯罗啤酒的例子，提出了一个很好的建议。

不同的组织需要思考他们最擅长的策略是什么。相关性要求团队远离文化保守主义者。便利性要求一个组织在使用数据和技术来改善客户体验方面毫不留情。独特性需要一个承诺，即从一个流程驱动型组织转变为一个创造驱动型组织，在这个组织中，讲故事、聊情感和原创性比秩序、流程和可预测性更受重视。要想在这些领域取得卓越成就绝非易事，意志薄弱的人不可能成功。

那么，我们接下来何去何从？

谁知道现在会发生什么。当你读到这篇文章的时候，毫无疑问，你已经对企业如何发展有一些清晰的认识了。在对撞机实验室，加倍努力合作，一直是我们成功的关键，但在新冠肺炎疫情暴发后的几个月里，我们平时合作接触的教授、专家和文化思想家的数量增加了一倍。为什么？因为分享想法，向同行学习，并与志同道合的人（更重要的是，不一样的人）合作，才让我们不那么孤独，让我们更有能力处理当前时代的奇怪现象。

这种合作既可以是与大量外部专家团队合作，也可以是内部合作。在过去的几个月里，百胜集团创立了 R.E.D. LT，由凯瑟琳·坦-吉莱斯皮领导。所有全球品牌经理每两周召开一次会议，讨论在做什么，什么可行，什么不可行。这种共同的奋斗和偶尔的胜利尤为宝贵。

商业并没有消失。我们依旧热爱工作，热爱随之而来的挑战和乐趣，只是形式与过去经历的有所不同。有了 R.E.D. 在手，我们相信，你会更有能力，更有信心应对这个必将快速变化的环境。我们希望你跳出窠臼，更重要的是，看到你们在相关性、便利性和独特性领域有所突破，取得成绩。

每个 R.E.D. 元素的用途

元素	内容	影响
R. 文化相关性	·一个品牌更深层次的文化意义 ·给人们归属感和认同感	品牌的整体 DNA 在每个接触点都有所反映
功能相关性	品牌的各品类有足够的 CUO，能满足人们的功能需求	产品或服务本身，以及连接这些 CUO 和品牌传播
社会相关性	能够引起关注并被人谈论	制造噱头，培养值得关注的热点话题
E. 容易受关注	通过大众媒体和令人难忘的广告创意，制造不同于所有类别用户的显著性	媒体策划和广告创意
容易获得	在购买过程中变得尽可能地容易获得，减少摩擦	分销，零售策略，电子商务和购买流程
D. 独特性	品牌始终如一地使用独一无二和可拥有的品牌资产，创建一个与众不同的品牌，脱颖而出	所有广告产品的外观、感觉、结构、包装等

延伸阅读

在对撞机实验室，我们喜欢阅读，我们会读很多很多书。我们发现大多数营销人员，广告公司高管和创意人员，以及品牌缔造者忙得都没有时间定期坐下来阅读。所以……我们的建议是将书分配给机构内任何有兴趣阅读的人，消化其内容，并在机构定期读书会中分享各自的发现。思想和灵感无处不在。了解客户想法的新方法可能在意想不到的地方出现。要确保接触到自己领域之外的大思想家，无论是TED演讲播客，讲述流行文化的小型利基播客，社会趋势或当前事件，还是挖掘心理学、人类学、社会学和行为经济学新发现的学术文章。我们喜欢发掘新的想法，但我们知道大多数人没有时间花几个小时研究他们最喜欢的播客应用。因此，请你先进行研究，然后一起分享见解和观察。如果你听到、读到或看到一些你认为很好的东西，也请与我们一起分享。

引言中的阅读清单

读完这本书后,你可能想读一下拜伦·夏普的《非传统营销:营销专家不知道的品牌成长定律》(*How Brands Grow: What Marketers Don't Know*),了解他掀起的营销革命。再读一些道格拉斯·霍尔特的书,了解另一方的观点,可以从《品牌如何成为偶像:文化式品牌塑造的原理》(*How Brands Become Icons: The Principles of Cultural Branding*)开始。再看看保罗·费尔德威克的《谎言剖析:如何从不同角度看待广告》(*The Anatomy of Humbug: How to Think Differently About Advertising*),该书对现有传统的营销理论很好地进行了阐述,比我们这本书的叙述要详细得多。如果你想读一篇特别振奋人心的文章,请看菲尔·巴登在优秀文集《多吃绿色蔬菜》(*Eat Your Greens*)中的文章。关于文化优势如何成为社会阶层的基础性标志的启发性读物,请参考伊丽莎白·科瑞德-霍凯特的优秀著作《小事物之和:一个关于有抱负阶级的理论》(*The Sum of Small Things: A Theory of the Aspirational Class*)。感谢科瑞德-霍凯特教授多年来与我们保持通话。斯蒂芬·约翰逊的优秀著作《好点子从哪里来:创新的自然史》(*Where Good Ideas Come From: The Natural History of Innovation*)是对撞机实验室的必读书(我们的名字"对撞机"也由此而来。他解释说,地球上最兼容并蓄、最密集、互动性最强的地方就是创造出最多新生命的地方)。

相关性概述章节的阅读清单

要进一步了解人类如何做出选择，请阅读丹尼尔·卡尼曼的经典著作《思考，快与慢》(Thinking, Fast and Slow)。丹·阿雷利的《怪诞行为学》(Predictably Irrational)是对行为经济学的一次伟大的深入探讨。罗伯特·西奥迪尼的《影响力》(Influence: The Psychology of Persuasion)是肯的最爱之一，因为他本人是行为经济学领域一位相当鼓舞人心的前辈。想深入了解关于群体动态的优秀读物，可以看看马克·厄尔斯的《群体：如何利用我们的本性改变大众行为》(Herd: How to Change Mass Behavior by Harnessing our True Nature)。多年来，这本书一直荣列对撞机实验室的主要阅读书目。如果你对世界各地人群之间的差异感到好奇，可以在网上查阅吉尔特·霍夫斯塔德的"六个文化维度"。

文化相关性章节阅读清单

我们偶然发现霍尔特的《品牌如何成为偶像》，这本书详细解释了文化相关性所涉及的原动力。克洛泰尔·拉帕耶的《文化密码》(The Culture Code)是一本引人入胜的读物，详细介绍了不同产品类别在世界各地意味着什么（尽管我们并不同意他的所有结论）。布琳·布朗的《归属感》(Braving the Wilderness: The Quest for True Belonging and the Courage to Stand Alone)对"归属感"的含义进行了深刻探索。

功能相关性章节的阅读清单

为了进一步了解设计和营销创新如何保持在客户可接受的范围内，请阅读雷蒙德·罗维最初构想的玛雅（MAYA）原则。[1] MAYA 是 "Most Advanced, Yet Acceptable" 的缩写，意思是"极为先进，但可接受"。它最初是为设计而设计的，但对扩展 CUO 非常有效，促使你尝试新东西，又不会跑偏。戴维·泰勒的《品牌延伸》（*Brand Stretch: Why 1 in 2 Extensions Fail, and How to Beat the Odds*）解释了为什么这么多新的 CUO 尝试都失败了。安东尼·乌尔威克的《有待完成的工作：从理论到实践》（*Jobs to be Done: Theory to Practice*）也有很多值得学习的地方。

社会相关性章节的阅读清单

我们喜欢《连接：社交网络的惊人力量及它们如何塑造我们的生活》（*Connected: The Surprising Power of Our Social Networks and How They Shape Our Lives*）这本书，作者是两位知名的社会科学家：耶鲁大学的尼古拉斯·克里斯塔基斯和加州大学圣迭戈分校的詹姆斯·福勒。阅读詹姆斯·索诺维尔基的《百万大决定：世界是如何运作的》（*The Wisdom of Crowds*），可以了解更多关于社会证明的概念。看看周围最具社会性的媒体、明星和网红大 V。在写这篇文章的时候，我们推荐詹姆斯·查尔斯在 YouTube 上的节目《即时影响者》（*Instant Influencer*）。戴维·多布里克和谢恩·道森，尤其是后者采访了杰克·保罗和杰弗里·斯塔等有争议的网络名人，在 YouTube 上播放。YouTube 上播放的《祝你好胃口》(*Bon Appetit*)也是不错的例子,说明品牌可以转移到一个新的平台并在其中占据主导地位。看看其他利基影响者,喜欢在子弹笔记上画手账的阿曼达·李,TikTok 上的舞蹈狂人查理·达梅里奥,美容大师杰基·艾娜,Instagram 上的身体积极美容大师泰斯·霍利迪,励志演说家 Prince Ea,以及 YouTube 上的艾玛·张伯伦等。我们并不是模仿、复制或追随他们,相反,是把这些人看成如何准确理解社会相关性在你的眼皮底下演变的例子。时代变化很快,所以问问你的孩子、新员工或咖啡师,看看他们眼中谁是现在的流量担当。

便利性章节的阅读清单

罗里·萨瑟兰于 2019 年出版的书《创意有魔力:如何想出好点子》(*Alchemy: The Dark Art and Curions Science of Creating Magic in Brand, Business, and Life*)是一次奇妙的旅程,讲述了人类看似不合逻辑的思维和令人惊讶的决策方式。亚当·费里尔的《如何让他买:改变消费者行为的十大策略》(*The Advertising Effect: How to Change Behavior*)是对撞机实验室的最爱。请看戴维·哈尔彭《助推(实践版)》(*Inside the Nudge Unit: How Small Changes Can Make a Big Difference*),这本书对英国政府如何通过微小鼓励措施改变人们的行为进行了精彩的分析。巴里·施瓦茨的《选择的悖论》(*The Paradox of Choice: Why More Is Less*)是一部经典之作,充满了令人惊讶的洞察力,说明少真的可以是多(即使考虑到对果酱研究的争议)。帕科·昂德希尔的《顾客为什么购买》(*Why We Buy: The Science of*

Shopping）充满了洞见，对通过调整产品和商店货架的位置来增加销售进行了分析。相信我们，这也是一本非常有趣的书。

容易受关注这个话题很棘手，争论激烈，而且对媒体公司和营销技术/广告技术人群来说，意味着一大笔花销，所以阅读这一主题要非常挑剔，要尽可能寻找持中立立场的内容。我们向您推荐两篇来自伦敦国际认证协会的基础读物：《长与短：平衡短期与长期营销策略》（The Long and the Short of It: Balancing Short and Long-Term Marketing Strategies）与《媒体焦点：数字时代的营销效率》（Media in Focus: Marketing Effectiveness in the Digital Era）。这两本书都很精悍，作者分别是莱斯·比纳和彼得·菲尔德。请密切关注这两位作者接下来发表的每一部作品。

独特性章节阅读清单

关于独特性的文章并不多见，这令人非常惊讶。因为营销界一直沉迷于对情感联系、品牌之爱和品牌目的等内容，却在很大程度上把这个异常重要的话题（远比所有这三种哲学加起来还要重要）忽略了。为数不多的例外是詹妮·罗曼纽克撰写的《打造独特的品牌资产》（Building Distinctive Brand Assets）一书，这应该是你的第一个也是最重要的选择。之后，再看看苏恩·优的《经典优势：不要追赶新事物，要创新旧事物》（Iconic Advantage: Don't Chase the New, Innovate the Old），这本书谈的是情感联系和意义。我们再次鼓励你做自己的调查和研究，这样才会找到一大堆有意思的信息。

注　释

第三章

1. Martin Pengelly, "Nike Sales Surge 31% in Days after Colin Kaepernick Ad Unveiled, Analyst Says," *Guardian*，September 8，2018. Accessed at https://www.theguardian.com/sport/2018/sep/08/colin-kaepernick-nike-ad-sales-up.
2. Vanessa Romo, "NFL on Kneeling Players' Protests: 'We Were Wrong,' Commis-sioner Says," NPR, June 5, 2020. Accessed at https://www.npr.org/sections/live-updates-protests-for-racial-justice/2020/06/05/871290906/nfl-on-kneeling-players-protests-we-were-wrong-commissioner-says.
3. 拜伦·夏普在《非传统营销》中称这一概念为"心智的显著性和购买的便利性"。他还认为其中一些杠杆是驱动购买的最关键因素。

第四章

1. 正如夏普在《非传统营销》第八章中所说："科学定律、理论和直接经验证据对有意义的感知的重要性提出了挑战。差异化确实存在，但差异程度很弱，竞争品牌之间的差异很小，而且远没有人们描述的那么重要。"
2. 盛世长城前首席执行官凯文·罗伯茨所著的《至爱品牌》就是关于这一理论的权威著作。
3. 理查德·肖顿，"营销人员快与慢的教训"，《卫报》，2014 年 4 月 7 日。网址：https://www.theguardian.com/media-network/media-network-blog/2014/apr/07/thinking-fast-slow-marketers-consumers。
4. Jeff Bercovici, "Small Businesses Say Amazon Has a Huge Counterfeiting Problem. This

'Shark Tank' Company Is Fighting Back," *Inc.*, March/April, 2019. Accessed at https://www.inc.com/magazine/201904/jeff-bercovici/amazon-fake-copycat-knockoff-products-small-business.html; Stephen McBride,"Is This the Beginning of Amazon's Meltdown?" *Forbes*, January 2, 2020. Accessed at https://www.forbes.com/sites/stephenmcbride1/2020/01/02/is-this-the-beginning-of-amazons-apocalypse/#1509982d726c.

5. 参见他的经典著作《思考，快与慢》(法勒 & 施特劳斯 & 吉鲁出版社，2011)。

6. Yuval Noah Harari, *Sapiens*(Harper, 2015)。

第五章

1. D. B. Holt, *How Brands Become Icons* (Harvard Business Review Press, Kindle Edition), p. 2.

2. 现在，糟糕的分销或产品匮乏永远不会带来大的销量（这是"容易得到"的反面情况），但这确实提供了一个机会，展示用户对你的品牌有多热情，尤其在欧特力的案例中。

3. Holt, *How Brands Become Icons*, p. 4.

4. 现在，你可能会说，"谁在乎有抱负的阶层？那不是我的目标"。但有抱负的阶层今天所热爱的，世界上其他地方的人明天同样热爱……纯粹是模仿，想要成为"酷孩子"。这就解释了为什么人们可以同时拥有化石燃料股票和特斯拉。这些车已经顺利通过了"酷孩子"的测试，现在不管他们对气候变化或石油峰值有什么看法，每个人都想驾驶它们。

5. Zoe Wood, "Oprah Winfrey and Jay-Z Tap into Rising Alt-Milk Star Oatly," *Guardian*, July 14, 2020. Accessed at https://www.theguardian.com/food/2020/jul/14/oprah-winfrey-and-jay-z-tap-into-rising-alt-milk-star-oatly.

6. "Guinness Targets Africans with Bold 'Made of Black' Campaign," *Ad Age*, August 28, 2014. Accessed at https://adage.com/creativity/work/made-black/36936; "Guinness: Made of Black," WARC. Accessed at https://warc.com/content/article/apg/guinness-made-of-black/105191.

7. Aimee Grove, "MEDIA: Taco Bell: Yo Quiero Profits, Not Just a Cute Little Dog," *PR Week*, July 31, 2000. Accessed at https://www.prweek.com/article/1240070/media-taco-bell-yo-quiero-profits-not-just-cute-little-dog.

8. Aimee Grove, "MEDIA: Taco Bell: Yo Quiero Profits, Not Just a Cute Little Dog."

9. "Most Innovative Companies, 2016," *Fast Company*. Accessed at https://www.fastcompany.com/most-innovative-companies/2016.

10. Daniel Kahneman, *Thinking, Fast and Slow*, 2011.

第六章

1. Jonathan Stempel, "CEO of Buffett-owned Brooks Running Moves Production Out of China, Cites Tariff Threat," Reuters, May 3, 2019. Accessed at https://www.reuters.com/article/us-berkshire-buffett-brooks/ceo-of-buffett-owned-brooks-running-moves-production-out-of-china-cites-tariff-threat-idUSKCN1S91DU.
2. Laylan Connelly, "Nike Surf Products Folded into Hurley Brand," *Orange County Register*, November 28, 2012. Accessed at https://www.ocregister.com/2012/11/28/nike-surf-products-folded-into-hurley-brand/.
3. "Cautionary Comments regarding the Myers-Brigg Type Inventory," *Consulting Psychology Journal: Practice and Research*, Summer 2005.
4. "These Are the Biggest Fast Food Franchises in South Africa," Businesstech, July 25, 2019. Accessed at https://businesstech.co.za/news/business/331387/these-are-the-biggest-fast-food-franchises-in-south-africa-2/.
5. 欧仕派品牌还拥有其他几个CUO，有其他的香味和变体，包括止汗剂、洗面奶、胡须护理等。
6. "Legacy's Truth Campaign Named One of the Top Campaigns of the 21st Century," *Tobacco Unfiltered* blog, January 14, 2015. Accessed at https://www.tobaccofreekids.org/blog/2015_01_14_legacy.
7. "Taco Bell's® Drive-Thru Diet® Menu Fuels Christine Dougherty's 26.2-Mile Run in the Marathon in New York City," BusinessWire, November 7, 2010. Accessed at https://www.businesswire.com/news/home/20101107005102/en/Taco-Bell%E2%80%99s%C2%AE-Drive-Thru-Diet%C2%AE-Menu-Fuels-Christine.
8. Emily Bryson York, "Taco Bell Takes Heat over 'Drive-Thru Diet' Menu," *Ad Age*, January 4, 2010. Accessed at https://adage.com/article/news/advertising-taco-bell-takes-heat-diet-menu/141285.

第七章

1. "Edelman Trust Barometer Archive," Edelman, January 1, 2019. Accessed at https://www.edelman.com/research/edelman-trust-barometer-archive.
2. 这个数字是针对"普通人群"的。"知情公众"的信任度降幅更大：从74%降至54%。网址：https://www.edelman.com/sites/g/files/aatuss191/files/2018-10/2018_Edelman_Trust_Barometer_Global_Report_FEB.pdf p.11。
3. "New Credos Report Highlights How Consumers Want Advertising to Change," Advertising Association, January 30, 2019. Accessed at https://www.adassoc.org.uk/

policy-areas/new-credos-report-highlights-how-consumers-want-advertising-to-change/.

4. Cheryl Wischhover, "Glossier Is Going After New Customers with an Army of Reps," Racked, July 12, 2017. Accessed at https://www.racked.com/2017/7/12/15949530/glossier-international-shipping-canada-uk.

5. Georgina Caldwell, "Tom Ford Beauty Poised to Become Billion-Dollar Brand by 2020," Global Cosmetics News, June 20, 2016. Accessed at https://www.globalcosmetics news.com/tom-ford-beauty-poised-to-become-billion-dollar-brand-by-2020/.

6. Tonya Garcia, "Coty's $600 Million Deal with Kylie Jenner Is Designed to Hang on to Her Social Media Star Power," Market Watch, November 23, 2019. Accessed at https://www.marketwatch.com/story/cotys-600-million-deal-with-kylie-jenner-is-designed-to-hang-on-to-her-social-media-star-power-2019-11-18.

7. "Kyle Jenner Sells $600 Million Stake in Beauty Line to Coty," *Ad Age*, November 18, 2019. Accessed at https://adage.com/article/cmo-strategy/kylie-jenner-sells-600-million-stake-beauty-line-coty/2216571; Tiffani Bova, "How Kylie Jenner Built One of the Fastest Growing Beauty Brands Ever," *Entrepreneur*, July 20, 2018. Accessed at https://www.entrepreneur.com/article/317001.

8. Jason Collins, "Please, Not Another Bias! An Evolutionary Take on Behavioral Economics," *Jason Collins Blog*, July 30, 2015. Accessed at https://jasoncollins.blog/2015/07/30/please-not-another-bias-an-evolutionary-take-on-behavioural-economics/.

9. 沃顿商学院教授乔纳·伯杰在奇普·希思与丹·希思合著的《让创意更有黏性》一书中谈道："人们在谈论一个产品或想法时是什么样子？"

10. Matthew Weaver, "Most KFCs in UK Remain Closed Because of Chicken Shortage," *Guardian*, February 19, 2018. Accessed at https://www.theguardian.com/business/2018/feb/19/kfc-uk-closed-chicken-shortage-fash-food-contract-delivery-dhl; Erik Oster, "KFC Responds to U.K. Chicken Shortage with a Timely 'FCK We're Sorry,'" *Ad Week*, February 23, 2018. Accessed at https://www.adweek.com/creativity/kfc-responds-to-u-k-chicken-shortage-scandal-with-a-timely-fck-were-sorry/; Alexandra Topping, "'People Have Gone Chicken Crazy': What the KFC Crisis Means for the Brand," *Guardian*, February 24, 2018. Accessed at https://www.theguardian.com/business/2018/feb/24/people-have-gone-chicken-crazy-what-the-kfc-crisis-means-for-the-brand; "KFC: Haters Gonna Hate, Use Them as Bait," WARC. Accessed at https://warc.com/content/article/apg/kfc-haters-gonna-hate-use-them-as-bait/127465.

11. Nathan McAlone, "Tons of People Lie About Being All Caught Up on TV Shows,

According to Hulu," *Business Insider*, October 7, 2016. Accessed at https://www.businessinsider.com/hulu-research-people-lie-about-watching-tv-shows-2016-10.

第八章

1. Mary Meisenzahl, "Mark Zuckerberg Dominated People's Phones over the Decade. Here Are the 10 Most Downloaded Apps, Nearly Half of Which Facebook Owns," *Business Insider*, December 20, 2019. Accessed at https://www.businessinsider.com/most-downloaded-apps-of-decade-facebook-instagram-whatsapp-tiktok-snapchat-2019-12.
2. Keith Hawton, Ellen Townsend, Jonathan Deeks, Louis Appleby, David Gunnell, Olive Bennewith, and Jayne Cooper, "Effects of Legislation Restricting Pack Sizes of Paracetamol and Salicylate on Self Poisoning in the United Kingdom: Before and After Study," *BMJ (Clinical research ed.)* vol. 322,7296 (2001): 1203–7. doi: 10.1136/bmj.322.7296.1203.
3. Ingrid Lunden,"Amazon's Share of the US e-Commerce Market Is Now 49%, or 5% of All Retail Spend," Tech Crunch, July 13, 2018. Accessed at https://techcrunch.com/2018/07/13/amazons-share-of-the-us-e-commerce-market-is-now-49-or-5-of-all-retail-spend/.
4. "Amazon - 23 Year Stock Price History | AMZN," Macrotrends. Accessed at https://www.macrotrends.net/stocks/charts/AMZN/amazon/stock-price-history.
5. "Amazon Selling 'Just Walk Out' Frictionless Checkout Platform to Retailers," Convenience Store News, March 13, 2020. Accessed at https://csnews.com/amazon-selling-just-walk-out-frictionless-checkout-platform-retailers.
6. Alice Robb, "Americans Have Started Saying 'Queue.' Blame Netflix," *New Republic*, March 13, 2020. Accessed at https://newrepublic.com/article/116996/netflix-queue-and-history-british-word-america.
7. Minda Zetlin, "Blockbuster Could Have Bought Netflix for $50 Million, but the CEO Thought It Was a Joke," *Inc.*, September 20, 2019. Accessed at https://www.inc.com/minda-zetlin/netflix-blockbuster-meeting-marc-randolph-reed-hastings-john-antioco.html.
8. Robert Channick, "Despite Growth of Streaming, Redbox CEO Sees Future in DVD Rentals," *Chicago Tribune*, July 20, 2017. Accessed at https://www.chicagotribune.com/business/ct-galen-smith-redbox-exec-qa-0723-biz-20170720-story.html.
9. Barry Schwartz, "Is the Famous 'Paradox of Choice' a Myth?" *PBS News Hour*, January 29, 2014. Accessed at https://www.pbs.org/newshour/economy/is-the-famous-

paradox-of-choic; Alina Tugend, "Too Many Choices: A Problem That Can Paralyze," *New York Times*, February 26, 2010. Accessed at https://www.nytimes.com/2010/02/27/your-money/27shortcuts.html.

10. Sarah Perez "Grocery Delivery Apps See Record Downloads Amid Coronavirus Outbreak," Tech Crunch, March 16, 2020. Accessed at https://techcrunch.com/2020/03/16/grocery-delivery-apps-see-record-downloads-amid-coronavirus-outbreak/.

11. 根据谷歌 Trends 的数据，在新冠肺炎疫情暴发几个月后，在家烘焙面包的强烈愿望已经回到了疫情前的水平。

12. 当然，经济下滑时，人们可能会因为额外的配送成本而犹豫，但总体来说，一旦消费者养成了一种本质上更方便的习惯，就需要付出很大努力才能让他们回到更为"劳动密集型"的方式。一旦有了可靠的、负担得起的"不用马的马车"，没有多少人会重新使用马车！

第九章

1. 这些通常做一些"市场营销组合归因"变体的公司经常会陷入效率和隔夜投资回报率的陷阱。如果不小心，可能会把所有的投资都投入现在行之有效的销售上，而忘记你也是在建立一个长期的品牌，从而"扼杀品牌"。

2. 正如拜伦·夏普在《非传统营销》一书中所述。

3. "Dear TV: We Love You. You're Perfect. Now Change. (But Not Too Much.)," *Ad Age*, April 18, 2016. Accessed at https://adage.com/article/media/future-tv-advertising/303565.

4. Lutz Jänke, "Emotions Are the Glue Holding Our Travel Memories Together," Swiss. Accessed at https://www.moments-that-last.com/en/article/67.

5. Shahram Heshmet, "Why Do We Remember Certain Things, but Forget Others," *Psychology Today*, October 8, 2015. Accessed at https://www.psychologytoday.com/us/blog/science-choice/201510/why-do-we-remember-certain-things-forget-others.

6. Sarah R. Lentz, "Love—What Is It Good For? A Lot, Says Evolutionary Psychology," *UT News*, August 3, 2018. Accessed at https://news.utexas.edu/2018/08/03/love-what-is-it-good-for/.

7. "Emotions and Memory," Psychologist World. Accessed at https://www.psychologistworld.com/emotion/emotion-memory-psychology.

第十一章

1. Charles Spence and Qian（Janice）Wang, "Sensory Expectations Elicited by the Sounds

of Opening the Packaging and Pouring a Beverage," *Flavour* 4, 35 (2015). https://doi.org/10.1186/s13411-015-0044-y.

2. Janine Popick, "How Virgin Atlantic's Marketing Nails It," *Inc.*, April 12, 2013. Accessed at https://www.inc.com/janine-popick/how-virgin-atlantics-marketing-nails-it.html.

3. 我们必须感谢来自艾伦伯格-巴斯研究所的詹妮·罗曼尼克教授。她的研究为我们如何看待独特性奠定了基础。她亲自花时间解释、辩论，并再次阐述她如何看待这个话题。有一次，我们的谈话特别吸引人，于是我们的团队直接飞到芝加哥，在她两个小时的会议间隙去见她，请她亲自给我们上课。

4. Stuart Elliott, "Tropicana Discovers Some Buyers Are Passionate About Packaging," *New York Times*, February 22, 2009. Accessed at https://www.nytimes.com/2009/02/23/business/media/23adcol.html.

5. "Maximize Your TV Advertising Effectiveness," Nielsen infographic, 2016. Accessed at https://www.nielsen.com/wp-content/uploads/sites/3/2019/04/tvbe-branding-best-practices-may-2016.pdf.

6. Ben Ice, "Survey Reveals the Most Recalled Ad on Australian TV: None," Australian Marketing Institute, July 11, 2017. Accessed at https://www.marketingmag.com.au/news-c/recalled-tv-ads/.

7. Simeon Goldstein, "Fairy Brings Back Classic Bottle to Celebrate 50th Birthday: Video," Packaging News, February 8, 2010. Accessed at https://www.packaging news.co.uk/news/materials/rigid-plastics/fairy-brings-back-classic-bottle-to-celebrate-50th-birthday-video-08-02-2010.

8. Bruce Horovitz, "No Bones About It: KFC Goes Boneless," *USA Today*, April 5, 2013. Accessed at https://www.usatoday.com/story/money/business/2013/04/05/kfc-kentucky-fried-chicken-boneless-fast-food-chicken/2011419/.

第十二章

1. Alexander Huls, "How Editor Jen Dean Created an M&M's Ad from 75 Years of Footage," *Pond5 Blog*, October 11, 2017. Accessed at https://blog.pond5.com/16171-editor-jen-dean-created-mms-ad-75-years-footage/.

2. Lara O'Reilly, "How 6 Colorful Characters Propelled M&M's to Become America's Favorite Candy," *Business Insider*, March 26, 2016. Accessed at https://www.business insider.com/the-story-of-the-mms-characters-2016-3.

3. Will Burns, "Tiger Beer Proves Cause Marketing Can Be as Helpful to the Brand as It

Is to the Cause," *Forbes*, March 30, 2017. Accessed at https://www.forbes.com/sites/willburns/2017/05/30/tiger-beer-proves-cause-marketing-can-be-as-helpful-to-the-brand-as-it-is-to-the-cause/#e69c5dd5cced.

4. Rebecca J. Ritzel, "The TWA Hotel, Design Icon from the Mad Men Era, Is Back in Business," *Air & Space*, October 2019. Accessed at https://www.airspacemag.com/airspacemag/trans-world-hotel-180973137/.

延伸阅读

1. Rikke Friis Dam, "The Maya Principle: Design for the Future, but Balance It with Your Users' Present," Interaction Design Foundation, 2020. Accessed at https://www.interaction-design.org/literature/article/design-for-the-future-but-balance-it-with-your-users-present.

致　谢

感谢我的父母，阿尔伯特和莫娅·克里德，他们让我相信一切皆有可能。

感谢我了不起的妻子卡罗琳，我们现在已经成年的孩子，蒂姆和劳伦。我非常感谢你们，在我追求事业的过程中，忍受我在世界各地搬迁多次，感谢你们对我的宽容，我希望你们觉得这一切都是值得的。

感谢昆士兰科技大学的市场营销学讲师 Su Mon Wong，我分别于 1976 年和 1977 年在那里聆听了他的演讲，发现了自己对市场营销的热情。

感谢彼得·英格兰，他是我在悉尼联合利华的第一位市场部老板（1980—1982 年），他培养了我对营销的热爱，并教会我"少即是多"的技巧。

感谢 P.D.H.（迪尔克）瑞迪，他是我在伦敦联合利华大厦洗涤剂协调部工作时的老板（1987—1988 年），他教给了我很多关于文化相关性在全球业务中的重要性的案例。

感谢戴维·诺瓦克，他本身就是一位世界级的营销人员，2001年他把我从澳大利亚拉回塔可钟公司担任 CMO，最后又邀请我在 2015 年 1 月接替他成为百胜餐饮集团的 CEO。

感谢所有我在澳大利亚和新西兰工作以及作为塔可钟 CEO 所领导的营销团队，尤其要感谢阿图尔·夏尔马和克里斯·莫特（奥美）、杰夫·福克斯、鲍勃·福尔默、汤姆·瓦格纳、黛比·迈尔斯、马丁·亨尼西、劳里·沙洛、林恩·海曼斯、特蕾西·拉罗卡和梅丽莎·弗里贝。

感谢与我共事的优秀行政人员，包括朱迪·埃科布、罗莎·迪亚斯、凯伦·沃尔特斯、戴安·萨维奇、唐娜·休斯和珍妮弗·亨利。

感谢我的搭档，也是"世界上最有趣的人"（对不起，多瑟瑰，但这是真的），肯·明奇，谢谢你建议我们一起写这本书！我很高兴。在新冠肺炎疫情肆虐期间写书有点奇怪，但我想不出还有谁会想和我一起写品牌传播。你的远见、洞察力和幽默感帮助把百胜餐饮集团塑造成了一颗营销巨星。没有人能比你做得更好了。

最后要感谢多年来参与帮助塔可钟、肯德基和必胜客获得成功的每一个人：区域服务中心的每一个人，特别是我们餐厅的员工。你们的奉献精神、勇气和承诺总是激励我更加努力。最后，感谢我们的顾客——决定我们的工作是成功还是失败的人：谢谢你们！

我的职业生涯是一场冒险，我深深地感谢在这一路上遇到的每一个人。

格雷格·克里德

这本书可能是由格雷格·祖里克，凯瑟琳·坦-吉莱斯皮，杰西卡·戈麦斯·杜阿尔特，或任何对撞机实验室或百胜团队营销人员写就的。这个系统在过去 8 年里有条不紊地建立起来，随着新数据的不断涌入而不断完善，我们发现了哪些可行、哪些不可行。这么多人直接参与了它的创造和完善，不太可能感谢到每一个参与其中的人，但我还是试一下。

首先，感谢卡罗琳·格林芬，在整个写作过程中每天都与我们在一起，推动、鞭策、重新诠释，并礼貌地让我们这些书呆子式的营销想法变得更适合人类阅读，谢谢你。你的耐心、勤奋、出色的技能和不断的指导对完成这本书至关重要。

感谢对撞机实验室的联合创始人杰夫·福克斯。我很感激你推动我们所有人冒险开创自己的事业。过去的十年里，你的指导和实用的营销（和生活）建议一直是我的试金石。

感谢约翰·肯尼和迈克尔·法什纳赫特，我们在博达大桥广告公司共事的那些年是我职业生涯中最具启智性的时期。感谢你们推动此书的完成，并使 R.E.D. 系统的初始部分变得越来越成熟。

谢谢对撞机实验室的同事们，感谢他们直接参与创建了一些训练练习，这些练习后来被写进了这本书，谢谢你们。

当然，还要感谢那些多年来花了无数时间帮助创建这个系统的朋友，他们一遍又一遍地阅读手稿，总能添加一些智慧想法或删除一些愚蠢想法。他们是：谢莉·麦，杰克·莱滕迈尔，艾比·巴恩斯、艾米丽·梁、莱拉·法兹、尼克·戈麦斯、多米尼克·金、泰勒·利、亚历克斯·坦尼斯、希特拉里·鲁埃拉斯、杰西卡·黄、杰米·基恩、大卫·梅迪纳、阿里卡·埃尔南德斯、安杰尔·黄、迦勒·关、娜奥米·勒杜、奎妮·朱、山姆·伦齐，当然还有上面提到的杰西卡和祖里克。对于我的合作者格雷格·克里德，我必须承认，我从未见过比他更善良、更聪明、更有同情心的人，同时他还是一个技艺高超的营销人员和不可思议的领导者（认识他的人都知道，这么说仍然是低估他）。

肯·明奇